Wohlhart • Scharnreitner

PLUS!
Mathematik für die Sekundarstufe

Scheichl Roland

Band 1
Erarbeitungsteil

Inhaltsverzeichnis
Erarbeitungsteil

	Arbeiten mit PLUS!	4
	Kompetent mit PLUS!	6

A Los geht's!
Wiederholung der vier Grundrechnungsarten — 7

Warm-up, Kopfrechnen – Addition/Subtraktion, schriftliche Addition, schriftliche Subtraktion, einstellige Multiplikation, English Corner, Extra: 11er- und 12er-Reihe, einstellige Division, Anwendung – Schule, Checkpoint

B Natürliche Zahlen
Teiler und Vielfache — 17

Warm-up, Stellenwertschreibweise, Stellenwerttafel, Extra: Römische Zahlzeichen, Zahlenstrahl zeichnen, Runden und Ordnen, Zahlenmengen, Teiler und Vielfache, English Corner, Technik-Labor: Zahlenstrahl-Spiel, Anwendung – Kinofilme, Checkpoint

C Rechnen mit großen Zahlen
Mehrstellige Operationen und Überschlag — 31

Warm-up, Addition, Subtraktion, Multiplikation und Division mit Überschlag, Einschranken und Schätzen, Umkehroperationen, mehrstellige Multiplikation, mehrstellige Division, Rechnen mit dem Taschenrechner, English Corner, Extra: Fermi-Aufgabe, Anwendung – Im Weltall, Checkpoint

D Strich, Maß und Winkel
Zeichnen mit dem Geodreieck — 45

Warm-up, Strecke, Strahl und Gerade, Streckenzüge, Maßstab, Längenmaße, parallele und normale Geraden, Normalabstand und Symmetrie, Winkelarten, Winkel abmessen und zeichnen, English Corner, Spiel: Bubble-Shooter, Technik-Labor: myTurtle/GeoGebra, Anwendung – Bahn fahren, Checkpoint

E Rechenregeln
Verbindung der vier Grundrechnungsarten — 59

Warm-up, Vorrangregeln, Klammern, Verbindungs- und Vertauschungsgesetz, Verteilungsgesetz, Rechenwege, English Corner, Technik-Labor: Windows®-Rechner, Textaufgaben erfinden, Checkpoint

F Kreis und Kreisteile
Zeichnen mit dem Zirkel — 69

Warm-up, Kreis, Zeichnen mit dem Zirkel, Kreisring, Passante, Sekante und Tangente, Kreissegment, Kreissektor, English Corner, Technik-Labor: myTurtle, Checkpoint

G Bruchzahlen
Darstellen, Vergleichen und Rechnen — 79

Warm-up, Darstellung mit Balkenmodellen, Arten von Brüchen, Vergleichen und Ordnen, English Corner, Technik-Labor: Zahlenstrahl-Spiel, Rechnen mit Brüchen, Bruchteile von Mengen, Anwendung – Fasching/Fasnacht, Checkpoint

H | Einführung Dezimalzahlen
Vergleichen, Runden, Längenmaße — 91

Warm-up, Sprech- und Schreibweise, Zehntel, Hundertstel, Dezimalzahlen und Bruchzahlen, Stellenwerttafel, Zerlegen und Vergleichen, Extra: Wer hat Recht?, Runden und Überschlagen, Längenmaße, Spiel: Stoppuhr, English Corner, Technik-Labor: Zahlenstrahl-Spiel, Anwendung – Sportaufgaben, Checkpoint

I | Rechnen mit Dezimalzahlen
Euro und Cent — 105

Warm-up, Addieren, Subtrahieren, Multiplizieren und Dividieren mit Dezimalzahlen, Rechnen mit dem Taschenrechner, English Corner, Extra: Fahrradtour, Verbindung der Grundrechnungsarten, Euro und Cent, Anwendung – Im Radgeschäft, Checkpoint

J | Rechteck und Quadrat
Umfang und Flächeninhalt — 121

Warm-up, Eigenschaften und Konstruktion, Berechnungen am Rechteck und am Quadrat, Extra: Zäune aufstellen, Flächenmaße, zusammengesetzte Flächen, English Corner, Technik-Labor: GeoGebra, Anwendung – Böden verlegen, Checkpoint

K | Gleichungen und Proportionalität
Variablen, Verhältnisse, Massenmaße — 133

Warm-up, Platzhalter und Variablen, Gleichungen, Balkenmodelle, Ungleichungen, English Corner, Extra: Summenrätsel, Technik-Labor: Tabellenkalkulation, direktes Verhältnis, Massenmaße, Anwendung – Küche, Formeln im Alltag, Anwendung – Werkhalle, Checkpoint

L | Quader und Würfel
Oberfläche und Volumen — 147

Warm-up, Eigenschaften, Schrägrisse, Quader- und Würfelnetze, Oberfläche, Raummaße, Volumen, English Corner, Technik-Labor: GeoGebra, zusammengesetzte Körper, Anwendung – Aquarium, Checkpoint

M | Diagramme und Mittelwert
Arbeiten mit Daten — 159

Warm-up, Daten sammeln, Mittelwert, Säulendiagramme ablesen, Säulendiagramme zeichnen, Kreis- und Liniendiagramme, English Corner, Extra: Würfel-Experiment, Technik-Labor: Tabellenkalkulation, Anwendung – Ernährung, Checkpoint

N | Rechnen mit der Zeit
Zeitmaße, Zeitpunkt und Zeitdauer — 169

Warm-up, Tage, Wochen, Monate und Jahre, English Corner, Extra: Zeitmaße und Astronomie, Sekunden, Minuten und Stunden, Rechnen mit Zeitmaßen, Rechnen mit Zeitpunkt und Zeitdauer, Checkpoint

Lösungen zu den Checkpoints	177
Das PLUS!-Wörterbuch	180
Stichwortverzeichnis	183

Arbeiten mit PLUS!
So funktioniert dein Mathematikbuch

Kapitel-Einstieg

Eine Comic-Aufgabe leitet jedes Kapitel ein. Das Bearbeiten der Aufgabe gibt dir einen ersten Einblick, was du in diesem Kapitel lernen wirst.

In der rechten Spalte siehst du das Inhaltsverzeichnis des gesamten Kapitels.

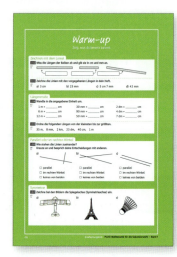

Warm-up

Hier kannst du überprüfen, was du schon kannst oder vor dem Bearbeiten des neuen Kapitels noch einmal wiederholen solltest.

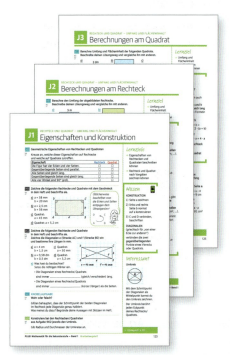

Lernschritte im Erarbeitungsteil …

Hier wird der Stoff des Kapitels erarbeitet. Jeder Lernschritt umfasst eine Seite. In der rechten Spalte findest du die Lernziele, das wichtigste Wissen sowie Tipps und Hinweise.

… weiterüben im Übungsteil

Hier kannst du selbstständig weiterüben. Lösungen helfen dir bei der Kontrolle, besonders wichtige Aufgaben werden Schritt für Schritt erklärt.

Erklärvideos

unterstützen dich beim Selbstlernen und Üben. Du kannst sie über eine App oder die Helbling Lernplattform e-Zone abrufen. Mehr dazu auf der Innenseite des Buchumschlags.

Tipps

Die Kinder aus der PLUS!-Klasse helfen dir beim Lösen der Aufgaben.

Forsche weiter

Falls dich das Thema einer Aufgabenstellung besonders interessiert, kannst du hier weiterforschen.

Knobelaufgaben

Hier musst du oft länger probieren, bis du einen (oder mehrere) Lösungswege gefunden hast.

Partnerarbeit

Aufgaben mit diesem Symbol löst ihr am besten zu zweit oder in der Gruppe.

Extra-Seiten

English Corner, Technik-Labor und Seiten rund um die Welt der Mathematik bringen Abwechslung ins Lernen.

Lernziele erreichen

Die Unterstreichungen zeigen dir, welche Aufgaben du unbedingt machen solltest, um dein Lernziel zu erreichen.

Checkpoint

Jedes Kapitel endet mit einem Selbsttest. Er zeigt dir, was du jetzt können solltest und hilft dir, selbst zu entscheiden, ob du noch etwas üben solltest.

Wörterbuch

Im PLUS!-Wörterbuch findest du alle Fachbegriffe, die du am Ende dieses Jahres kennen (und anwenden können) solltest.

PLUS! Mathematik für die Sekundarstufe — Band 1   Erarbeitungsteil

Kompetent mit PLUS!
Kompetenzen nach den österreichischen Bildungsstandards Mathematik (5.-8. Schulstufe)

Kompetent ist man, wenn man sein Wissen und sein Können in verschiedenen Situationen einsetzen kann. Mathematische Kompetenzen beschreiben mathematische **Handlungen**, die sich auf mathematische **Inhalte** beziehen und die unterschiedlich **komplex** sein können.

Mathematische **Handlungen** sind jene Tätigkeiten, die du brauchst, um mathematische Aufgaben zu lösen. Sie lassen sich in vier Bereiche einteilen:

H1: Darstellen, Modellbilden
H2: Rechnen, Operieren
H3: Interpretieren
H4: Argumentieren, Begründen

Die mathematischen **Inhalte** stehen im Lehrplan. Sie werden in vier Inhaltsbereiche zusammengefasst:

I1: Zahlen und Maße
I2: Variable, funktionale Abhängigkeiten
I3: Geometrische Figuren und Körper
I4: Statistische Darstellungen und Kenngrößen

Aufgaben auf **Komplexitätsstufe** 1 lassen sich mit einfachen Verfahren lösen, auf Stufe 2 musst du mehrere Arbeitsschritte verbinden, und auf Stufe 3 musst du erst über einen möglichen Lösungsweg nachdenken.

K1: Einsetzen von Grundkenntnissen und -fertigkeiten
K2: Herstellen von Verbindungen
K3: Einsetzen von Reflexionswissen, Reflektieren

Beispiel 1

509 Erweitere die Divisionen und löse sie in deinem Heft.
Rechne auf zwei Kommastellen genau.

a) 12,5 : 1,8
47,2 : 2,9
35,82 : 6,5

b) 7,128 : 0,15
508,3 : 0,81
1,024 : 2,7

c) 1 499,5 : 0,031
954,2 : 3,700
0,52 : 8,3

I1: Zahlen und Maße: Für diese Aufgabe musst du dich mit Dezimalzahlen auskennen.

H2: Rechnen und Operieren: Du wendest die schriftliche Division an.

K1: Einsetzen von Grundkenntnissen und -fertigkeiten:
Wenn du die Rechenoperation ausführen kannst, bist du schon am Ziel.

Beispiel 2

600 Lore bekommt einen neuen Parkettboden für ihr Zimmer (siehe Skizze).

a) Zeichne einen Plan des Zimmers im Maßstab 1 : 100, wenn die Tür 1 m breit ist.

b) Berechne den Flächeninhalt des Zimmers.

c) Wie viel muss Lore für ihren neuen Boden bezahlen, wenn 1 Quadratmeter 24,90 € kostet?

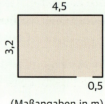

(Maßangaben in m)

I3: Geometrische Figuren und Körper: Es geht um Rechtecke und deren Flächeninhalt.

H1: Darstellen und Modellbilden: Du musst die Aufgabe erst in mathematische Form bringen, bevor du sie lösen kannst.

K2: Herstellen von Verbindungen: Du musst verschiedene mathematische Verfahren miteinander verbinden, damit du herausfindest, wie viel der Boden kostet.

A | Los geht's!
Wiederholung der vier Grundrechnungsarten

Inhalt

	Warm-up	8
A1	Kopfrechnen – Addition/Subtraktion	9
A2	Schriftliche Addition	10
A3	Schriftliche Subtraktion	11
A4	Einstellige Multiplikation	12
	English Corner	13
	Extra: 11er- und 12er-Reihe	13
A5	Einstellige Division	14
A6	Anwendung – Schule	15
	Checkpoint	16

1 Schaut euch den Comic mit Julia und ihrem Vater an. 👥
Dann löst die Aufgaben.

H1
H2
H4
I1

a) Fasst in drei Sätzen zusammen, worum es in dem Comic geht.

b) Wie könnte die Mathematik-Aufgabe lauten, die der Vater seiner Tochter Julia erklären will?

c) Löst die Aufgabe.

d) Julia will jeder Freundin gleich viele Kekse geben.
Es sollen aber keine Kekse übrig bleiben.

Helft Julia, eine Lösung für das Problem zu finden.
Gibt es mehrere Lösungen?
Schreibt eure Gedanken dazu auf.
Begründet euren Lösungsweg.

PLUS! Mathematik für die Sekundarstufe – Band 1   Erarbeitungsteil

Warm-up
Zeig, was du bereits kannst.

Plus und Minus im 100er-Bereich

2 Rechne.

a) 60 + 20 = _____
30 + 70 = _____
42 + 50 = _____
10 + 36 = _____

b) 48 + 6 = _____
74 + 9 = _____
13 + 7 = _____
65 + 6 = _____

c) 35 + 24 = _____
18 + 61 = _____
52 + 25 = _____
72 + 14 = _____

d) 35 + 25 = _____
29 + 45 = _____
73 + 18 = _____
47 + 35 = _____

3 Rechne.

a) 80 − 30 = _____
20 − 20 = _____
64 − 10 = _____
97 − 50 = _____

b) 42 − 3 = _____
71 − 5 = _____
100 − 4 = _____
80 − 7 = _____

c) 67 − 32 = _____
59 − 16 = _____
98 − 22 = _____
84 − 33 = _____

d) 72 − 15 = _____
80 − 46 = _____
53 − 39 = _____
92 − 28 = _____

4 Sieh dir die Rechnungen in den Aufgaben 2 und 3 an.
Welche waren einfach?
Welche waren schwierig?
Besprich deine Überlegungen mit anderen.
Verwende dazu die Begriffe im Kasten rechts.

> einstellig, zweistellig, Zehnerzahlen, Plusaufgabe, Zehnerüberschreitung, Minusaufgabe, Zehnerunterschreitung

Malreihen und Teilen

5 Rechne.

4 · 7 = _____
8 · 6 = _____
9 · 7 = _____

9 · 3 = _____
5 · 5 = _____
2 · 4 = _____

5 · _____ = 20
3 · _____ = 6
8 · _____ = 40

_____ · 2 = 18
_____ · 4 = 32
_____ · 1 = 7

6 Rechne.

15 : 3 = _____
45 : 9 = _____
32 : 4 = _____

64 : 8 = _____
50 : 10 = _____
36 : 6 = _____

42 : 7 = _____
21 : 3 = _____
18 : 2 = _____

9 : 3 = _____
0 : 4 = _____
28 : 4 = _____

7 Rechne und schreibe das Ergebnis mit Rest an.

15 : 2 = 7 R 1
42 : 7 = _____
25 : 8 = _____

66 : 8 = _____
25 : 3 = _____
38 : 5 = _____

35 : 8 = _____
31 : 6 = _____
70 : 9 = _____

38 : 4 = _____
74 : 9 = _____
47 : 6 = _____

A1 Los geht's – Wiederholung der vier Grundrechnungsarten
Kopfrechnen – Addition / Subtraktion

8 Rechnungen mit großen Zahlen
H2 H4 I1

a) Rechne.

40 + 30 = _____   60 + 20 = _____
400 + 300 = _____   600 + 200 = _____
4 000 + 3 000 = _____   6 000 + 2 000 = _____

90 – 50 = _____   70 – 20 = _____
900 – 500 = _____   700 – 200 = _____
9 000 – 5 000 = _____   7 000 – 2 000 = _____

b) Was haben die Rechnungen gemeinsam?
Was unterscheidet sie?
Wie kann man solche Aufgaben einfach lösen?

9 Trage die richtigen Fachbegriffe in die Lücken ein.
H1 I1
Die passenden Wörter findest du im Kasten rechts.

12	+	20	=	32
Summand	plus	_____	ist gleich	_____

87	–	32	=	55
Minuend	minus	_____	ist gleich	_____

10 Schreibe die Rechnungen auf und löse sie.
H1 H2 I1

a) Subtrahiere 25 von 100.
b) Berechne die Differenz von 20 und 7.
c) Der Minuend ist 120, der Subtrahend 70. Berechne die Differenz.
d) Bilde die Summe aus 13 und 64.
e) Zwei Summanden lauten 35 und 29. Berechne ihre Summe.
f) Einer der beiden Summanden lautet 71, die Summe lautet 100.
Berechne den Wert des anderen Summanden.

11 Leichte Aufgaben, die schwierig aussehen
H2 H4 I1

a) Einzelarbeit: Löse die Aufgaben.

5 000 – 4 999 = _____   3 200 + 5 000 = _____
4 805 – 4 005 = _____   62 572 + 1 = _____
8 000 – 1 = _____   199 + 100 = _____
6 915 – 915 = _____   7 020 + 1 202 = _____

b) Partnerarbeit: Begründet miteinander, warum diese Aufgaben
nicht so schwierig sind, wie sie aussehen.

c) Partnerarbeit: Erfindet jede/r drei weitere Aufgaben,
die schwierig aussehen, es aber nicht sind.
Löst die Aufgaben der Partnerin/des Partners.
Vergleicht eure Ergebnisse.

Lernziele

⇒ mit einfachen Zahlen geschickt kopfrechnen
⇒ Fachbegriffe zum Plusrechnen und Minusrechnen kennen

Wissen

Fachbegriffe Plusrechnen

Addition ... Plusrechnung

addieren ... plusrechnen

Summe ... Ergebnis der Addition

Summand ... Zahl, die addiert wird

Fachbegriffe Minusrechnen

Subtraktion ... Minusrechnung

subtrahieren ... minusrechnen

Differenz ... Ergebnis der Subtraktion

Minuend ... Zahl vor dem Minus

Subtrahend ... Zahl nach dem Minus

Tipp

Partnerarbeit

Beim Zusammenarbeiten könnt ihr viel voneinander lernen.

→ Übungsteil, S. 5

A2 Schriftliche Addition
Los geht's – Wiederholung der vier Grundrechnungsarten

12 Rechne.

| 2 0 7 | 3 5 4 3 | 1 5 8 | 7 2 5 1 |
| 3 4 2 | 1 6 7 6 | 3 6 2 2 | 4 3 0 6 |

13 Rechne im Heft.

a) 612 + 754
    268 + 328
    108 + 695

b) 2 845 + 1 668
    9 207 + 4 385
    6 822 + 539

c) 18 492 + 4 621
    65 177 + 92 485
    521 833 + 387 182

14 Rechne.

4 1 1 7	9 1 5 2	4 7 0 2
2 6 0 3	2 7 3	8 1 8 5
8 5 6	6 6 8 4	3 2 7 8

Trick: Zehner suchen! 2 + 8 = 10 und 10 + 5 = 15

7 2 4 6	5 7 1	3 8 7 6
2 2 6 2	1 3 8 5	6 2 8 8
3 6 6	8 9	4 2

15 Rechne im Heft.

a) 643 + 215 + 764
    512 + 804 + 29
    775 + 96 + 404

b) 8 456 + 6 541 + 1 822 + 5 415
    12 813 + 2 704 + 23 989 + 603
    35 288 + 4 731 + 68 302 + 17 160

16 Löse die Aufgaben im Heft.

a) Berechne die Summe: Die Summanden lauten 6 597 und 125 206.

b) Addiere 2 815, 3 192 und 563.

c) Berechne die Summe aus allen Zahlen, die größer als 10 und kleiner als 20 sind.

d) Finde eine Addition mit zwei Summanden, die beide größer als 5 000 sind. Die Summe soll eine ungerade Zahl sein.

17 KNOBELAUFGABE

Finde die fehlenden Ziffern!

. 5 4	3 . 1	6 . 2 4	7 . 8 .
2 . 8	. 6 .	3 2 . 5	. 7 3 . 7
5 7 .	7 9 0	1 . 1 0 .	7 . 4 9 1

Lernziel

⇒ schriftliche Additionen mit zwei oder mehr Summanden sicher lösen können

Wissen

Schriftliche Addition

Bei der schriftlichen Addition rechnest du **von rechts nach links**:

Beginne bei den Einern:

```
  4 2 6
  3 0 6
  ─────
      2
```
6 + 6 = 12, 2 anschreiben, 1 weiter

Zehner:
```
  4 2 6
  3 0 6
  ─────
     3 2
```

Hunderter:
```
  4 2 6
  3 0 6
  ─────
  7 3 2
```

Tipp

Genau arbeiten!

```
      6 7 3
      2 1 2
      4 2 5
      1 2 3
    1 1
  ─────────
    1 4 3 3
```

Schreibe die Zahlen exakt untereinander.

Wenn du ordentlich schreibst, machst du weniger Rechenfehler.

→ Übungsteil, S. 6

A3 Los geht's – Wiederholung der vier Grundrechnungsarten
Schriftliche Subtraktion

18 Rechne.

```
  8 5 9        7 3 2       2 5 0 3       8 0 0 0
- 2 4 6      - 1 1 9      -   9 5 6    - 3 7 2 2
```

19 Rechne im Heft.

a) 845 − 132
648 − 234
871 − 421

b) 6 318 − 2 904
7 122 − 3 157
9 575 − 6 283

c) 85 160 − 32 378
50 000 − 12 469
795 433 − 682 216

20 Löse die Aufgaben im Heft.

a) Berechne die Differenz der Zahlen 3 985 und 2 815.

b) Subtrahiere 75 von 2 100.

c) Der Minuend lautet 2 456, der Subtrahend 1 678. Berechne die Differenz.

d) Denk dir eine Rechnung aus, bei der die Differenz 1 500 beträgt.

e) Denk dir eine Rechnung aus, bei der die Differenz größer als der Subtrahend ist.

21 KNOBELAUFGABE

Emil behauptet …

„Wenn der Subtrahend um 10 vergrößert wird, erhöht sich die Differenz ebenfalls um 10!"

Stimmt diese Aussage?
Begründe deine Entscheidung.

22 Kopfrechnen oder schriftlich rechnen?

Überlege bei jeder Aufgabe zuerst,
ob du sie im Kopf (K) oder schriftlich (S) lösen willst.

Dann rechne und vergleiche deine Ergebnisse mit anderen.

Additionen

500 + 6 000 = _____ K
21 + 64 = _____
1 765 + 9 206 = _____
25 000 + 315 = _____
197 + 2 000 = _____
245 + 99 = _____

Subtraktionen

3 000 − 432 = _____
62 000 − 21 000 = _____
100 − 25 = _____
980 − 280 = _____
316 − 185 = _____
9 217 − 207 = _____

Lernziel

⇒ schriftliche Subtraktionen sicher lösen können

Wissen

Schriftliche Subtraktion

Bei der schriftlichen Subtraktion rechnest du **von rechts nach links**:

```
        Beginne bei
        den Einern:
  8 5 9
- 2 4 6    6 + 3 = 9
      3
```

Zehner: Hunderter:

```
  8 5 9          8 5 9
- 2 4 6        - 2 4 6
    1 3          6 1 3
```

Tipp

Zuerst nachdenken, dann rechnen!

$499 - 399 = ?$

Viele Rechnungen kannst du schnell im Kopf lösen, auch wenn große Zahlen darin vorkommen.

→ Übungsteil, S. 7
→ Cyber Homework 1

A4 Einstellige Multiplikation
Los geht's – Wiederholung der vier Grundrechnungsarten

23 Welcher Zettel gehört welchem Kind?

Drei Kinder haben die Aufgabe 138 · 9 = ? unterschiedlich gelöst:

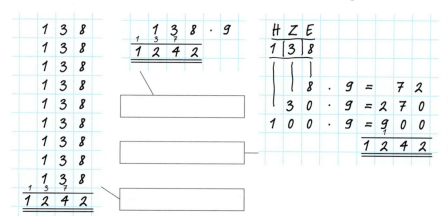

a) Lies die Erklärungen von Derya, Emma und Julia.
   Ordne die Namen den Rechenzetteln zu.

Derya	Emma	Julia
Ich habe das einfach so ausgerechnet, wie ich es in der Volksschule bei Frau Meier gelernt habe.	*Ich habe die Zahl zerlegt und die Einer, Zehner und Hunderter mal 9 gerechnet. Am Ende habe ich alles zusammengezählt.*	*Ich habe mir die Zahl 138 neunmal aufgeschrieben und dann alles addiert.*

b) Löse die Aufgaben wie in a) auf drei verschiedene Arten.

   (1) 542 · 3   (2) 24 · 8   (3) 707 · 5   (4) 341 · 4

c) Finde zu jeder Rechenart aus a) einen Vorteil und einen Nachteil.

24 KNOBELAUFGABE

Sieh dir Annas Rechnung an!

Beschreibe ihren Rechenweg.
Warum erhält sie die richtige Lösung?

```
138 · 10 = 1380
         -  138
138 ·  9 = 1242
```

25 Rechne im Heft.

416 · 3   852 · 5   9 014 · 4   348 · 6

26 Rechne im Heft.

a) 265 · 3   b) 5 182 · 4   c) 7 · 16 294
   794 · 6   2 · 9 319   29 512 · 5
   4 · 327   1 807 · 6   325 096 · 3
   9 · 722   8 · 6 739   9 · 43 739

Lernziele

⇒ Fachbegriffe zum Malrechnen kennen

⇒ Zahlen mit einem einstelligen Faktor sicher multiplizieren

Wissen

Fachbegriffe Malrechnen

Multiplikation ... Malrechnung

multiplizieren ... malrechnen

Produkt ... Ergebnis der Multiplikation

Faktor ... Zahl, die multipliziert wird

Faktor · Faktor = Produkt
   8 · 9 = 72

Schriftliche Multiplikation

Rechne immer von rechts nach links:

```
 1 6 4 · 2
―――――――――
        8

 1 6 4 · 2
     1
―――――――――
      2 8

 1 6 4 · 2
     1
―――――――――
    3 2 8
```

Tipp

Sinnvoll vertauschen

7 · 12 566 ... schwierig
12 566 · 7 ... leicht

→ Übungsteil, S. 8

English Corner

27 Find the sum.

a) Add 51 and 15. $51 + 15 =$ _____

b) Add 35 and 49. _____

c) Find the sum of 19 and 20.
_____

28 Find the difference.

a) Subtract 15 from 100. _____

b) Subtract 60 from 510. _____

c) Find the difference between 19 and 20.
_____

Wörterbuch

addition ... Addition

add ... addieren

Find the sum. ... Finde die Summe.

4 and 2 ... 4 und 2

subtraction ... Subtraktion

subtract ... subtrahieren

difference ... Differenz

3 from 9 ... 3 von 9

Extra: 11er- und 12er-Reihe

29 Finde die Muster in der 11er-Reihe!

Die 11er-Reihe ist ja leicht zu lernen!

$1 \cdot 11 = 11$
$2 \cdot 11 = 22$
$3 \cdot 11 = 33$
$4 \cdot 11 = 44$

Erkennst du das Muster?

$8 \cdot 11 = ?$
$9 \cdot 11 = ?$

Die Hunderter- und die Einerstelle folgen einem einfachen Muster. Aber wie bildet man die Zehnerstelle?

$11 \cdot 11 = 121$
$12 \cdot 11 = 132$
$13 \cdot 11 = 143$
$14 \cdot 11 = 154$

Erkennst du das Muster?

$23 \cdot 11 = 253$
$62 \cdot 11 = ???$

a) Schreibe an Tom. Erkläre ihm, wie er sich die 11er-Reihe von $1 \cdot 11$ bis $9 \cdot 11$ am leichtesten merken kann.

b) Schreibe an Natascha. Erkläre ihr, wie sie die Rechnungen $23 \cdot 11$, $34 \cdot 11$ und $81 \cdot 11$ am leichtesten lösen kann.

c) Probiere die Rechnungen $28 \cdot 11$, $67 \cdot 11$ und $85 \cdot 11$ aus. Wie verändern sich hier die Zehner- und die Hunderterstelle?
Tipp: Die schriftliche Multiplikation hilft dir beim Erkennen des Musters.

Hallo Tom! Die 11er-Reihe ist superleicht. Bei $5 \cdot 11$ ist das Ergebnis ...

30 Sieh dir die drei abgebildeten Rechentricks zur Aufgabe $7 \cdot 12$ an.
Rechne dann $4 \cdot 12$, $5 \cdot 12$ und $9 \cdot 12$ mit zwei verschiedenen Rechentricks nach.

A
$7 \cdot 10 = 70$
$7 \cdot 2 = 14$
und $70 + 14 = \underline{84}$
$7 \cdot 12 = \underline{\underline{84}}$

B
$7 \cdot 11 = 77$
und $77 + 7 = \underline{84}$
$7 \cdot 12 = \underline{\underline{84}}$

C
$7 \cdot 6 = 42$
und $42 \cdot 2 = \underline{84}$
$7 \cdot 12 = \underline{\underline{84}}$

A5 Einstellige Division
Los geht's — Wiederholung der vier Grundrechnungsarten

31 Die Division 714 : 5 kannst du unterschiedlich lösen.

Division — Kurzform

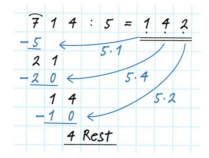
Division — Langform

a) Beschreibt einander gegenseitig, wie die „Kurzform" und die „Langform" der Division funktionieren.

b) Schreibt Vorteile und Nachteile (Rechenfehler, Schreibaufwand, …) der beiden Rechenformen auf.

c) Löst die folgenden Divisionen jeweils auf beide Arten in eurem Heft.

516 : 2   817 : 5   496 : 3   218 : 5   735 : 2

32 Rechne und schreibe das Ergebnis mit Rest an.

a) 418 : 3
914 : 5
206 : 9
825 : 1
0 : 8

b) 8 415 : 2
2 088 : 5
9 251 : 3
7 415 : 9
3 544 : 4

c) 27 694 : 6
81 047 : 7
75 511 : 4
53 805 : 8
40 113 : 0

33 Schriftlich oder im Kopf rechnen?

Entscheide und kreuze an:
K … Kopfrechnen, S … schriftliche Division
Löse dann die Aufgaben in deinem Heft.

100 : 2 = ?   ☐ K ☐ S
617 : 3 = ?   ☐ K ☐ S
180 : 3 = ?   ☐ K ☐ S
420 : 6 = ?   ☐ K ☐ S

6 945 : 3 = ?   ☐ K ☐ S
8 000 : 2 = ?   ☐ K ☐ S
1 916 : 1 = ?   ☐ K ☐ S
2 574 : 4 = ?   ☐ K ☐ S

8 200 : 2 = ?   ☐ K ☐ S
3 766 : 4 = ?   ☐ K ☐ S
2 100 : 7 = ?   ☐ K ☐ S
6 000 : 6 = ?   ☐ K ☐ S

34 Löse die Aufgaben im Heft.

a) Berechne den Quotienten von 32 815 und 7.

b) Wie viel Rest bleibt, wenn man 7 513 durch 3 teilt?

c) Dividiere 22 519 durch 8.

d) Um wie viel ist der Quotient von 232 und 8 größer oder kleiner als der Quotient von 114 und 3?

Lernziele

⇒ Fachbegriffe zum Teilen kennen

⇒ Zahlen durch eine einstellige Zahl sicher dividieren können

Wissen

Fachbegriffe Teilen

Division …
Teilen

dividieren …
teilen

Dividend …
Zahl vor dem Divisionszeichen

Divisor …
Zahl nach dem Divisionszeichen

Quotient …
Ergebnis der Division

Tipp

Division mit/durch 0

Dividierst du 0 durch eine beliebige Zahl, so erhältst du immer 0:
0 : 6 = 0
0 : 101 = 0
0 : … = 0

Dividierst du eine Zahl **durch 0**, so erhältst du kein sinnvolles Ergebnis:
10 : 0 Geht nicht!
151 : 0 Geht nicht!
… : 0 Geht nicht!

→ Übungsteil, S. 9

Los geht's – Wiederholung der vier Grundrechnungsarten
A6 Anwendung – Schule

35 Eine Schule in Villach besuchen 385 Mädchen und 405 Buben.

a) Gib die Differenz zwischen den Mädchen und den Buben in dieser Schule an.

b) Wie viele Kinder gehen in diese Schule?

c) **FORSCHE WEITER**
Wie viele Kinder besuchen deine Schule?
Was kannst du noch an interessantem Zahlenmaterial über deine Schule herausfinden?

36 Im Musikzimmer stehen 38 Pakete mit neuen Musikbüchern. In jedem Paket befinden sich 6 Bücher.

Wie viele neue Musikbücher stehen im Musikzimmer?

37 Herr Mitterhofer unterrichtet schon seit 21 Jahren.
Er ist Klassenvorstand der 2b.
In dieser Klasse gibt es nur 4 Buben.
Wie viele Mädchen gehen in diese Klasse?

Achtung! In diesem Buch gibt es auch Aufgaben, die zu wenige oder unsinnige Angaben enthalten. Findest du so eine Aufgabe, schreibe „Aufgabe nicht lösbar!" als Antwort.

38 Die Tabelle zeigt die Schülerzahlen einer Gemeinde.

	Bergschule	Neuschule	Talschule	Mittschule
Mädchen:	205		56	314
Buben:	189	310		285
GESAMT:		588	120	

a) Ergänze die fehlenden Zahlen in der Tabelle.

b) Welche Schule hat die wenigsten Kinder?

c) Berechne die Differenz der Schülerzahl zwischen der Schule mit den meisten Kindern und der mit den wenigsten Kindern.

39 1 209 Kinder besuchen dieses Jahr die Martha-Meier-Schule.
Jedes Kind bekommt zu Schulbeginn 8 Bücher.

a) Wie viele Bücher sind das insgesamt?

b) Wie viel Geld kosten die Bücher?
Rechne pro Buch mit 10 €.

40 **KNOBELAUFGABE**

Rechenrätsel

Sonja behauptet: *In meiner Klasse sind doppelt so viele Buben wie Mädchen. Insgesamt sind wir 24 Kinder.*

Wie viele Buben gehen in die Klasse von Sonja?
Schreibe deinen Rechenweg auf.

Lernziel

⇒ Grundrechnungsarten in Sachsituationen anwenden können

Wissen

Textaufgaben lösen

1) **Genau lesen**
Es lohnt sich, schwierige Angaben öfters zu lesen.

2) **Selbst beschreiben**
Erzähle die Aufgabe in eigenen Worten nach.

3) **Berechne die Lösung**
Schreibe die Rechnung auf, löse sie und kontrolliere deine Rechnung.
Vergiss nicht auf die Antwort!

Interessant

Schule in Österreich

Mehr als 1 Million Schüler/innen besuchen jährlich unsere Schulen.

Um gut lernen zu können, erhalten sie **mehr als 8 Millionen Bücher**, und zwar **kostenlos**.

→ Übungsteil, S. 10
→ Cyber Homework 2

PLUS! Mathematik für die Sekundarstufe – Band 1 Erarbeitungsteil

Checkpoint

Löse die Aufgaben und kontrolliere deine Ergebnisse (Lösungen ab Seite 177).
Kreuze an, was du noch üben möchtest.

Kopfrechnen, Begriffe

41 Rechne im Kopf.

12 000 + 6 000 = _____   86 000 – 5 000 = _____

632 518 – 40 000 = _____   9 000 – 1 999 = _____

↺ A1

42 Ergänze die fehlenden Wörter.

Minuend minus _____ ist gleich _____ .

↺ A1

Schriftliche Addition und Subtraktion

43 Rechne.

```
    462        95 207         500        521 903
    742         5 512        -167       - 28 265
   ____        70 693       _____       _____
               _____
```

↺ A2
↺ A3

44 Die Differenz lautet 676, der Subtrahend 433.
Berechne den Minuenden.

↺ A3

Einstellige Multiplikation und Division

45 Rechne im Heft.

a) 742 · 2   b) 12 826 · 7   c) 50 669 · 8

↺ A4

46 Rechne im Heft.

a) 618 : 4   b) 85 210 : 5   c) 352 419 : 9

↺ A5

47 Kreuze bei jeder Aussage an, ob sie richtig oder falsch ist.

„Das Ergebnis einer Division heißt Summe."   ☐ richtig   ☐ falsch
„32 ist das Produkt von 4 und 8."   ☐ richtig   ☐ falsch
„Der Quotient von 8 und 2 ist gleich 6."   ☐ richtig   ☐ falsch

↺ A4
↺ A5

Anwendung

48 Ludwig hat 53 200 € im Lotto gewonnen und möchte sich ein Auto kaufen.
Ein Sportwagen kostet 47 499 €, ein Geländewagen 52 199 €.
Ludwig entscheidet sich für den Sportwagen.
Wie viel Geld bleibt ihm nach dem Autokauf von seinem Lottogewinn?

↺ A6

49 Hausmeister Markus räumt den Keller aus. Dort stehen 250 Schachteln.
Er kann immer nur 4 Schachteln auf einmal tragen.
Einmal in den Keller gehen und Schachteln nach oben tragen dauert 5 Minuten.
Wie lange braucht Hausmeister Markus für die Aufgabe (ohne Pausen)?

↺ A6

B Natürliche Zahlen
Teiler und Vielfache

Inhalt

	Warm-up	18
B1	Stellenwertschreibweise	19
B2	Stellenwerttafel	20
	Extra: Römische Zahlzeichen	21
B3	Zahlenstrahl	22
B4	Zahlenstrahl zeichnen	23
B5	Runden und Ordnen	24
B6	Zahlenmengen	25
B7	Teiler und Vielfache	26
	English Corner	27
	Technik-Labor	27
B8	Anwendung – Kinofilme	28
	Checkpoint	29

50 Schaut euch den Comic mit Mia und Tom an.
H1 H2 H3 I1 Dann beantwortet die Fragen.

a) Von wie vielen Besuchern spricht Mia? Könnt ihr die Zahl laut aussprechen?

b) Was hat Tom falsch verstanden? Schlüpft in die Rollen von Mia und Tom und spielt den Dialog zu Ende.

c) Besprecht miteinander: Wie groß ist ein Kinosaal üblicherweise? Wie viele Reihen und Plätze gibt es dort?

d) Wie viele Reihen mit wie vielen Stühlen müsste ein Kinosaal haben, damit 10 Millionen Menschen darin Platz haben? Stellt eure Überlegungen im Heft dar.

e) Wie viel Euro konnte der neue Monsterfilm in Europa allein am ersten Tag ungefähr einspielen, wenn eine Kinokarte im Durchschnitt 7 € gekostet hat? Rechnet im Heft.

f) **FORSCHE WEITER**
Wie viel kostet in einem Kino in eurer Nähe eine Eintrittskarte? Gibt es unterschiedliche Preise?

PLUS! Mathematik für die Sekundarstufe – Band 1   Erarbeitungsteil

Warm-up
Zeig, was du bereits kannst.

Symbolische Darstellung von natürlichen Zahlen

51 Welche Zahlen sind hier dargestellt?

H1 I1

Legende: ☐ Hunderterfeld Wert: 100 | Zehnerstange Wert: 10 • Einerpunkt Wert: 1

142 _____ _____ _____

52 Stelle die Zahlen mit Hunderterfeldern, Zehnerstangen und Einerpunkten dar.
Verwende die Symbole aus Beispiel 51.

H1 I1

134 = ☐   215 = ☐   120 = ☐

Stellenwertschreibweise bei Zahlen bis 1 000

53 Schreibe die Zahlen in Zifferndarstellung an.

H1 I1

2 H 3 Z 7 E = 237   3 H 4 E = _____   9 H 1 Z 4 E = _____
1 H 8 Z 5 E = _____   8 H 2 E = _____   6 H 5 Z 4 E = _____

54 Schreibe die Zahlen in Stellenwertschreibweise an.

H1 I1

390 = 3 H 9 Z   214 = _____   500 = _____
720 = _____   603 = _____   866 = _____

Natürliche Zahlen vergleichen und ordnen

55 Schreibe die Zahlen geordnet von der kleinsten bis zur größten.

H2 I1

512, 22, 1 218, 99, 416: _____

56 Schreibe die Zahlen geordnet von der größten bis zur kleinsten.

H2 I1

480, 9 856, 12 204, 165: _____

57 Setze <, > oder = ein.

H2 I1

7 < 10   12 ○ 11   0 ○ 3   218 ○ 812
5 ○ 5   14 ○ 41   51 ○ 15   3 120 ○ 599

B1 Natürliche Zahlen – Teiler und Vielfache
Stellenwertschreibweise

58 Zerlege die Zahlen in dekadische Einheiten.

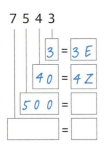   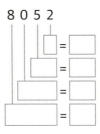

7 5 4 3   2 9 1 6   8 0 5 2

3 = 3 E
40 = 4 Z
500 = ___
___ = ___

59 Schreibe die Zahlen in Stellenwertschreibweise an.

a) 8 150 = 8 T 1 H 5 Z

a) 8 150   b) 2 500   c) 180 200   d) 7 120 000
   970   9 318   900 003   3 005 000
   4 032   5 020   681 000   8 900 000

60 Schreibe die Zahlen in Zifferndarstellung an.

5 T 3 Z = 5 030   1 M 4 T = _____
2 ZT 8 H = _____   4 T 5 E = _____
6 H 1 Z = _____   1 T 2 E = _____
7 H 8 Z 1 E = _____   6 M 2 E = _____

61 Schreibe die Zahlen in Zifferndarstellung an.

a) vertauschte Stellenwerte: b) mehr als 9 von einer Einheit:

7 E 8 T 3 Z = _____   3 Z 15 E = _____
4 H 2 ZT 1 M = _____   5 T 1 H 30 Z = _____
6 Z 1 T 2 E = _____   12 H 4 Z 52 E = _____

62 Welchen Wert hat die Ziffer 7 in den folgenden Zahlen?

21 573 : 70   7 159 : _____   12 740 : _____
70 926 : _____   5 701 : _____   35 697 : _____

63 SPIEL

Zahlen würfeln (für 2 Kinder)

Jede/r von euch hat neun Ziffern, die er/sie erwürfeln muss. Für jede Zahl, die größer als die danebenstehende Zahl des Gegners ist, bekommst du einen Punkt.

Würfelt abwechselnd.
Nach jedem Wurf darfst du frei entscheiden, in welches deiner neun Felder du die Punktezahl schreibst!

Lernziele

⇒ Stellenwertschreibweise bei großen Zahlen anwenden können

⇒ Unterschied zwischen Ziffer und Zahl kennen

Wissen

Dekadische Einheiten (Zehnereinheiten)

E ... Einer (1)
Z ... Zehner (10)
H ... Hunderter (100)
T ... Tausender (1 000)
ZT ... Zehntausender (10 000)
HT ... Hunderttausender (100 000)
M ... Millionen (1 000 000)

Stellenwertschreibweise

10 087 = 1 ZT 8 Z 7 E

UNTERSCHIED ZWISCHEN ZIFFER UND ZAHL

Zahl
3 2 8
↑ ↑ ↑
Ziffern

→ Übungsteil, S. 12

B2 Natürliche Zahlen – Teiler und Vielfache
Stellenwerttafel

64 Schreibt die Zahlen aus der Tabelle in den Text.
Dann lest euch den Text gegenseitig laut vor.

	Md	HM	ZM	M	HT	ZT	T	H	Z	E
a)							2	1	5	6
b)						3	9	2	5	2
c)					2	9	8	5	7	2
d)				8	4	4	0	4	6	5
e)				1	7	3	1	2	3	6
f)			8	1	8	5	9	2	3	3
g)		5	0	2	5	1	8	3	0	2
h)		3	1	1	4	8	4	6	2	7
i)	1	3	3	9	7	2	4	8	5	2
j)	7	0	5	7	0	0	0	0	0	0
k)			7	8	0	0	0	0	0	0

Der Ort Achenkirch hat (a) _____ Einwohner.

In der Stadt Steyr leben (b) _____ Personen.

Graz, die zweitgrößte Stadt Österreichs, hat (c) _____ Bewohner.

Österreich hat eine Gesamtbevölkerung von (d) _____.

Davon leben (e) _____ Personen allein in Wien.

Deutschland hat (f) _____ Bewohner.

In der EU leben (g) _____ Menschen.

Die USA haben (h) _____ Einwohner.

China ist mit (i) _____ das bevölkerungsreichste Land.

Auf der Erde lebten im Jahr 2012 etwa (j) _____ Personen.

Die Weltbevölkerung wächst jährlich um (k) _____ Menschen.

65 Fragen finden

a) Findet drei mathematische Fragen zu den Angaben in Aufgabe 64. Gebt sie euch gegenseitig zum Lösen.
Beispiel: Um wie viel mehr Menschen leben in Deutschland als in Österreich?

b) FORSCHE WEITER
In welchem Ort lebst du? Wie viele Einwohner hat der Ort?
In welchem Bundesland/Bezirk wohnst du?

66 Erstelle eine Stellenwerttafel im Heft und trage die Zahlen ein.
a) 17 868   b) 4 500 000   c) 9 875 000 000   d) 147 676 500

67 Schreibe die folgenden Zahlen in Zifferndarstellung in dein Heft.
a) Zweiunddreißig Millionen
b) Fünfzehn Milliarden
c) Zweitausendneunhundert
d) Siebenhunderttausenddreißig
e) Drei Millionen Vierhunderttausend
f) Zwei Milliarden dreißig Millionen

Lernziele

⇒ große Zahlen von der Stellenwerttafel ablesen können
⇒ große Zahlen benennen und schreiben können

Wissen

Große dekadische Einheiten

Md ... Milliarde (1 000 000 000)
HM ... Hundertmillionen (100 000 000)
ZM ... Zehnmillionen (10 000 000)
M ... Millionen (1 000 000)
HT ... Hunderttausender (100 000)
ZT ... Zehntausender (10 000)
T ... Tausender (1 000)

Interessant

Bundesland/Bezirk

Österreich ist in **neun Bundesländer** gegliedert.
Jedes Bundesland ist in **unterschiedlich viele Bezirke** unterteilt.

→ Übungsteil, S. 13

EXTRA: Römische Zahlzeichen

68 Finde römische Zahlzeichen auf den Fotos.

FORSCHE WEITER
Suche nach römischen Zahlzeichen in deiner Umwelt und mach selbst Fotos davon.

69 Zahlen im alten Rom

a) Die erste Zeile zeigt unsere Zahlen an, die zweite zeigt sie in der Schrift der alten Römer. Erkennst du, wie die Römer die Zahlen aus I, V und X zusammengesetzt haben? Besprich deine Überlegungen mit anderen.

1	2	3	4	5	6	7	8	9	10	11	12	15	19
I	II	III	IV	V	VI	VII	VIII	IX	X	XI	XII	XV	XIX

b) Schreibe die Zahlen mit römischen Zahlzeichen. Vergleiche deine Ergebnisse mit anderen.

6 = _____ 13 = _____ 20 = _____ 35 = _____ 25 = _____

9 = _____ 16 = _____ 21 = _____ 34 = _____ 24 = _____

70 Jahreszahlen

Bis zum Ende des Mittelalters wurden in Österreich römische Zahlzeichen verwendet.

a) Die Tabelle zeigt wichtige Ereignisse am Ende des Mittelalters. Zu dieser Zeit wurden die römischen Zahlzeichen durch die heute verwendeten Ziffern ersetzt. Entziffere die Jahreszahlen.
Beachte: L = 50, C = 100, D = 500, M = 1 000

Jahr		Ereignis
MCDLIII	1453	Niedergang des oströmischen Reiches
MCDXCII		Christoph Kolumbus entdeckt Amerika.
MDXXII		Adam Ries schreibt das erste deutschsprachige Rechenbuch mit den heute verwendeten Zahlen.
MDXXXIV		Martin Luther übersetzt die Bibel erstmals in die deutsche Sprache.

b) Schreibe das aktuelle Jahr mit römischen Zahlzeichen an.

c) **FORSCHE WEITER**
Finde die Jahreszahlen zu folgenden Ereignissen:

1. Fußball-WM in Russland
2. Erster Mensch am Mond
3. Erstbesteigung des höchsten Bergs der Welt
4. Beitritt Österreichs zur Europäischen Union

Erstelle dazu eine Tabelle wie in a).

B3 Natürliche Zahlen – Teiler und Vielfache
Zahlenstrahl

71 Beschrifte die markierten Zahlen.

a)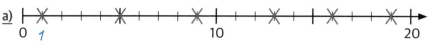

b)

72 Markiere die angegebenen Zahlen auf dem Zahlenstrahl. Beschrifte sie.

a) 3, 5, 10, 14, 17

b) 5, 12, 18, 27, 31, 39

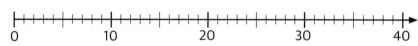

73 Beschrifte die markierten Zahlen.

a)

b) (0, 10 000)

74 Markiere die angegebenen Zahlen auf dem Zahlenstrahl. Beschrifte sie.

a) 85 000, 73 000, 90 000, 79 000, 82 000

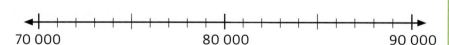

b) 6 755, 6 732, 6 724, 6 748, 6 739

c) 501 000, 500 870, 500 910, 501 150, 501 090

Lernziele
⇒ Zahlen von einem Zahlenstrahl ablesen können
⇒ Zahlen in einen Zahlenstrahl eintragen können

Wissen
Zahlenstrahl

Der Zahlenstrahl hat links einen **Anfangspunkt** mit der **Zahl 0**. **Rechts** geht er **unendlich** weiter, es gibt also keinen Endpunkt:

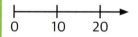

Wenn du nur einen **Ausschnitt** vor dir hast, ist auch links ein Pfeil gezeichnet, um anzudeuten, dass es links noch weiter bis zur Zahl 0 geht:

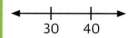

Tipp
Genau markieren

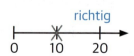

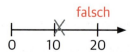

→ Übungsteil, S. 14

B4 Natürliche Zahlen – Teiler und Vielfache
Zahlenstrahl zeichnen

75 Zeichne die Zahlenstrahlen fertig.

a) Strichabstand = 1 cm, Zahlenschritt = 5

b) Strichabstand = 2 cm, Zahlenschritt = 100

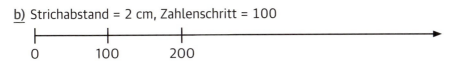

c) Strichabstand = 15 mm, Zahlenschritt = 20

76 Zeichne die folgenden Zahlenstrahlen in dein Heft.

a) Strichabstand = 1 cm, Zahlenschritt = 10

b) Strichabstand = 25 mm, Zahlenschritt = 100

c) Strichabstand = 5 mm, Zahlenschritt = 1 000

77 Bestimme Strichabstand und Zahlenschritt der folgenden Zahlenstrahlen.

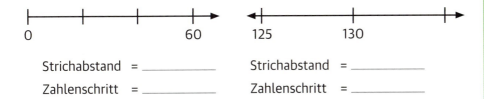

Strichabstand = _____   Strichabstand = _____

Zahlenschritt = _____   Zahlenschritt = _____

78 Stelle die folgenden Zahlen auf dem Zahlenstrahl dar:

3 000, 9 000, 15 000

Finde einen passenden Zahlenschritt und zeichne die drei Zahlen ein. Vergleiche deine Ergebnisse mit anderen.

79 KNOBELAUFGABE

Strichabstand und Zahlenschritt

Zeichne Zahlenstrahlen, bei denen du jeweils selbst Strichabstand und Zahlenschritt wählen musst, um folgende Zahlen darzustellen.

a) 0, 1, 8, 15

b) 0, 200, 1 400, 1 900

c) 0, 50, 90, 110

Lernziel

⇒ einen Zahlenstrahl nach genauen Angaben selbst zeichnen

Wissen

Strichabstand

Der Strichabstand gibt den **Abstand zwischen zwei Strichen** an:

Strichabstand = 1 cm

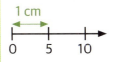

Zahlenschritt

Der **Zahlenschritt** gibt an, welcher Zahl der Strichabstand entspricht:

Zahlenschritt = 50

Tipp

Praktische Werte wählen

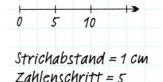

Strichabstand = 1 cm
Zahlenschritt = 5

Strichabstand:
5 mm, 1 cm oder 2 cm

Zahlenschritt:
1, 5, 10, 50, 100, 1 000, …

→ Übungsteil, S. 15
→ Cyber Homework 3

B5 Natürliche Zahlen – Teiler und Vielfache
Runden und Ordnen

80 Runde die Zahlen auf ...

a) ganze Zehner:
1 2<u>1</u>6 ≈ _____
4 5<u>2</u>3 ≈ _____
52 9<u>0</u>5 ≈ _____
3 0<u>5</u>1 ≈ _____

b) ganze Hunderter:
1 <u>2</u>16 ≈ _____
4 <u>5</u>23 ≈ _____
52 <u>9</u>05 ≈ _____
3 <u>0</u>51 ≈ _____

c) ganze Tausender:
<u>1</u> 216 ≈ _____
<u>4</u> 523 ≈ _____
5<u>2</u> 905 ≈ _____
<u>3</u> 051 ≈ _____

81 Runde auf ganze Zehner und gib den Rundungsfehler (RF) an.

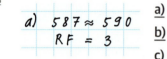

a) 587, 312, 795
b) 2 164, 5 618, 3 922
c) 53 607, 85 931, 42 995

82 Tina denkt sich eine Zahl und rundet sie auf ganze Tausender. Sie erhält 5 000.

a) Nenne drei Zahlen, die Tina sich gedacht haben könnte.

b) Gib die größte und die kleinste mögliche Zahl an, die Tina sich gedacht haben könnte. Begründe deine Entscheidung.

c) Tina sagt: *Mein Rundungsfehler beträgt 317.*
Wie hat ihre ursprüngliche Zahl gelautet? Gibt es mehrere Möglichkeiten?

83 Setze <, > oder = ein.

a) 475 ⟩ 218   b) 12 845 ○ 12 845   c) 328 519 ○ 1 105 000
   319 ○ 502   6 999 ○ 8 060   15 498 205 ○ 7 585 315
   698 ○ 716   95 417 ○ 82 759   2 128 482 ○ 10 852 000

84 Setze <, > oder = ein.

a) 5 + 2 ○ 6   b) 18 – 5 ○ 15   c) 20 ○ 3 · 7   d) 4 : 4 ○ 2
   12 + 8 ○ 20   7 – 7 ○ 7   50 ○ 8 · 6   35 : 7 ○ 4
   13 + 4 ○ 15   45 – 9 ○ 36   14 ○ 3 · 4   24 : 8 ○ 3

85 Gib zu jeder Zahl den Vorgänger und den Nachfolger an.

<u>36</u> 37 <u>38</u>   ___ 250 ___   ___ 10 000 ___
___ 89 ___   ___ 600 ___   ___ 4 999 ___

86 Yoko behauptet: *Der Nachfolger einer ungeraden Zahl ist immer gerade!*

a) Stimmt diese Behauptung? Begründe.
b) Stelle selbst eine ähnliche, richtige Behauptung auf.

Lernziele
⇒ Zahlen auf unterschiedliche Stellen runden
⇒ Zahlen miteinander vergleichen

Wissen

Runden von Zahlen
1) Stelle bestimmen auf die gerundet werden soll (Zehner, Hunderter, ...)
2) Abrunden oder Aufrunden? Entscheidend ist die Zahl rechts von der Stelle, auf die gerundet werden soll:

01234 | 56789
abrunden | aufrunden

Beispiel:
583 gerundet auf ...
Zehner: 583 ≈ 580
Hunderter: 583 ≈ 600

Rundungsfehler (RF)
ist der Unterschied zwischen der gerundeten und der ursprünglichen Zahl.

Vorgänger/Nachfolger
Vorgänger ...
Zahl, die beim Abzählen vorher kommt
Nachfolger ...
Zahl, die beim Abzählen nachher kommt

→ Übungsteil, S. 16

B6 Natürliche Zahlen – Teiler und Vielfache
Zahlenmengen

87 Finde zu jeder Menge drei weitere Elemente.
Schreibe die Mengen in mathematischer Schreibweise ins Heft.

a)

b)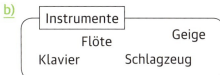

Obst = {Apfel, Birne, Marille, Banane, Orange, Kirsche, ...}

c)

88 Leon hat sich ein paar Zahlen ausgedacht.
Er nennt die Menge L, weil es seine Lieblingszahlen sind.

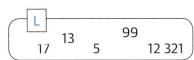

Schreibe die Zahlen geordnet in die Mengenklammer, von der kleinsten bis zur größten.

a) Schreibe die Menge in mathematischer Schreibweise auf:

L = _____

b) Sind die folgenden Zahlen Lieblingszahlen von Leon?
Kreuze an und schreibe den mathematischen Ausdruck dafür an.

	ja	nein	mathematisch ausgedrückt
Ist 25 eine seiner Lieblingszahlen?	☐	☒	$25 \notin L$
Ist 17 eine seiner Lieblingszahlen?	☐	☐	
Ist 13 eine seiner Lieblingszahlen?	☐	☐	
Ist 35 eine seiner Lieblingszahlen?	☐	☐	
Ist 98 eine seiner Lieblingszahlen?	☐	☐	

89 Setze $\in$ oder $\notin$ ein.

a) 12 $\in$ $\mathbb{N}_g$ b) 201 ◯ $\mathbb{N}_u$ c) 21 ◯ $\mathbb{N}_g$ d) 174 ◯ $\mathbb{N}_u$

7 ◯ $\mathbb{N}_g$ 915 ◯ $\mathbb{N}_u$ 982 ◯ $\mathbb{N}_g$ 215 ◯ $\mathbb{N}_u$

8 ◯ $\mathbb{N}_g$ 652 ◯ $\mathbb{N}_u$ 2 847 ◯ $\mathbb{N}_g$ 42 501 ◯ $\mathbb{N}_u$

26 ◯ $\mathbb{N}_g$ 798 ◯ $\mathbb{N}_u$ 6 500 ◯ $\mathbb{N}_g$ 11 326 ◯ $\mathbb{N}_u$

90 Setze $\mathbb{N}_g$ oder $\mathbb{N}_u$ ein.

a) 6 $\in$ _____   b) 10 $\notin$ _____   c) 345 $\in$ _____   d) 1 241 $\notin$ _____

3 $\in$ _____   4 $\notin$ _____   128 $\in$ _____   5 555 $\notin$ _____

2 $\in$ _____   7 $\notin$ _____   969 $\in$ _____   62 214 $\notin$ _____

8 $\in$ _____   3 $\notin$ _____   14 520 $\in$ _____   12 407 $\notin$ _____

Lernziele

⇒ Mengenschreibweise kennen

⇒ die Zeichen $\in$ und $\notin$ richtig verwenden

Wissen

Mengen

Schreibweise:
W = {1, 2, 6}

Sprechweise:
„Die Menge W besteht aus den Elementen 1, 2 und 6."

Element von

Um zu beschreiben, ob etwas zu einer Menge gehört oder nicht, verwenden wir:

$\in$ ... ist Element von
$\notin$ ... ist nicht Element von

Beispiel: $2 \in W$, aber $3 \notin W$

Mengen von natürlichen Zahlen

$\mathbb{N} = \{0, 1, 2, 3, 4, ...\}$
... alle natürlichen Zahlen

$\mathbb{N}_g = \{0, 2, 4, 6, ...\}$
... alle geraden Zahlen

$\mathbb{N}_u = \{1, 3, 5, 7, ...\}$
... alle ungeraden Zahlen

$\mathbb{N}\setminus\{0\} = \{1, 2, 3, 4, 5, ...\}$
... alle natürlichen Zahlen ausgenommen 0

→ Übungsteil, S. 17

B7 Natürliche Zahlen – Teiler und Vielfache
Teiler und Vielfache

91 Finde alle Teiler zu den Zahlen. Gib sie jeweils als Teilermenge T an.
a) Teiler der Zahl 21
b) Teiler der Zahl 8
c) Teiler der Zahl 25
d) Teiler der Zahl 16

92 Finde Vielfache zu den Zahlen. Gib sie jeweils als Vielfachenmenge V an.
a) Vielfache der Zahl 6
b) Vielfache der Zahl 2
c) Vielfache der Zahl 7
d) Vielfache der Zahl 9

93 Primzahlen haben genau zwei Teiler: 1 und sich selbst.
a) Kreise alle Primzahlen ein, die zwischen 0 und 20 liegen:

0, 1, ②, ③, 4, ⑤, 6, 7, 8, 9, 10, 11, 12, 13, 14, 15, 16, 17, 18, 19, 20

b) Nenne alle Primzahlen zwischen 20 und 50.

94 Die Kinder haben mathematische Behauptungen aufgestellt.

Die Zahl 2 ist die einzige gerade Primzahl.	☐
27 ist eine Primzahl.	☐
Die Vielfachen einer geraden Zahl sind alle gerade.	☐
Die Vielfachen einer ungeraden Zahl sind alle ungerade.	☐
Die Teiler einer ungeraden Zahl sind alle ungerade.	☐

a) Kreuze die zutreffende(n) Aussage(n) an.
b) Begründe deine Ergebnisse und vergleiche sie mit anderen.
c) Stellt gemeinsam zwei weitere Behauptungen auf. Begründet, warum sie gelten/nicht gelten.

95 Besondere Teiler: 2, 3 und 5

2 ist Teiler aller geraden Zahlen.
5 ist Teiler aller Zahlen, deren Einerstelle 0 oder 5 ist.
3 ist Teiler aller Zahlen, deren Ziffernsumme durch 3 teilbar ist.
Hinweis: Die Ziffernsumme ist die Summe der Ziffern einer Zahl.
Beispiel: 521 → 5 + 2 + 1 = 8

a) Welche Teiler haben die jeweiligen Zahlen? Kreuze an.

Zahl	315	711	410	124	318	120
Teiler:	☐ 2	☐ 2	☐ 2	☐ 2	☐ 2	☐ 2
	☒ 3	☐ 3	☐ 3	☐ 3	☐ 3	☐ 3
	☒ 5	☐ 5	☐ 5	☐ 5	☐ 5	☐ 5

b) **KNOBELAUFGABE**
Zahlensuche

Finde eine Zahl, die größer als 200 ist.
Sie soll durch 2, 3 und 5 teilbar sein.
Beschreibe, wie du die Zahl gefunden hast.

Lernziele

⇒ Teiler und Vielfache von Zahlen angeben können
⇒ Teiler- und Vielfachenmengen bilden können

Wissen

Teiler/Teilermenge

Eine Zahl, die eine andere **ohne Rest teilt**, nennt man **Teiler** dieser Zahl.

Beispiel:
5 ist Teiler von 10.
3 ist nicht Teiler von 10.

Alle Teiler einer Zahl bilden die **Teilermenge T**:

T(10) = {1, 2, 5, 10}

Vielfaches/ Vielfachenmenge

Multipliziert man eine Zahl mit 1, 2, 3 … , so erhält man Vielfache dieser Zahl.

Beispiel:
30 ist ein Vielfaches von 10, die Zahl 15 nicht.

Alle Vielfachen einer Zahl bilden die **Vielfachenmenge V**:

V(10) = {10, 20, 30, … }

Sie besitzt unendlich viele Elemente.

→ Übungsteil, S. 18

English Corner

96 Match the numbers and the words.

two, five, one, 2, 5, eight, ten, 10, seven, six, 8, 0, three, four, 4, 7, 1, 3, 6, 9, nine, zero

97 Write the numbers.

one hundred: __100__ one million: _____
ten thousand: _____ one billion: _____
one thousand: _____ three millions: _____

98 Mark these numbers on the number line: seven, three, nine, zero.

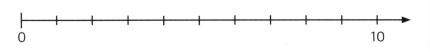

99 Which of these numbers are prime numbers? Mark them.

15, 27, 31, 40, 59, 65

Wörterbuch

match ... zuordnen
numbers ... Zahlen
words ... Wörter
zero ... null
one ... eins
two ... zwei
three ... drei
four ... vier
five ... fünf
six ... sechs
seven ... sieben
eight ... acht
nine ... neun
ten ... zehn
write ... schreiben
hundred ... hundert
thousand ... tausend
million ... Million
billion ... Milliarde
mark ... markieren
number line ... Zahlenstrahl
prime number ... Primzahl

Technik-Labor

100 Zahlenstrahl-Spiel

Das Programm zeigt an, an welcher Stelle des Zahlenstrahls der nächste Apfel fallen wird.

a) Wie lautet die Zahl?

　_____

b) Wird der Apfel in den Korb fallen?

　☐ ja　☐ nein

Falls nein, zeichne den Korb so ein, dass er den Apfel auffangen wird.

⇒ Dieses Spiel findest du in der e-zone, Klasse 1 - B.

B8 Natürliche Zahlen – Teiler und Vielfache
Anwendung – Kinofilme

101 Erfolgreiche Kinofilme

H2
H3
I1

Beantworte die unten stehenden Fragen.
Verwende für die Antworten die Buchstaben in Klammer.
Hinweis: Mio. steht für Millionen, Mrd. steht für Milliarden

(S) Spider Man 3 Jahr 2007	Produktionskosten	258 Mio. €
	Marketingkosten	100 Mio. €
	Einspielergebnis	891 Mio. €
(T) Titanic Jahr 1997	Produktionskosten	200 Mio. €
	Marketingkosten	40 Mio. €
	Einspielergebnis	2 885 Mio. €
(F) Fluch der Karibik 2 Jahr 2006	Produktionskosten	225 Mio. €
	Marketingkosten	50 Mio. €
	Einspielergebnis	1 066 Mio. €
(A) Avatar Jahr 2009	Produktionskosten	237 Mio. €
	Marketingkosten	150 Mio. €
	Einspielergebnis	2 782 Mio. €
(H) Der Herr der Ringe 2 Jahr 2002	Produktionskosten	94 Mio. €
	Marketingkosten	15 Mio. €
	Einspielergebnis	926 Mio. €

Quelle: Wikipedia

a) Welcher Film hatte das höchste Einspielergebnis? _____
b) Welche Filme haben weniger als 1 Mrd. € eingespielt? _____
c) Welcher Film hatte die höchsten Produktionskosten? _____
d) Markiere die Kosten für Marketing (Werbung) auf dem Zahlenstrahl.

Marketingkosten
0 €   100 Mio. €   S

e) Zeichne einen Zahlenstrahl für die Produktionskosten und einen für die Einspielergebnisse in dein Heft, wie in Aufgabe d).
Wähle Strichabstand und Zahlenschritt passend.

102 Einspielergebnisse

H1
I1

a) Stelle die Einspielergebnisse aller Filme von Aufgabe 101 mit Symbolen in deinem Heft dar.
Tipp: Runde die Werte auf Hundertmillionen.

Legende: ▪ 1 000 000 000   ▪ 500 000 000   ▪ 100 000 000

Beispiel: Spider Man 3: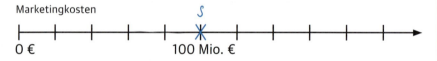

b) Wie viel hat dieser Film eingespielt?

Toy Story 3:  _____

Lernziel
⇒ mit großen natürlichen Zahlen in Sachsituationen arbeiten können

Wissen

Abkürzungen für große Zahlen

Abkürzungen wie Mio. (Millionen) und Mrd. (Milliarden) machen große Zahlen leichter lesbar.

Beispiel:
75 Mio. = 75 000 000
9 Mrd. = 9 000 000 000

Interessant

Begriffe aus der Kinowelt

Produktionskosten: alle Kosten von der Idee bis zum fertigen Film (Schauspieler, Kameras, ...)

Marketingkosten: Geld für Werbung

Einspielergebnis: Geld, das in den Kinos mit dem Film verdient wird – ein Teil davon verbleibt allerdings bei den Kinos

→ Übungsteil, S. 19
→ Cyber Homework 4

Checkpoint (1/2)

Löse die Aufgaben und kontrolliere deine Ergebnisse (Lösungen ab Seite 177).
Kreuze an, was du noch üben möchtest.

Stellenwertschreibweise

103 Schreibe die Zahlen in Zifferndarstellung an.

a) 4 ZT 3 H = _____   b) 10 M = _____

8 HT 2 Z = _____   2 M 10 HT = _____

3 M 7 HT = _____   1 M 35 ZT = _____

☐ B1
☐ B2

104 Kreuze an: Welcher Zahl entspricht „sechshundert Millionen"?

☐ 6 000 000   ☐ 600 000   ☐ 600 000 000   ☐ 600 100 000 000

☐ B2

105 Welchen Wert hat die Ziffer 4 in der Zahl 2 418?

_____

☐ B1

Zahlenstrahl

106 a) Beschrifte die markierte Zahl.   b) Markiere die Zahlen 2 960 und 3 090.

☐ B3

107 a) Beschrifte die markierten Zahlen.

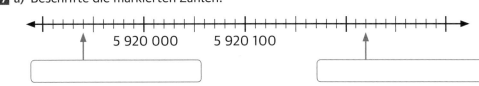

5 920 000   5 920 100

b) Markiere die Zahlen 29 Millionen, 27 500 000 und 30 M 8 HT.

28 000 000   30 000 000

☐ B3

Zahlenstrahl zeichnen

108 Zeichne einen Zahlenstrahl mit Strichabstand 2 cm und Zahlenschritt 25.

Markiere die folgenden Zahlen: 0, 25, 50, 75 und 100

☐ B4

109 Ludwig möchte einen Zahlenstrahl von 0 bis 10 000 zeichnen.
Dabei soll 1 Millimeter am Zahlenstrahl der Zahl 1 entsprechen.

a) Ludwig macht alle 10 cm einen Strich am Zahlenstrahl.
Welche Zahlen stehen unter den ersten drei Strichen? _____

b) Wie lang wird der Zahlenstrahl? _____

☐ B4

PLUS! Mathematik für die Sekundarstufe – Band 1   Erarbeitungsteil

Checkpoint (2/2)

Löse die Aufgaben und kontrolliere deine Ergebnisse (Lösungen ab Seite 177).
Kreuze an, was du noch üben möchtest.

Runden und Ordnen

110 a) Runde auf ganze Zehner.

2 156 ≈ _____

67 104 ≈ _____

b) Runde auf ganze Tausender.

95 496 ≈ _____

6 219 610 ≈ _____

111 Setze <, > oder = ein.

2 844 ◯ 8 422   2 117 ◯ 25 117   8 215 112 ◯ 928 108

112 Ordne die Zahlen 512 000, 69 000 und 6 000 000 von der größten bis zur kleinsten.

_____

Teiler und Vielfache

113 Bewerte die Aussagen. Kreuze wahr oder falsch an.

	wahr	falsch
4 ist Teiler von 12.	☐	☐
12 ist Teiler von 4.	☐	☐
34 ist ein Vielfaches von 8.	☐	☐
100 ist ein Vielfaches von 20.	☐	☐

114 Gib die Teilermenge von 20 an: _____

115 Gib die Vielfachenmenge von 5 an: _____

Anwendung

116 Alle Harry-Potter-Filme haben bisher zusammen über 8 Mrd. $ eingespielt. (Quelle: Wikipedia)

Kreuze an und begründe: Welche dieser zwei Zahlen könnte das exakte Ergebnis sein?

☐ 8 005 317 663 $ ☐ 7 906 147 978 $

117 Das jährliche American-Football-Finale, der „Super Bowl", ist das größte Sportevent der USA.
Die Tabelle zeigt die Fernseh-Zuschauerzahlen von 2009 bis 2015. (Quelle: www.statista.com)

Jahr	2009	2010	2011	2012	2013	2014	2015
Zuseher	99 Mio.	106 Mio.	111 Mio.	111 Mio.	108 Mio.	112 Mio.	114 Mio.

Kreuze die zutreffende(n) Aussage(n) an.

Die Zahl der Zuseher steigt jedes Jahr.	☐
Die Zahlen sind auf Millionen gerundet.	☐
2013 waren rund 9 Mrd. Zuseher mehr als 2009.	☐

Im Jahr 2015 fand der Super Bowl XLIX statt. Der wievielte Super Bowl war das?

C — Rechnen mit großen Zahlen
Mehrstellige Operationen und Überschlag

Inhalt

	Warm-up	32
C1	Addition und Überschlag	33
C2	Subtraktion und Überschlag	34
C3	Multiplikation und Überschlag	35
C4	Division und Überschlag	36
C5	Einschranken und Schätzen	37
C6	Umkehroperationen	38
C7	Mehrstellige Multiplikation	39
C8	Mehrstellige Division	40
C9	Rechnen mit dem Taschenrechner	41
	English Corner	42
	Extra: Fermi-Aufgabe	42
C10	Anwendung – Im Weltall	43
	Checkpoint	44

118 Schaut euch den Comic mit Anna und Philipp an.
Dann beantwortet die Fragen.

H1 H2 H3 H4 I1

a) Wie viele Menschen wissen nach der ersten Telefonrunde, dass Anna Geburtstag hat?

b) Wie viele Menschen haben nach der zweiten Runde von ihrem Geburtstag erfahren?

c) Tragt zu jeder Telefonrunde die Anzahl der Menschen, die von Annas Geburtstag wissen, in eine Tabelle ein. Nach welcher Runde wurde 1 Million Menschen erreicht?

d) Welche Rechenoperation habt ihr verwendet, um die Zahlen in c) auszurechnen? Beschreibt, wie sich die Zahl von Runde zu Runde verändert.

e) Es gibt mehr als 7 Milliarden Menschen. Nach wie vielen Runden hätte man alle erreicht?

f) Schreibt mindestens drei Gründe auf, warum es doch nicht ganz so einfach ist, alle Menschen der Erde anzurufen.

PLUS! Mathematik für die Sekundarstufe – Band 1 Erarbeitungsteil

Warm-up
Zeig, was du bereits kannst.

Schriftliche Addition

119 Rechne.

```
   426        8362       55402       79199
   103        5123       36849        2473
  ____       _____      _____      _____
```

120 Berechne die Summe der Zahlen 5 418, 36 087, 4 625 und 67.

Schriftliche Subtraktion

121 Rechne.

```
   862        3756       82602       40220
  -451       -1483      -35146       -8315
  ____       _____      _____      _____
```

122 Berechne die Differenz der Zahlen 104 366 und 69 204.

Einstellige Multiplikation

123 Rechne.

$628 \cdot 2$ $5419 \cdot 5$ $8036 \cdot 7$ $7569 \cdot 6$

124 Berechne das Produkt von 6 914 und 4.

Einstellige Division

125 Rechne.

$5148 : 2 =$ $4093 : 7 =$

126 Berechne den Quotienten von 52 716 und 3.

C1 Addition und Überschlag

Rechnen mit großen Zahlen – Mehrstellige Operationen und Überschlag

127 Die Kinder haben die Aufgabe
325 892 + 87 355 mit Überschlag gelöst.

Alexander: Ü: 300 000 + 90 000 = 390 000

Mario: Ü: 330 000 + 90 000 = 420 000

Mia: Ü: 300 000 + 100 000 = 400 000

a) Vergleicht die Rechenwege von Alexander, Mario und Mia. Besprecht eure Überlegungen mit anderen.

b) Berechnet das genaue Ergebnis von 325 892 + 87 355.

c) Beurteilt die Überschlagsrechnungen der Kinder:
Welcher Überschlag war dem Ergebnis am nächsten?
Welcher Überschlag war am einfachsten zu rechnen?

128 Überschlage das Ergebnis zuerst.
Dann rechne genau.

Kontrolliere das Ergebnis deiner schriftlichen Addition durch Vergleich mit dem Ergebnis der Überschlagsrechnung.

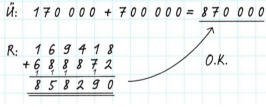

Ich rechne im Kopf:
170 Tausend
+ 700 Tausend
= 870 Tausend

a) 169 418 + 688 872
b) 613 920 + 855 483
c) 982 472 + 76 308
d) 1 680 359 + 4 218 836
e) 8 413 085 + 6 924 788
f) 335 904 + 2 275 473
g) 37 822 509 + 2 416 816
h) 215 310 + 6 822 439 + 562 436
i) 62 712 914 + 73 851 012 + 35 471 633
j) 6 318 024 + 4 812 681 + 1 954 466 + 7 835 528
k) 12 522 861 + 9 572 065 + 11 274 695 + 4 803 671

129 Blauwale und ihre Ernährung

Blauwale leben von kleinen Krebsen.
Pro Tag frisst eine Mutter etwa
40 Mio. Stück, ihr Kalb etwa 16 Mio.
(Quelle: Wikipedia)

Wie viel fressen sie gemeinsam pro Tag?

Blauwale sind die größten lebenden Säugetiere der Welt.

Lernziele

⇒ große Additionen durch Überschlag abschätzen können

⇒ schriftliche Additionen mit großen Zahlen sicher lösen können

Wissen

Addition und Überschlag

1) Überschlagen
Runde die Zahlen so, dass du im Kopf rechnen kannst.

2) Genau rechnen
Berechne das genaue Ergebnis mit Hilfe einer schriftlichen Addition.

3) Kontrolle
Vergleiche den Überschlag und das genaue Ergebnis als Kontrolle.

Tipp

Überschlag unterschiedlich?

Für das Aufstellen einer Überschlagsrechnung gibt es keine genauen Regeln.

Wundere dich also nicht, wenn du nicht genau die gleiche Abschätzung wie deine Mitschüler/innen hast.

→ Übungsteil, S. 21

C2 Rechnen mit großen Zahlen – Mehrstellige Operationen und Überschlag
Subtraktion und Überschlag

130 Welche Überschlagsrechnung passt zu welcher Subtraktion?

a) Ordne den schriftlichen Subtraktionen die richtigen Überschlagsrechnungen zu.
Trage dazu den richtigen Buchstaben in die 2. Spalte ein.

	zugeordneter Überschlag
386 915 − 174 356	
312 814 − 194 321	
379 753 − 161 182	

A Ü: 300 000 − 200 000 = 100 000

B Ü: 380 000 − 160 000 = 220 000

C Ü: 400 000 − 200 000 = 200 000

b) Löse die schriftlichen Subtraktionen.

131 Überschlage das Ergebnis zuerst. Dann rechne genau.

a) 906 472 − 382 804
b) 481 265 − 198 311
c) 715 592 − 65 174
d) 375 218 − 28 963
e) 902 316 − 874 782
f) 8 453 254 − 76 283
g) 6 180 213 − 5 774 289
h) 54 953 217 − 7 205 682
i) 2 956 184 − 88 465
j) 72 290 436 − 69 418 803

Ü: 900 000 − 400 000 = 500 000

R: 906 472
  − 382 804
  ─────────
    523 668   O.K.

132 Im Jahre 1900 hatte Österreich 5.973.000 Einwohner.
100 Jahre später waren es 8.012.000 Menschen. (Quelle: Statistik Austria)

a) Um wie viele Personen ist die Einwohnerzahl ungefähr gewachsen? Berechne einen Überschlag.

b) Rechne wie in a), nur diesmal mit genauen Zahlen.

Hall in Tirol um 1900

Lernziele
⇒ große Subtraktionen durch Überschlag abschätzen können
⇒ schriftliche Subtraktionen mit großen Zahlen sicher lösen können

Wissen

Subtraktion mit großen Zahlen

Wenn man die **Differenz zweier großer Zahlen** berechnet, kann das Ergebnis sehr klein sein:

90 065 − 89 987 = 78

Ein **Überschlag** hilft dir, grobe Rechenfehler zu entdecken:

90 065 − 89 987 ≈
90 100 − 90 000 = 100 ✓

Interessant

Österreich wächst

Bis zum **Jahr 2075** soll die Einwohnerzahl Österreichs auf knapp **10 Millionen** Menschen ansteigen.
(Quelle: Statistik Austria)

→ Übungsteil, S. 22

C3 Multiplikation und Überschlag

Rechnen mit großen Zahlen – Mehrstellige Operationen und Überschlag

133 Rechne und erkläre, wie dir die oberste Aufgabe jeweils bei der Lösung der unteren Aufgaben hilft.

a) 8 · 3 = _____
   80 · 3 = _____
   800 · 3 = _____

b) 7 · 2 = _____
   700 · 2 = _____
   7 000 000 · 2 = _____

134 Rechne im Heft.

a) 6 000 · 3
b) 5 000 · 7
c) 20 000 · 8
d) 80 000 · 5
e) 100 000 · 4
f) 3 000 000 · 4
g) 70 000 000 · 6
h) 900 000 000 · 3

6 000 · 3 = 18 000

Die Nullen muss man nicht rechnen, man kann sie im Ergebnis einfach wieder dazuschreiben!

135 Überschlage das Ergebnis zuerst. Dann rechne genau.

Kontrolliere das Ergebnis deiner schriftlichen Multiplikation durch Vergleich mit dem Ergebnis der Überschlagsrechnung.

a) 4 722 · 8
b) 2 272 · 4
c) 8 063 · 3
d) 35 124 · 6
e) 4 328 516 · 4
f) 12 522 957 · 6
g) 74 006 824 · 9
h) 38 277 535 · 2

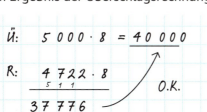

136 Welches Ergebnis gehört zu welcher Rechnung?

a) Verbinde jede der Rechnungen mit ihrem Ergebnis.

| 52 917 · 6 | 38 104 · 3 | 112 615 · 2 | 16 137 · 9 |

| 225 230 | 317 502 | 114 312 | 145 233 |

b) Vergleiche deinen Lösungsweg mit anderen.

137 Wie viele Waffeln werden in einer Woche erzeugt?

Eine Süßwarenfabrik erzeugt 948 217 Packungen Waffeln täglich. Berechne die Wochenstückzahl, wenn ...

a) ... auch Samstag und Sonntag gearbeitet wird.
b) ... Samstag und Sonntag nichts erzeugt wird.

Lernziele

⇒ Produkte großer Zahlen durch Überschlag abschätzen können

⇒ einstellige Multiplikationen mit großen Zahlen sicher lösen können

Wissen

Multiplikation und Überschlag

Runde bei deiner Überschlagsrechnung immer auf die **höchste Stelle** deiner Zahl.

Dann kannst du die Aufgaben mit den Malreihen lösen und die Nullen einfach dazuschreiben.

Beispiel:

26 943 · 6 = ?

Überschlag:

30 000 · 6 = <u>180 000</u>

Tipp

Fachbegriffe lernen

Eine Sammlung der wichtigsten Fachbegriffe, die du in diesem Jahr lernen wirst, findest du im Anhang.

→ Übungsteil, S. 23

C4 Division und Überschlag

Rechnen mit großen Zahlen – Mehrstellige Operationen und Überschlag

138 Rechne und erkläre, wie dir die oberste Aufgabe jeweils bei der Lösung der unteren Aufgaben hilft.

a) 16 : 2 = _____
   160 : 2 = _____
   16 000 : 2 = _____

b) 28 : 4 = _____
   28 000 : 4 = _____
   2 800 000 : 4 = _____

139 Rechne im Heft.

a) 1 400 : 7
b) 3 200 : 4
c) 25 000 : 5
d) 800 000 : 2
e) 480 000 : 6
f) 18 000 000 : 3
g) 63 000 : 9
h) 40 000 000 : 8

140 Berechne zuerst den Quotienten. Dann führe eine Probe durch Überschlag aus.

Kontrolliere das Ergebnis deiner schriftlichen Division durch Vergleich des Dividenden mit dem Ergebnis des Überschlags.

a) 25 319 : 6
b) 39 802 : 5
c) 516 112 : 8
d) 367 460 : 7
e) 1 835 785 : 3
f) 63 052 644 : 2
g) 3 518 496 235 : 4
h) 9 275 023 218 : 3

R: 25 319 : 6 = 4 219
   1 3
   1 1
     5 9   O.K.
     5 Rest

Probe: Ü: 4 000 · 6 = 24 000

141 Berechne den Quotienten. Kontrolliere das Ergebnis mit Hilfe einer exakten Probe.

a) 46 092 : 5
b) 92 712 : 3
c) 298 703 : 6
d) 2 914 833 : 4
e) 54 801 640 : 7
f) 309 800 431 : 9
g) 422 220 540 : 8
h) 594 688 913 : 5

R: 46 092 : 5 = 9 218
   10
   0 9   O.K.
   4 2
   2 Rest

Probe: 9 218 · 5   Rest!
       46 090   46 090 + 2 =
                   46 092

142 „Probe durch Überschlag" oder „Exakte Probe"?

Vergleiche die beiden Verfahren „Probe durch Überschlag" und „Exakte Probe". Finde jeweils einen Vorteil und einen Nachteil.

Lernziele

⇒ einstellige Divisionen mit großen Zahlen sicher lösen können

⇒ mehrere Arten zur Kontrolle von Divisionen verwenden können

Wissen

Division überprüfen – Möglichkeiten

Beispiel:
57 676 : 3 = 19 225 R 1

1) Probe durch Überschlag
   19 225 ≈ 20 000
   20 000 · 3 = 60 000
   57 676 ≈ 60 000

2) Exakte Probe
   19 225 · 3 = 57 675
   Rest addieren:
   57 675 + 1 = 57 676

Interessant

Teilen

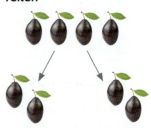

Der Begriff „dividieren" kommt vom lateinischen „dividere" und bedeutet nichts anderes als „teilen".

→ Übungsteil, S. 24

C5 Rechnen mit großen Zahlen – Mehrstellige Operationen und Überschlag
Einschranken und Schätzen

143 Kai hat sein Hausübungsheft zurückbekommen.
Seht euch an, was seine Lehrerin in Rot dazugeschrieben hat.

> 2. Hausübung, am 23. 10. 2016
> 55) Drei Männer spielen gemeinsam Lotto.
> Sie gewinnen 875 610 € und teilen dieses Geld
> gerecht auf. Gib eine obere und eine untere
> Schranke für den Gewinn jedes Spielers an.
> Lösung: obere Schranke = 1 Million Euro ✓
> untere Schranke = 1 Cent ✓
>
> *Lieber Kai! Das ist grundsätzlich richtig, aber du kannst das sicher besser!*

a) Was meint die Lehrerin mit ihrer Aussage? Besprecht eure Überlegungen mit anderen Kindern in der Klasse.

b) Berechnet eine genauere obere Schranke mit Hilfe eines Überschlags. Rundet für die obere Schranke die Zahl auf.

c) Berechnet eine genauere untere Schranke mit Hilfe eines Überschlags. Rundet für die untere Schranke die Zahl ab.

144 Rechne in deinem Heft.

Gib folgende Werte an:
- untere Schranke
- obere Schranke
- einen Schätzwert
- das genaue Ergebnis

a) 5 385 + 8 408
b) 2 078 + 7 522
c) 13 912 + 45 184
d) 82 855 + 137 520
e) 6 102 – 1 435
f) 10 596 – 2 719
g) 362 · 4
h) 219 · 9
i) 846 : 3
j) 942 : 2

Schranken:
untere: 5 000 + 8 000 = 13 000
obere: 6 000 + 9 000 = 15 000

Schätzwert: 14 000

R: 5 385
    8 408
   13 793

145 Wie viele Menschen haben den Tiergarten Schönbrunn besucht?

Ein Angestellter sagt:
„An schönen Tagen kommen bis zu 20 000 Menschen, an schlechten so um die 1 000."

a) Gib eine obere und eine untere Schranke für die Jahresbesucherzahl an.

b) Gib einen Schätzwert an.

c) **FORSCHE WEITER**
Finde den tatsächlichen Wert heraus. Vergleiche ihn mit deinen Ergebnissen.

Lernziel

⇒ die Begriffe obere und untere Schranke kennen und zum Abschätzen eines Ergebnisses verwenden können

Wissen

Untere Schranke
gibt an, wie groß ein Wert **mindestens** ist.

Obere Schranke
gibt an, wie groß ein Wert **höchstens** ist.

Schätzwert / Überschlag
gibt an, wie groß ein Wert **ungefähr** ist.

Tipp

Wie genau müssen die Schranken sein?

Eine exakte Regel gibt es nicht.

Die Rechnung für die Schranken soll auf jeden Fall im Kopf lösbar sein.

Je enger obere und untere Schranke beisammen liegen, desto besser ist ihre Vorhersage für das genaue Ergebnis.

→ Übungsteil, S. 25
→ Cyber Homework 5

C6 Umkehroperationen
Rechnen mit großen Zahlen – Mehrstellige Operationen und Überschlag

146 Addition und Subtraktion

a) Setze die fehlenden Zahlen ein.

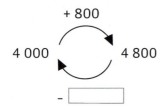 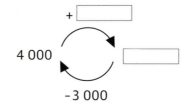

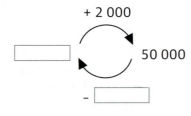 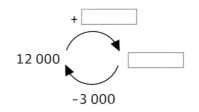

b) Kreuze an: Wie lautet die Umkehroperation zur Addition?
☐ Addition ☐ Subtraktion ☐ Multiplikation ☐ Division

147 Löse die Aufgaben in deinem Heft.
Rechne die Umkehroperation als Probe.

a) 4 819 + 9 212
b) 3 628 + 765
c) 124 352 + 65 804
d) 8 934 − 2 511
e) 6 402 − 1 974
f) 82 163 − 16 422

148 Multiplikation und Division

a) Setze die fehlenden Zahlen ein.

b) Kreuze an: Wie lautet die Umkehroperation zur Multiplikation?
☐ Addition ☐ Subtraktion ☐ Multiplikation ☐ Division

149 Löse die Aufgaben in deinem Heft.
Rechne die Umkehroperation als Probe.

a) 578 · 4
b) 2 196 · 3
c) 14 855 · 6
d) 27 423 · 8
e) 812 : 4
f) 9 264 : 2
g) 22 815 : 5
h) 31 455 : 9
i) 413 815 · 7
j) 292 108 · 5
k) 864 005 : 5
l) 306 772 : 4

Lernziele
⇒ den Begriff Umkehroperation kennen
⇒ Umkehroperationen bei den vier Grundrechnungsarten als Probe verwenden können

Wissen

Rückgängig machen
Mit Umkehroperationen kann man Rechnungen rückgängig machen.

Addition ⇔ Subtraktion
Das Minusrechnen ist die Umkehrung des Plusrechnens.

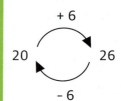

Multiplikation ⇔ Division
Das Teilen ist die Umkehrung des Malrechnens.

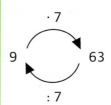

→ Übungsteil, S. 26

C7 Mehrstellige Multiplikation

Rechnen mit großen Zahlen – Mehrstellige Operationen und Überschlag

150 Rechne. Was fällt dir auf?

194 · 20   831 · 40

Schau auf die Nullen!
275 · 30
8250

Lernziel
⇒ Zahlen mit mehrstelligen Faktoren sicher multiplizieren können

Wissen

Mehrstellige Multiplikation

Bei der mehrstelligen Multiplikation rechnest du in mehreren Schritten:

1) mal Zehnerziffer:

   524 · 73
   3668 0

151 Rechne.

264 · 32   4207 · 56   5413 · 83

152 Rechnen mit dem „Einservorteil"

a) Berechne die Produkte der unten stehenden Multiplikationen.

b) Beschreibe, was mit „Einservorteil" gemeint sein könnte. Was bringt dieser Vorteil? Muss man ihn nützen?

658 · 13   284 · 16   706 · 14
1974
8554

2) mal Einerziffer:

   524 · 73
   3668 0
   1572

153 Rechne im Heft.

a) 637 · 21   d) 3258 · 57   g) 27 511 · 16
b) 719 · 25   e) 1582 · 17   h) 54 208 · 83
c) 824 · 36   f) 4668 · 29   i) 96 739 · 27

154 Multipliziere mit dreistelligen Faktoren.

6417 · 251   5708 · 324
12834
 32085
  6417
1610667

3) Addition:

   524 · 73
   3668 0
   1572
   38252

155 Rechne im Heft.

a) 1589 · 283   c) 6921 · 402   e) 7488 · 1543
b) 8416 · 607   d) 3042 · 859   f) 89 128 · 5809

156 KNOBELAUFGABE

Größtes Produkt

Wie lautet das größte Produkt, das man aus zwei dreistelligen Zahlen bilden kann? Begründe deine Antwort und vergleicht eure Lösungen.

→ Übungsteil, S. 27

C8 Mehrstellige Division

Rechnen mit großen Zahlen – Mehrstellige Operationen und Überschlag

157 Rechne im Kopf und erkläre, wie dir die oberen Divisionen bei der Lösung der unteren Divisionen geholfen haben.

800 : 2 = _____ 900 : 3 = _____ 1 200 : 4 = _____

800 : 20 = _____ 900 : 30 = _____ 1 200 : 40 = _____

Lernziel
⇒ mehrstellige Divisionen sicher lösen und das Ergebnis überschlagen können

158 Marie hat die Aufgabe 40 000 : 500 recht einfach gelöst.

$40\,0\cancel{0}\cancel{0} : 5\cancel{0}\cancel{0} = 80$

Erkläre, wie sie gerechnet hat, und begründe, warum das Ergebnis stimmt.

Bei der Division darf man links und rechts die gleiche Anzahl an Nullen streichen!

Wissen

Mehrstellige Division

Bei der mehrstelligen Division solltest du drei Dinge beachten:

1) **Stellenwert bestimmen**

$\overset{\frown}{4\,2}\,3 : 1\,8 = ..$

159 Rechne im Kopf.

a) 350 : 70 = _____ d) 490 : 70 = _____ g) 15 000 : 30 = _____

b) 480 : 60 = _____ e) 200 : 50 = _____ h) 27 000 : 90 = _____

c) 210 : 30 = _____ f) 320 : 40 = _____ i) 27 000 : 900 = _____

2) **Arbeite mit Überschlag**

statt „Wie oft geht 18 in 42?" rechne „Wie oft geht 20 in 40?"

$\overset{\frown}{4\,2}\,3 : 1\,8 = 2\,.$
$0\,6$

160 Löse die Divisionen. Rechne einen Überschlag als Probe.

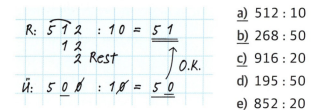

a) 512 : 10
b) 268 : 50
c) 916 : 20
d) 195 : 50
e) 852 : 20
f) 748 : 10

g) 472 : 20
h) 2 613 : 20
i) 5 108 : 30
j) 7 483 : 50
k) 3 175 : 60
l) 9 524 : 80

3) **Rest anschreiben**

$\overset{\frown}{4\,2}\,3 : 1\,8 = \underline{\underline{2\,3}}$
$0\,6\,3$
$\underline{0\,9}$ Rest

161 Löse die Divisionen. Rechne einen Überschlag als Probe.

a) 618 : 19 d) 9 216 : 67 g) 12 581 : 38 j) 580 415 : 43

b) 705 : 48 e) 5 087 : 32 h) 46 005 : 52 k) 219 822 : 74

c) 592 : 27 f) 8 185 : 39 i) 76 451 : 93 l) 9 144 703 : 28

162 Siegprämien bei Fußball-Weltmeisterschaften
(Quelle: Berliner Zeitung vom 16.7.2014)

Die deutsche Mannschaft bekam als Weltmeister 2014 ein Preisgeld in der Höhe von 25.750.000 €. Davon wurden 6.900.000 € an die Spieler ausgezahlt. Den Rest behielt der deutsche Fußballverband.

Wie viel Geld bekam jeder der 23 Spieler?

→ Übungsteil, S. 28

C9 Rechnen mit dem Taschenrechner

Rechnen mit großen Zahlen – Mehrstellige Operationen und Überschlag

163 Löse die Additionen mit dem Taschenrechner.
Rechne einen Überschlag als Probe.

a) 8 268 + 4 159

Mit einem Überschlag merke ich gleich, ob ich mich vertippt habe.

TR: 8 268 + 4 159 = 12 427
Ü: 8 000 + 4 000 = 12 000 } O.K

b) 518 + 956
c) 942 + 567
d) 1 906 + 5 422
e) 4 157 + 3 861
f) 917 + 4 563 + 1 355
g) 586 + 2 588 + 6 861

164 Löse die Subtraktionen mit dem Taschenrechner.
Rechne einen Überschlag als Probe.

a) 8 271 − 368
b) 100 − 42
c) 500 − 93
d) 85 325 − 7 416
e) 20 000 − 5 017

165 Löse die Multiplikationen mit dem Taschenrechner.
Rechne einen Überschlag als Probe.

a) 35 · 2
b) 5 196 · 84
c) 6 218 · 27
d) 712 · 315
e) 908 · 1 287

166 Löse die Divisionen mit dem Taschenrechner.
Rechne einen Überschlag als Probe.

a) 96 : 8
b) 882 : 3
c) 1 908 : 6
d) 6 454 : 7
e) 150 689 : 209

167 Kopfrechnen, schriftlich rechnen oder Taschenrechner?

Löst die folgenden vier Aufgaben auf drei Arten im Heft:
(1) Kopfrechnen (2) schriftlich rechnen (3) Taschenrechner

a) 5 000 + 3 100
b) 82 416 − 82 415
c) 684 · 43
d) 4 310 : 3

e) Schreibt für jede der drei oben verwendeten Rechenverfahren jeweils zwei Vor- und zwei Nachteile in euer Heft.
Tipp: Beachtet Geschwindigkeit, Genauigkeit, Fehleranfälligkeit, …

Lernziele

⇒ Rechnungen am Taschenrechner lösen können
⇒ Vor- und Nachteile für den Einsatz des Taschenrechners nennen können

Wissen

Rechenzeichen am Taschenrechner

+ … plus
− … minus
× … mal
÷ … durch
= … ist gleich

Interessant

Die ersten Taschenrechner wurden in den 1970er-Jahren verkauft.

Diese Taschenrechner waren damals sehr teuer und nur wenige Leute konnten sich so ein Gerät leisten.

Commodore SR36 aus dem Jahre 1974

→ Übungsteil, S. 29

English Corner

168 Find the values.

a) Add 99 and 69. _____

b) Subtract 55 from 100. _____

c) Subtract 77 from 560. _____

d) Multiply 20 by 6. _____

e) Multiply 8 by 200. _____

f) Divide 27 by 9. _____

g) Divide 100 by 5. _____

169 Find the values.

a) Find the product of 8 and 3. _____

b) Find the product of 5 and 12. _____

c) Find the quotient of 30 and 6. _____

d) Find the difference between 99 and 22. _____

e) Find the difference between 1 and 1000. _____

f) Find the sum of 1 and 1000. _____

g) Find the sum of 50 000 and 60 000. _____

Wörterbuch

add ...
addieren

sum ...
Summe

subtract ...
subtrahieren

difference ...
Differenz

multiply ...
multiplizieren

product ...
Produkt

divide ...
dividieren

quotient ...
Quotient

Find the values.
Finde die Ergebnisse.

Extra: Fermi-Aufgabe

170 Beantworte zwei Fragen zu deinem Herzschlag:
Frage 1: Wie oft hat dein Herz heute schon geschlagen?
Frage 2: Wie oft schlägt dein Herz in einem Jahr?

a) Versuche, die Fragen möglichst genau zu beantworten.
Miss dafür deinen Puls.
Zähle die Pulsschläge in einer Minute.
Hinweis: Der Puls eines Kindes liegt meist zwischen 70 und 120.

b) Löse die Aufgabe, wie Enrico Fermi es getan hätte:
Schätze jede Zahl, die du nicht kennst, ganz grob ab.
Verwende nur dekadische Einheiten (also 1, 10, 100, 1 000, ...).
Vergleiche dein Ergebnis mit der Lösung aus Aufgabe a).

c) Vergleiche die Ergebnisse und deinen Rechenweg mit anderen.
Begründe: Kann man diese Aufgabe ganz exakt lösen?

Enrico Fermi
(1901 – 1954)
erhielt 1938 den
Nobelpreis für Physik.

Zur Info: Fermi-Aufgaben
Enrico Fermi war Professor an der Columbia Universität in New York.
Er stellte seinen Studenten gerne Aufgaben, die sie mit geschätzten Zahlen lösen mussten.
Heute nennen wir solche Aufgaben „Fermi-Aufgaben".

C10 Rechnen mit großen Zahlen – Mehrstellige Operationen und Überschlag
Anwendung – Im Weltall

171 Zahlen zu den Planeten unseres Sonnensystems

Sieh dir die Tabelle an.
Dann beantworte die Fragen in deinem Heft.

	Abstand zur Sonne	Umlaufzeit um die Sonne	Geschwindigkeit
Merkur	57.909.000 km	88 Tage	172.332 km/h
Venus	108.160.000 km	225 Tage	126.072 km/h
Erde	149.600.000 km	365 Tage	107.208 km/h
Mars	227.990.000 km	687 Tage	86.868 km/h
Jupiter	778.360.000 km	4.329 Tage	47.052 km/h
Saturn	1.433.500.000 km	10.751 Tage	34.884 km/h
Uranus	2.872.400.000 km	20.664 Tage	24.516 km/h
Neptun	4.495.000.000 km	60.164 Tage	19.548 km/h

(Quelle: Wikipedia)

a) Welcher Planet liegt der Sonne am nächsten?

b) Welcher Planet bewegt sich nur etwa halb so schnell wie die Erde?

c) Um wie viele Kilometer ist der Planet Neptun weiter von der Sonne entfernt als der Planet Mars?

d) Welcher Planet braucht etwa 60 Jahre, um einmal die Sonne zu umrunden?

e) Wie lange dauert die Umlaufzeit des Neptun um die Sonne? Gib die Dauer in Jahren und Monaten an.

f) Julia behauptet:

> *Je weiter ein Planet von der Sonne entfernt ist, desto schneller fliegt er.*

Stimmt diese Behauptung?
Falls nein, stelle sie richtig.

g) Finde selbst drei Fragen, die man mit Hilfe der Tabelle und einer Rechnung beantworten kann.
Löse die Aufgaben.

h) Gib die selbst erstellten Aufgaben aus g) jemand anderem zum Lösen. Vergleicht eure Ergebnisse.

172 18 Satelliten sollen in den Weltraum gebracht werden, damit ein neues Navigationssystem entstehen kann.

a) Berechne den Gesamtpreis aller Satelliten, wenn ein Satellit 39.790.000 € kostet.

b) Eine Rakete bringt pro Flug 2 Satelliten ins All. Berechne die Flugkosten für die 18 Satelliten, wenn ein Flug 68.840.000 € kostet.

Anmerkung: Die Zahlen aus diesen Beispielen sind an das europäische GPS-Programm „Galileo" angelehnt.

Lernziel

⇒ Grundrechnungsarten mit großen Zahlen in Sachsituationen anwenden können

Wissen

Astronomische Zahlen

Die **Astronomie** ist die Wissenschaft von der Erforschung des Alls.

Große Zahlen kommen hier besonders oft vor. Deshalb nennt man **große Zahlen** auch „astronomisch große Zahlen".

Interessant

Satelliten

Satelliten sind ein wichtiges Instrument der Astronomie: Sie beobachten die Erde vom Weltall aus.

Außerdem werden sie auch für die Übertragung von Fernsehsignalen und zur Navigation mit GPS eingesetzt.

→ Übungsteil, S. 30
→ Cyber Homework 6

Checkpoint

Löse die Aufgaben und kontrolliere deine Ergebnisse (Lösungen ab Seite 177).
Kreuze an, was du noch üben möchtest.

Addition und Subtraktion

173 Kreuze an: Wie lautet die Differenz der Zahlen 5 184 069 und 2 177 582?

☐ 7 361 651   ☐ 3 006 487   ☐ 2 316 487   ☐ 8 021 651

↺ C2

174 Kreuze an: Wie lautet die Summe der Zahlen 632 524 und 4 385 109?

☐ 10 257 633   ☐ 3 752 585   ☐ 517 633   ☐ 5 017 633

↺ C1

175 Löse die Aufgaben.

a) Addiere die Zahlen 56 413, 7 836 und 3 955 741.

b) Subtrahiere 629 045 von 1 100 000.

↺ C1
↺ C2

Multiplikation und Division

176 Rechne im Heft.

a) 82 878 · 7   c) 913 792 · 4   e) 26 417 223 · 6
b) 1 462 · 25   d) 20 517 · 83   f) 495 663 · 516

↺ C3
↺ C7

177 Rechne im Heft.

a) 65 482 : 3   c) 3 219 589 : 9   e) 204 433 196 : 2
b) 4 827 : 28   d) 56 348 : 43   f) 18 369 005 : 76

↺ C4
↺ C8

Einschranken und Schätzen

178 Gib jeweils eine untere und eine obere Schranke zu den Rechnungen an.
Dann schätze das Ergebnis mit Hilfe eines Überschlags ab.
Rechne zur Kontrolle genau nach.

a) 482 + 356   e) 75 · 3   i) 8 945 · 4
b) 803 − 462   f) 34 · 7   j) 45 816 · 9
c) 74 128 + 98 514   g) 175 : 5   k) 16 912 : 3
d) 463 905 − 128 766 h) 322 : 6   l) 28 472 : 5

↺ C5

Umkehroperationen

179 Berechne zuerst das exakte Ergebnis.
Dann mach die Probe mit Hilfe der Umkehroperation.

a) 54 816 + 339   b) 602 078 − 156 603   c) 8 413 · 23   d) 7 904 : 19

↺ C6

180 Setze die fehlenden Zahlen ein.

☐ →(+ 216)→ ☐ →(· 3)→ ☐ →(+ 505)→ 1 495

↺ C6

D Strich, Maß und Winkel
Zeichnen mit dem Geodreieck

Inhalt

	Warm-up	46
D1	Strecke, Strahl und Gerade	47
D2	Strecken und Streckenzüge	48
D3	Maßstab und Längenmaße	49
D4	Mit Maßstäben rechnen	50
D5	Parallele und normale Geraden	51
D6	Normalabstand und Symmetrie	52
D7	Winkelarten	53
D8	Winkel abmessen und zeichnen	54
	English Corner	55
	Spiel: Bubble-Shooter	55
	Technik-Labor	56
D9	Anwendung – Bahn fahren	57
	Checkpoint	58

181 Schaut euch den Comic mit den Piraten an.
Dann löst die Aufgaben.

H1
H3
I3

a) Erzählt die Geschichte in eigenen Worten.

b) Wie ist der Piraten-Kapitän auf 90 Grad gekommen?

c) Warum geraten die Piraten im letzten Bild in Panik?

d) Wie nennt man einen Winkel mit 90 Grad noch?

e) Zeichnet ein Bild, bei dem die Kanone auf 90 Grad eingestellt ist. Vergleicht eure Zeichnungen miteinander.

f) Wie endet der Comic?
Zeichnet 1 bis 2 Bilder dazu.
Stellt eure Bilder in der Klasse vor.

Warm-up
Zeig, was du bereits kannst.

Zeichnen mit dem Lineal

182 Miss die Längen der Balken ab und gib sie in cm und mm an.

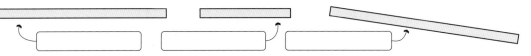

183 Zeichne die Linien mit den vorgegebenen Längen in dein Heft.

a) 3 cm b) 23 mm c) 5 cm 7 mm d) 42 mm

Längenmaße

184 Wandle in die angegebene Einheit um.

1 m = _____ cm   30 mm = _____ cm   2 dm = _____ cm

6 m = _____ cm   90 mm = _____ cm   4 dm = _____ cm

12 m = _____ cm   50 mm = _____ cm   7 dm = _____ cm

185 Ordne die folgenden Längen von der kleinsten bis zur größten.

35 m,   8 mm,   2 km,   23 dm,   40 cm,   1 m

Parallel oder im rechten Winkel

186 Wie stehen die Linien zueinander?
Kreuze an und besprich deine Entscheidungen mit anderen.

a)    b)    c)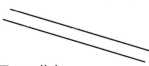

☐ parallel   ☐ parallel   ☐ parallel
☐ im rechten Winkel   ☐ im rechten Winkel   ☐ im rechten Winkel
☐ keines von beiden   ☐ keines von beiden   ☐ keines von beiden

Symmetrie

187 Zeichne bei den Bildern die Spiegelachse (Symmetrieachse) ein.

a)    b)    c)

D1 Strich, Maß und Winkel – Zeichnen mit dem Geodreieck
Strecke, Strahl und Gerade

188 Zeichne krumme Linien blau und gerade Linien rot nach.
H1 I3

189 Falte ein Blatt Papier.
H1 I3

a) Entstehen beim Falten gerade oder krumme Linien?

b) Ist das immer so?

190 Zeichne die angegebenen Strecken in dein Heft und beschrifte sie.
H2 I3

a) Strecke a, Länge 2 cm, Punkte A und B

b) Strecke b, Länge 3 cm, Punkte C und D

c) Strecke d, Länge 4 cm, Punkte G und H

d) Strecke e, Länge 35 mm, Punkte I und J

e) Strecke f, Länge 65 mm, Punkte K und L

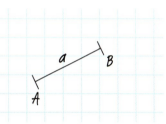

191 Zeichne die angegebenen Sachverhalte in dein Heft. Beschrifte die Geraden und die Schnittpunkte.
H1 I3

a) Geraden a und b, Schnittpunkt S

b) Geraden c und d, Schnittpunkt T

c) Geraden e, f und g, Schnittpunkt U

d) Geraden s und t, kein Schnittpunkt

e) Geraden x, y und z, Schnittpunkte V und W

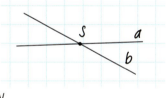

192 Punkte und Geraden
H3 I3

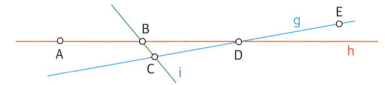

a) Kreuze die zutreffende(n) Aussage(n) an.

Die Punkte A und D liegen auf der Geraden h.	☐
Die Gerade i schneidet die Geraden h und g.	☐
Auf der Geraden i liegen die Punkte B, C und D.	☐
D ist der Schnittpunkt der Geraden g und h.	☐

b) Setze ∈ oder ∉ ein.
Hinweis: A ∈ g bedeutet, dass der Punkt A auf der Geraden g liegt.

A ◯ g   B ◯ i   C ◯ g   E ◯ g

D ◯ h   A ◯ h   B ◯ h   D ◯ i

Lernziel
⇒ Arten von Linien unterscheiden, benennen und darstellen können

Wissen

Gerade Linien

Strecke ├──────┤

Eine Strecke hat einen Anfangs- und einen Endpunkt.

Strahl ├──────

Ein Strahl hat einen Anfangspunkt, aber keinen Endpunkt. Er geht in eine Richtung unendlich weiter.

Gerade ──────────

Eine Gerade hat weder Anfangs- noch Endpunkt. Sie geht in beide Richtungen unendlich weiter.

Tipp

Zeichne mit gespitzten Stiften!

→ Übungsteil, S. 32

D2 Strich, Maß und Winkel – Zeichnen mit dem Geodreieck
Strecken und Streckenzüge

Lernziel
⇒ Strecken und Streckenzüge richtig beschriften und ihre Längen angeben können

193 Zeichne die Strecken in den angegebenen Farben.
H2 I3 Miss ihre Längen mit dem Lineal ab und gib sie in mm an.

AB ... rot AC ... blau CD ... grün CE ... grau

Wissen

Streckenlänge

Gibt man die **Länge einer Strecke** an, so macht man einen Strich über die Buchstaben:

AB ... Strecke von A bis B

$\overline{AB}$ ... Länge der Strecke AB

194 Zeichne die Strecken in dein Heft.
H2 I3 Beschrifte sie.

a) $\overline{AB}$ = 3 cm   d) $\overline{EF}$ = 7 cm 3 mm
b) $\overline{CD}$ = 5 cm   e) $\overline{GH}$ = 2 cm 6 mm
c) $\overline{AB}$ = 6 cm   f) $\overline{KL}$ = 4 cm 8 mm

195 Erkläre, worauf Professorin Prim mit diesem Bild hinweisen will.
H4 I3

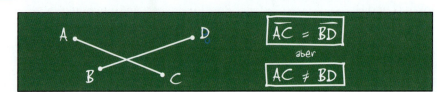

Streckenzug

Ein **Streckenzug** besteht aus mehreren zusammenhängenden Strecken.

Es gibt verschiedene Arten:

196 Gib die Längen der abgebildeten Streckenzüge an.
H2 I3

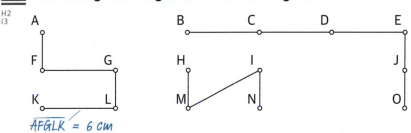

$\overline{AFGLK}$ = 6 cm

offener Streckenzug

197 Zeichne die Streckenzüge ein und gib ihre Längen an.
H2 H3 I3 Gib jeweils an, ob der Streckenzug offen oder geschlossen ist.

a) AGLKFA   b) BMHD   c) EIJNO

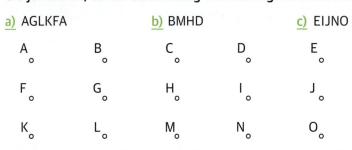

geschlossener Streckenzug

198 KNOBELAUFGABE
H1 H4 I3 **Streckenzüge**

a) Zeichne einen Streckenzug ABCD, für den gilt: $\overline{ABCD}$ = 8 cm

b) Gibt es verschiedene Lösungen für a)? Begründe.

→ Übungsteil, S. 33

D3 Strich, Maß und Winkel – Zeichnen mit dem Geodreieck
Maßstab und Längenmaße

Plan   Maßstab 1 : 100 Wirklichkeit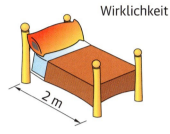

2 cm   2 m

Lernziele
⇒ Zeichnungen im Maßstab 1 : 100 lesen und erstellen können
⇒ Längenmaße umwandeln können

199 Länge und Breite von Einrichtungsgegenständen

H1 I3

Küchenzeile, Esstisch, Kleiderschrank, Arbeitstisch, Bett, Sofa

Erstelle eine Tabelle: Trage die Abmessungen aus dem Plan ein, dann gib die Längen in der Wirklichkeit (Maßstab 1 : 100) an.

		Plan	Wirklichkeit
Küchenzeile	Länge	3 cm	300 cm = 3 m
	Breite	8 mm	800 mm = 8 dm
Esstisch			

Wissen

Maßstab

Der Plan in der Aufgabe links ist genau 100-mal kleiner als die wirkliche Wohnung.

Man sagt: *„Der Plan ist im Maßstab eins zu hundert gezeichnet."*

Umrechnung Plan-Wirklichkeit
(Maßstab M 1 : 100)

· 100 →
PLAN   WIRKLICHKEIT
1 cm   100 cm (= 1 m)
: 100

200 FORSCHE WEITER

H1 I3

Stellt eure Klasse um!

a) Messt eure Klasse ab und zeichnet einen Plan im Maßstab 1 : 100. Zeichnet nur Mauern, Türen und die Tafel ein.

b) Messt die Länge und die Breite eures Arbeitstisches ab. Zählt, wie viele Tische in eurer Klasse stehen.

c) Überlegt euch eine neue Anordnung für die Tische. Zeichnet sie in euren Plan ein. Vergleicht eure Ergebnisse.

201 Wandle in die angegebene Einheit um.

H2 I1

8 m = __800__ cm   2 m = _____ mm   1 km = _____ m
3 m = _____ cm   7 m = _____ mm   60 km = _____ m
14 m = _____ cm   35 m = _____ mm   98 km = _____ m

202 Wandle in die kleinste gegebene Einheit um.

H2 I1

4 m 2 cm = __402 cm__   9 cm 3 mm = _____
9 dm 6 cm = _____   1 m 15 mm = _____
8 m 4 dm = _____   2 dm 41 mm = _____

Tipp

Umwandlungstabelle für Längenmaße

km			m	dm	cm	mm

1 km = 1 000 m
1 m = 10 dm
1 dm = 10 cm
1 cm = 10 mm

→ Übungsteil, S. 34

D4 Strich, Maß und Winkel – Zeichnen mit dem Geodreieck
Mit Maßstäben rechnen

203 Berechne die fehlenden Längen.
H2 I1 Beachte dabei die richtige Wahl der Einheiten.

a) Maßstab 1 : 10

Plan	Wirklichkeit
3 cm	30 cm = 3 dm
6 cm	
15 cm	
20 cm	
5 dm	5 m = 50 dm
	70 cm

b) Maßstab 1 : 100

Plan	Wirklichkeit
1 cm	
5 mm	
12 mm	
35 cm	
	8 m
	30 cm

c) Maßstab 1 : 200

Plan	Wirklichkeit
1 mm	
8 mm	
4 cm	
10 cm	
	6 m
	1 m

d) Maßstab 1 : 1 000

Plan	Wirklichkeit
	100 m
	5 m
1 mm	
4 cm	
	25 m
	150 m

204 Straßenkarten sind oft im Maßstab 1 : 100 000 gezeichnet.
H3 I1
a) Wie lang ist 1 cm auf so einer Straßenkarte in der Wirklichkeit?

b) Hannas Weg zur Schule ist auf der Karte rund 4 cm lang. Wie lang ist ihr Schulweg in Wirklichkeit?

c) Schätze: Wie lange geht Hanna zu Fuß in die Schule? Kreuze an.

☐ 10 Minuten ☐ 1 Stunde ☐ halber Tag ☐ 2 Wochen

205 Gib die Maßstäbe an, in denen die Modelle gebaut wurden.
H3 I1 *Tipp: Maßstab = Plan dividiert durch Wirklichkeit*

oben: „Spirit of St. Louis"
Länge: 8 m 50 cm

unten: Modellflugzeug
Länge: 17 cm

links: „CN Tower, Toronto"
Höhe: 550 m

rechts: Modell Minimundus
Höhe: 22 m

Lernziel
⇒ mit verschiedenen Maßstäben rechnen können

Wissen

Umrechnung Plan – Wirklichkeit

Maßstab M 1 : x

PLAN ⇄ WIRKLICHKEIT

· x (oben)
: x (unten)

Interessant

Verschiedene Maßstäbe

Je **größer** die Maßstabszahl ist, desto **größer** ist auch das abgebildete Gebiet.

1 : 1 000 … Gebäudeplan
1 : 10 000 … Stadtplan
1 : 25 000 … Wanderkarte
1 : 100 000 … Straßenkarte
1 : 1 000 000 … Weltkarte

Stadtplan (M 1 : 10 000)

→ Übungsteil, S. 35
→ Cyber Homework 7

D5 Strich, Maß und Winkel – Zeichnen mit dem Geodreieck
Parallele und normale Geraden

206 Parallele Linien

a) Finde parallele Linien auf den Fotos.

Gartentor   gepflasterter Weg   Parkplatz im Winter

b) **FORSCHE WEITER**
Mach selbst Fotos von parallelen Linien in deiner Umwelt.

207 Zeichne eine Gerade g schräg in dein Heft.

Konstruiere fünf parallele Geraden zu g und benenne sie mit h, i, j, k und l.

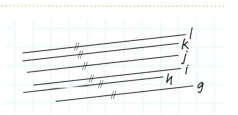

208 Schraffiere die Figur …

a) mit dem Lineal   b) freihändig

209 In der abgebildeten Zeichnung steht die Gerade h auf g normal.

Zeichne fünf weitere Geraden, die auf die Gerade g normal stehen. Beschrifte sie mit r, s, t, u und v.

210 KNOBELAUFGABE
Blockbuchstaben zeichnen

a) Zeichne drei Blockbuchstaben, die nur aus geraden Linien bestehen. Die Linien der Buchstaben sollen entweder aufeinander normal stehen oder zueinander parallel liegen.

b) Zähle alle Buchstaben auf, die du in a) nicht verwenden darfst.

211 Setze ∥ oder ⊥ ein.

AB ∥ CD   FG ◯ BE
BE ◯ CD   FG ◯ AB
EF ◯ AB   CD ◯ EF

Lernziele

⇒ Geraden konstruieren können, die zueinander parallel sind

⇒ Geraden konstruieren können, die aufeinander normal stehen

Wissen

Parallele Geraden

Konstruktion

Verwende die parallelen Hilfslinien des Geodreiecks.

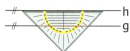

Man schreibt: g ∥ h

Man sagt:
„g liegt parallel zu h"

Normale Geraden

Konstruktion

Verwende die Mittellinie des Geodreiecks.

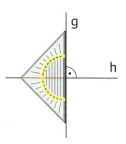

Man schreibt: g ⊥ h

Man sagt:
„g steht normal auf h"

→ Übungsteil, S. 36

D6 Strich, Maß und Winkel – Zeichnen mit dem Geodreieck
Normalabstand und Symmetrie

212 Gib die Normalabstände der Punkte zur Geraden g an.
H2 I3 *Tipp: Zeichne für deine Messungen normale Geraden auf g.*

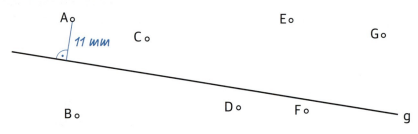

213 Gib die Normalabstände der Punkte zu den Geraden g, h und i an.
H2 I3

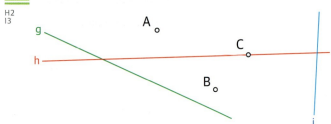

214 Konstruiere die Spiegelbilder der abgebildeten Figuren.
H2 I3

Spiegle zuerst die Punkte: A wird zu A', B zu B' und C wird zu C'.

Verbinde dann die Punkte der gespiegelten Figur.

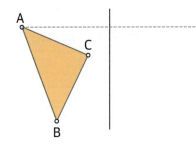
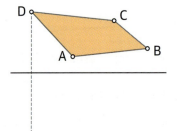

215 Vielecke spiegeln
H2 I3
a) Zeichne ein Viereck in dein Heft und spiegle es.
b) Zeichne ein Fünfeck in dein Heft und spiegle es.
c) Zeichne ein Sechseck in dein Heft und spiegle es.

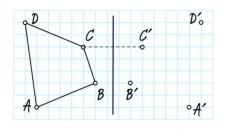

Lernziele

⇒ Normalabstände bestimmen können
⇒ Spiegelbilder von Figuren konstruieren können

Wissen

Normalabstand

Wenn vom Abstand zwischen einem Punkt und einer Geraden die Rede ist, meint man damit üblicherweise den Normalabstand.

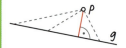

Der Normalabstand ist der **kürzeste Abstand** eines Punktes zu einer Geraden.

Interessant

Symmetrie im Alltag

Viele Dinge in der Natur und in der Technik sind symmetrisch:

Käfer

Brücke

→ Übungsteil, S. 37

D7 Strich, Maß und Winkel – Zeichnen mit dem Geodreieck
Winkelarten

216 Schreibe die richtigen Begriffe zu den abgebildeten Winkeln.

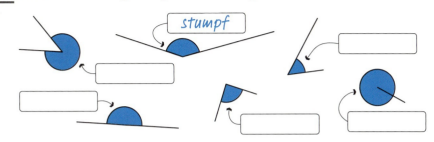

217 Übe die abgebildeten griechischen Buchstaben. Beginne immer beim roten Pfeil.

218 Beschrifte die Winkel entsprechend den Beschreibungen.

a) α ist der kleinste Winkel.
Der Winkel β ist stumpf.
γ ist ein spitzer Winkel.

b) β ist ein rechter Winkel.
Der Winkel α ist kleiner als der Winkel γ.

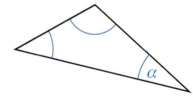 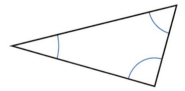

219 Zeichne drei Winkel in dein Heft, die …

a) … spitz sind.   b) … stumpf sind.   c) … erhaben sind.

220 Um welche Winkelart handelt es sich jeweils? Kreuze an.

a) Einen Winkel mit 120° nennt man …   ☐ spitz   ☐ stumpf
b) Einen Winkel mit 17° nennt man …   ☐ spitz   ☐ stumpf
c) Einen Winkel mit 80° nennt man …   ☐ spitz   ☐ stumpf

221 Dreiecke mit unterschiedlichen Winkeln zeichnen

a) Zeichne ein Dreieck mit drei spitzen Winkeln.
b) Zeichne ein Dreieck mit zwei spitzen und einem stumpfen Winkel.
c) Zeichne ein Dreieck mit einem rechten Winkel.
Von welcher Art sind dann die beiden anderen Winkel?

Lernziel
⇒ Winkel einteilen und beschreiben können

Wissen

Winkelarten

Winkel werden in Grad (°) angegeben und in folgende Gruppen eingeteilt:

spitze Winkel
kleiner 90°

rechter Winkel
genau 90°

stumpfe Winkel
zwischen 90° und 180°

gestreckter Winkel
genau 180°

erhabene Winkel
zwischen 180° und 360°

voller Winkel
genau 360°

→ Übungsteil, S. 38

D8 Strich, Maß und Winkel – Zeichnen mit dem Geodreieck
Winkel abmessen und zeichnen

222 Lies die Größe der Winkel ab.

H2
I3

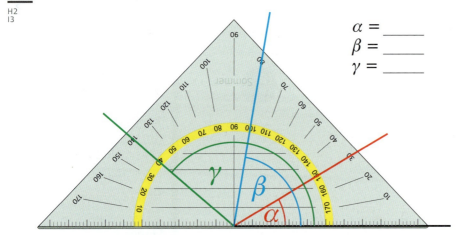

α = _____
β = _____
γ = _____

223 Miss die Größe der Winkel ab.

H2
I3

Tipp: Verlängere die Schenkel, wenn nötig.

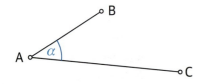 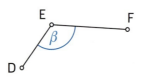

224 Zeichne die folgenden spitzen Winkel in dein Heft.

H2
I3

a) $\alpha = 30°$, $\beta = 75°$, $\gamma = 10°$, $\delta = 55°$

b) $\alpha = 42°$, $\beta = 18°$, $\gamma = 71°$, $\delta = 84°$

225 Zeichne die folgenden stumpfen Winkel in dein Heft.

H2
I3

a) $\alpha = 100°$, $\beta = 175°$, $\gamma = 130°$, $\delta = 150°$

b) $\alpha = 164°$, $\beta = 109°$, $\gamma = 127°$, $\delta = 171°$

226 Zeichne die folgenden erhabenen Winkel in dein Heft.

H2
I3

a) $\alpha = 200°$, $\beta = 255°$, $\gamma = 310°$, $\delta = 345°$

b) $\alpha = 189°$, $\beta = 237°$, $\gamma = 282°$, $\delta = 333°$

227 Miss die Winkel in den beiden Dreiecken ab.
Berechne bei jedem Dreieck die Winkelsumme $\alpha + \beta + \gamma$.
Was fällt dir auf?

H2
H4
I3

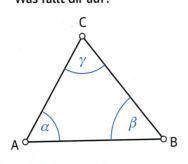 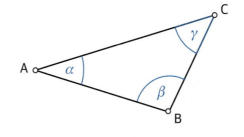

Lernziel

⇒ Winkel von unterschiedlicher Größe abmessen und zeichnen können

Wissen

Begriffe

Die beiden Linien, die einen Winkel begrenzen, nennt man **Schenkel**.

Der Schnittpunkt dieser Schenkel heißt **Scheitel**.

Erhabene Winkel konstruieren

Auf deinem Geodreieck gibt es nur Winkel bis 180°.

Wenn du einen größeren Winkel zeichnen willst, musst du ihn aufteilen:

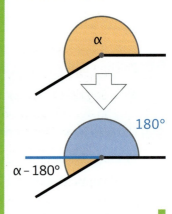

→ Übungsteil, S. 39

English Corner

228 Form a right angle.

1. Take a piece of paper!

2. Fold it!

3. Fold it again!

4. Done!

229 What is the size of each angle in degrees?

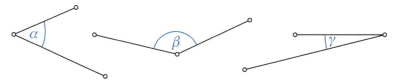

Wörterbuch

angle ... Winkel

right angle ... rechter Winkel

take ... nehmen

a piece of paper ... ein Stück Papier

fold ... falten

form ... bilden

again ... noch einmal

size ... Größe

degree ... Grad (°)

Spiel: Bubble-Shooter

230 SPIEL

Bubble-Shooter

Spielt abwechselnd:
Sag den Winkel an,
in dem du schießen möchtest.
Zeichne dann deine Schusslinie
in deiner Farbe ein.
Gib die Größe des Winkels nicht an!
Wenn du eine Blase triffst, gehört sie dir!
Weiße Blasen zählen einen Punkt,
graue zählen zwei.

Wer am Ende die meisten Punkte hat, gewinnt!

Selbst Spielfelder zeichnen:
Zeichne auf ein Blatt Papier eigene Felder.
Du kannst die Blasen auch verschieden
groß zeichnen.

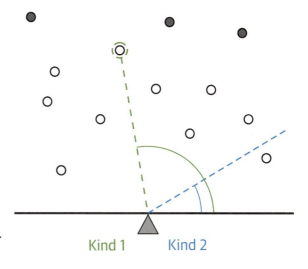

Kind 1 Kind 2

PLUS! Mathematik für die Sekundarstufe – Band 1 Erarbeitungsteil

Technik-Labor

231 Löst die Aufgaben gemeinsam.

a) Seht euch die Programmieranweisung und das zugehörige Bild an. Besprecht: Wie funktioniert das Programm „myTurtle"?

```
init
stift_ein "blau"
gehe 300
stift_aus
drehe_links 90
gehe 100
drehe_links 90
stift_ein "rot"
gehe 300
stift_aus
```

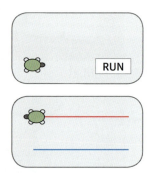

b) Ändert die Programmieranweisung:
Der untere Strich soll rot, der obere blau sein.

c) Ändert die Programmieranweisung:
Die Schildkröte soll kürzere Linien zeichnen.

d) Erweitert die Programmieranweisung:
Die Schildkröte soll drei parallele Linien zeichnen.

⇒ Dieses Programm und weitere Aufgaben dazu findest du in der e-zone, Klasse 1 – D.

232 Löst die Aufgaben gemeinsam.

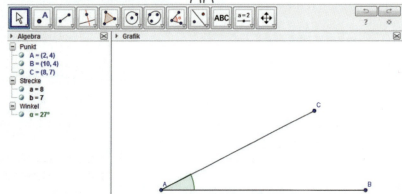

a) Wie groß ist der grün eingezeichnete Winkel? Vergleicht den von GeoGebra angegebenen Wert mit einer Messung.

b) Wie ändert sich der Winkel, wenn man Punkt B nach unten schiebt? Begründet.

c) Maja will einen 90°-Winkel konstruieren. Sie darf nur Punkt A verschieben. Wohin soll sie den Punkt schieben? Gibt es verschiedene Lösungen?

⇒ Dieses GeoGebra-Arbeitsblatt und weitere Aufgaben dazu findest du in der e-zone, Klasse 1 – D.

Interessant

Programmieren

Wenn wir einem Computer sagen, was er tun soll, nennen wir das „**programmieren**".

myTurtle ist eine **Programmiersprache**. Es gibt viele andere Programmiersprachen, wie zum Beispiel JAVA, C++ oder ActionScript.

Mit myTurtle kann man eine Schildkröte Linien zeichnen lassen.

Interessant

GeoGebra

GeoGebra ist ein kostenloses Geometrieprogramm, das unter österreichischer Leitung entwickelt wurde.

Die Idee dazu stammt von Markus Hohenwarter von der Uni Linz.

Markus Hohenwarter

Das Programm kannst du unter www.geogebra.org herunterladen.

D9 Strich, Maß und Winkel – Zeichnen mit dem Geodreieck
Anwendung – Bahn fahren

233 Reisen mit der Bahn

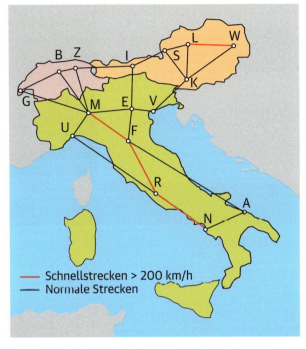

Abkürzungen:

Österreich
W ... Wien
L ... Linz
S ... Salzburg
I ... Innsbruck
K ... Klagenfurt

Schweiz
Z ... Zürich
B ... Bern
G ... Genf

Italien
U ... Genua
M ... Mailand
E ... Verona
V ... Venedig
F ... Florenz
R ... Rom
N ... Neapel
A ... Bari

— Schnellstrecken > 200 km/h
— Normale Strecken

a) Finde die Strecke EMFR. Schreibe die Städte der Reihe nach auf.
b) Finde die Strecke GBZISK. Schreibe die Städte der Reihe nach auf.
c) Finde drei verschiedene Strecken von Wien nach Rom. Schreibe sie mit der mathematischen Streckenschreibweise auf.
d) Frau Ferrara möchte von Bari nach Genf fahren. Welche Strecke sollte sie wählen? Begründe.
e) Stell dir vor, du hättest eine Rundreise gewonnen. Welche Städte würdest du besuchen? Zeichne deine Reise ein.

234 Bauarbeiten am Bahnhof

Der Eingang eines Bahnhofs liegt einen Meter über der Erde.
Eine behindertengerechte Rampe (Steigung 10°)
und eine Treppe (Steigung 30°) sollen neu gebaut werden.

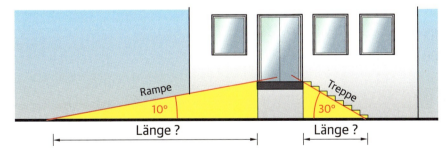

a) Zeichne einen genauen Plan im Maßstab 1 : 100.
b) Wie lang werden die Rampe und die Treppe? Miss die Längen der Rampe und der Treppe im Plan ab und berechne daraus die wirklichen Längen.

Lernziel
⇒ Wissen über Linien und Winkel in Sachsituationen anwenden können

Wissen

Winkel im Alltag

Mit Winkeln kann man beschreiben, wie steil oder flach Wege sind.

Es gibt genaue Bauvorschriften, damit zum Beispiel eine Rampe nicht zu steil für Rollstuhlfahrer/innen wird.

Interessant

Unterwegs mit der Bahn

Immer mehr Menschen fahren in Österreich mit der Bahn.

Bahnfahren ist umweltfreundlich, erholsam und oft auch günstiger und schneller als andere Transportmittel.

→ Übungsteil, S. 40
→ Cyber Homework 8

Checkpoint

Löse die Aufgaben und kontrolliere deine Ergebnisse (Lösungen ab Seite 177).
Kreuze an, was du noch üben möchtest.

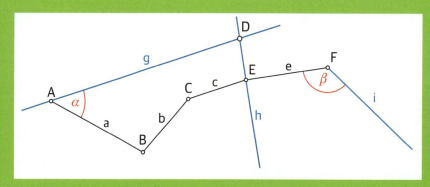

Abbildung zu den Aufgaben 235 bis 237

Strecke, Strahl und Gerade

235 Sieh dir die Abbildung oben an und vervollständige die Sätze.

a) Im obigen Bild gibt es zwei Geraden _____, _____ und einen Strahl: _____.

b) Die Strecke b verbindet die Punkte _____, _____.

c) Die Strecke EF hat die Bezeichnung _____.

d) Der Streckenzug DECB ist _____ lang.

↪ D1
↪ D2

Parallele, Normale und Normalabstand

236 Sieh dir die Abbildung oben an und löse die Aufgaben.

a) Welche Strecke liegt parallel zu g? _____

b) Welche Strecke liegt normal zu h? _____

c) Bestimme den Normalabstand von B zu g: _____

d) Konstruiere die Geraden g, h und i und die Punkte A und B in deinem Heft.
Es gilt: g ∥ i, g ⊥ h, A ∈ i, B ∈ h, B ∈ g, Normalabstand A zu g = 2 cm

↪ D5
↪ D6

Winkel abmessen und zeichnen

237 Sieh dir die Abbildung oben an und löse die Aufgaben.

a) Miss die Winkel aus der Abbildung ab: α = _____ β = _____

b) Zeichne die folgenden Winkel in dein Heft: 30°, 115°

c) Zeichne die folgenden Winkel in dein Heft: 265°, 310°

↪ D8
↪ D9

Anwendung – Maßstab

238 Löse die Aufgaben in deinem Heft.

a) Ein Kasten ist 250 cm lang.
Wie lang ist der Kasten in einem Wohnungsplan (M 1 : 100) ?

b) Ivan will von der Bäckerei bis zum Museum gehen.
In seinem Plan (M 1 : 10 000) ist diese Strecke 7 cm lang.
Wie lang ist diese Strecke in Wirklichkeit?

↪ D3
↪ D4

E | Rechenregeln
Verbindung der vier Grundrechnungsarten

Inhalt

	Warm-up	60
E1	Vorrangregeln	61
E2	Klammern	62
E3	Verbindungs- und Vertauschungsgesetz	63
E4	Verteilungsgesetz	64
E5	Rechenwege	65
	English Corner	66
	Technik-Labor	66
E6	Textaufgaben erfinden	67
	Checkpoint	68

239 Schaut euch den Comic mit Emma an.
H2 I1 Dann löst die Aufgaben.

a) Rechnet die Lösung von 151 · 34 richtig aus und vergleicht sie mit Emmas Ergebnis. Was fällt euch auf?

b) Probiert Emmas Trick mit anderen Zahlen, zum Beispiel mit 156 · 78.
Denkt nach: Wie viel ist ein Trick wert, der nur mit einigen Zahlen funktioniert?

c) Überlegt, was man bei der Multiplikation tatsächlich vertauschen darf.
Formuliert das korrekte Vertauschungsgesetz.

d) Wendet das wirkliche Vertauschungsgesetz an. Kommt das gleiche Ergebnis heraus?

e) Versucht Emmas Trick mit der Aufgabe 181 · 45. Vergleicht eure Ergebnisse.

f) Findet ihr noch eine andere Aufgabe mit einer dreistelligen und einer zweistelligen Zahl, wo Emmas Trick zufälligerweise funktioniert?

Warm-up
Zeig, was du bereits kannst.

Kopfrechnen

240 Löse die Additionen und Subtraktionen.

200 + 500 = _____   920 + 310 = _____   1 800 − 500 = _____   380 − 220 = _____
800 + 600 = _____   540 + 530 = _____   2 000 − 300 = _____   970 − 450 = _____
300 + 700 = _____   810 + 910 = _____   1 100 − 600 = _____   760 − 160 = _____

241 Löse die Multiplikationen und Divisionen.

90 · 3 = _____   5 · 800 = _____   240 : 3 = _____   1 200 : 3 = _____
80 · 7 = _____   6 · 300 = _____   400 : 8 = _____   3 600 : 6 = _____
20 · 4 = _____   4 · 900 = _____   350 : 5 = _____   2 800 : 4 = _____

Schriftlich rechnen

242 Löse die Additionen und Subtraktionen im Heft.

a) 241 + 315
   604 + 172
   144 + 513

b) 225 138 + 932 415
   11 722 + 5 129 617
   8 112 298 + 669 736

c) 962 − 431
   2 558 − 1 216
   8 413 − 6 103

d) 889 417 − 192 185
   6 219 270 − 4 381 226
   2 017 500 − 685 154

243 Löse die Multiplikationen und Divisionen im Heft.

a) 518 · 3
   2 843 · 6
   3 908 · 7

b) 18 318 · 92
   76 207 · 74
   49 582 · 87

c) 845 : 2
   7 109 : 5
   3 488 : 4

d) 154 315 : 47
   802 186 : 13
   165 300 : 63

Textverständnis

244 Lies die Texte und kreuze an, welche Rechnung jeweils zur Lösung führt.
Dann löse die Aufgaben in deinem Heft.

a) Die Schulbücherei besitzt 3 245 Bücher.
   206 Bücher sind gerade ausgeborgt.
   Wie viele Bücher befinden sich momentan in der Bücherei?

   ☐ 3 245 + 206   ☐ 3 245 − 206

b) Lina übersiedelt und packt ihre 275 Bücher in Schachteln.
   Damit die Schachteln nicht zu schwer werden,
   packt sie höchstens 25 Bücher in eine Schachtel.
   Wie viele Schachteln braucht Lina?

   ☐ 275 : 25   ☐ 275 · 25

E1 Rechenregeln – Verbindung der vier Grundrechnungsarten
Vorrangregeln

245 Kai und Mia haben die unten stehende Aufgabe unterschiedlich gelöst.

Sieh dir die beiden Rechenwege an und entscheide, wer richtig gerechnet hat.

Besprich deine Überlegungen mit anderen.

 Kai  Mia

$80 - 21 - 21 = 80$ (unter erstem 21-21: 0)

$80 - 21 - 21 =$
$59 - 21 = 38$

246 Löse die Aufgaben im Heft.

a) 100 – 13 – 13
b) 89 – 50 – 27
c) 60 – 32 + 14
d) 52 + 16 – 9 + 4 – 7
e) 40 – 12 + 15 – 23
f) 16 + 76 – 20 – 3 – 20
g) 12 518 – 5 218 – 366
h) 7 069 – 2 845 + 6 822
i) 97 803 – 5 515 – 5 515

247 Rechne in der richtigen Reihenfolge.

a) 7 + 2 · 3
b) 5 · 6 + 1
c) 9 · 8 – 32
d) 15 + 3 · 3
e) 100 – 20 + 4 · 8
f) 6 + 12 : 2
g) 24 + 49 : 7
h) 25 + 6 · 2 – 2

$7 + 2 \cdot 3 = 13$ (unter 2·3: 6)

Rechne immer Punkt vor Strich!

248 Löse die Aufgaben im Heft.

a) 3 · 9 – 20 : 4
b) 46 + 4 · 5 – 2
c) 70 – 48 : 6 + 6
d) 118 – 7 – 88 : 11
e) 9 · 10 + 8 : 8 – 90
f) 99 + 0 · 100 – 90

249 Löse die Aufgaben im Heft.
Führe Nebenrechnungen aus, wenn es dir hilft.

a) 362 + 27 · 6
b) 95 · 4 – 189
c) 1 000 – 42 · 17
d) 5 · 6 + 1
e) 234 : 6 + 918
f) 6 401 – 1 542 : 3
g) 318 + 9 922 : 22
h) 624 : 2 + 32 · 4
i) 28 + 17 · 3 – 79
j) 318 · 45 + 9 922 : 22 – 645

$362 + 27 \cdot 6 = 524$ (unter 27·6: 162)

NR: 27 · 6 / 162

NR: 362 / 162 / 524

Lernziel
⇒ grundsätzliche Rechenregeln kennen und beim Rechnen anwenden können

Wissen

Vorrangregeln

1) von links nach rechts

Grundsätzlich rechnest du von links nach rechts.

Beispiel:
36 – 6 – 2 =
  30 – 2 = 28

2) Punkt vor Strich

Multiplikationen und Divisionen („Punktrechnungen") haben Vorrang vor Additionen und Subtraktionen („Strichrechnungen").

Beispiel:
36 – 6 : 2 =
36 – 3 = 33

Tipp

Schreibe übersichtlich, dann machst du weniger Fehler!

$9 \cdot 8 - 32 = 40$ (unter 9·8: 72)

→ Übungsteil, S. 42

PLUS! Mathematik für die Sekundarstufe – Band 1   Erarbeitungsteil

E2 Klammern
Rechenregeln – Verbindung der vier Grundrechnungsarten

250 Rechne in der richtigen Reihenfolge.

a) (7 + 2) · 3
b) (18 − 3) : 5
c) 6 · (12 − 9)
d) 28 : (4 + 3)
e) (16 : 4) : 2
f) 52 − (14 · 2)
g) 13 + (20 − 5) · 2
h) 2 · (9 − 5) − 3 · 2
i) 10 + (14 − 6) : 4

$(7 + 2) \cdot 3 = 27$
         9

Klammern haben immer Vorrang!

251 Rechne im Kopf.

(15 − 5) · 7 = _____
56 : (10 − 2) = _____
3 + (9 · 5) = _____
(4 + 2) · (5 − 1) = _____
(20 − 10) + 3 · 5 = _____

7 · (2 + 4 · 2) = _____
(8 − 2 · 2) : 4 = _____
4 · (6 : 2 − 1) = _____
(10 − 2) · (9 − 9) = _____
(8 + 8) : (9 − 5) = _____

252 Löse die Aufgaben schriftlich.

a) 6 150 : (200 − 185)
b) 317 · (614 − 194 · 3)
c) (4 212 − 615) : 3
d) 12 · (845 + 9 · 114) − 3 511
e) (6 000 − 47 · 29) − 213 · 8
f) (821 513 − 29 008) − (61 255 + 214 309)

253 Löse die Aufgaben zuerst schriftlich. Dann kontrolliere mit dem Taschenrechner.

a) (37 − 2) : 5
b) 16 · (260 − 109)
c) (3 218 + 9 507) · 4
d) (56 + 72) · (395 − 126)
e) 852 − 69 : 3 + 74 · (52 − 27) − (200 − 160) : 8

$(37 − 2) : 5 = 7$
     35

254 Schreibe die Aufgaben als Rechenausdrücke richtig an. Dann löse sie in deinem Heft.

a) Addiere 6 und 9 und multipliziere das Ergebnis mit 2.
b) Teile die Differenz von 40 und 4 durch 6.
c) Subtrahiere 9 vom Produkt aus 10 und 8.
d) Berechne die Summe aus 15 und dem Quotienten von 27 und 9.

255 KNOBELAUFGABE
Klammern setzen

12 + 8 · 4 : 2 + 16 − 12 : 4

Setze die Klammern in der Rechnung so, dass das Ergebnis möglichst groß wird.

Lernziel
⇒ die Klammerregel kennen und beim Rechnen anwenden können

Wissen

Klammern

Klammern legen fest, welche Ausdrücke beim Rechnen Vorrang haben.

Rechnungen in der Klammer werden immer als Erstes gerechnet!

Beispiele:

ohne Klammer:
3 + 5 · 2 =
3 + 10 = 13

mit Klammer:
(3 + 5) · 2 =
   8 · 2 = 16

Interessant

Smiley-Symbol :-)

Im Jahre 1982 erfand der amerikanische Informatiker Scott Fahlman dieses Symbol aus Rechenzeichen, um Witze in E-Mails zu kennzeichnen.

Scott Fahlman, 1982

→ Übungsteil, S. 43
→ Cyber Homework 9

E3 Rechenregeln – Verbindung der vier Grundrechnungsarten
Verbindungs- und Vertauschungsgesetz

256 Lies die Aussagen der Kinder.

Bei der Rechnung 8 + 3 + 6 + 4 kann man Klammern setzen, wo man will. Das Ergebnis ändert sich nie!
Tom

a) Stimmt Toms Behauptung? Begründe.

b) Erkläre den Satz: „Bei der Addition gilt das Verbindungsgesetz."

c) Beantworte Leons Frage. Begründe.

Und wie ist das bei 10 – 5 – 3 ? Gilt hier auch das Verbindungsgesetz?
Leon

257 Bei welchen Rechenarten gilt das Vertauschungsgesetz? Ergänze die Tabelle.

	Beispiel	vertauscht	Ergebnis bleibt gleich
Addition	8 + 4	4 + 8	ja
Subtraktion	10 – 3	3 – 10	
Multiplikation	3 · 6		
Division	4 : 2		

258 Nutze das Assoziativ- und das Kommutativgesetz, um die folgenden Additionen einfach und schnell zu lösen.

a) 17 + 9 + 3 + 51
b) 25 + 18 + 2 + 5
c) 63 + 4 + 7 + 26
d) 2 + 16 + 8 + 14
e) 93 + 5 + 7 + 95
f) 72 + 6 + 24 + 8

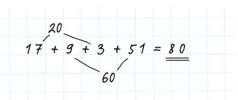

17 + 9 + 3 + 51 = 80 (20, 60)

259 Nutze das Assoziativ- und das Kommutativgesetz, um die folgenden Multiplikationen einfach und schnell zu lösen.

a) 6 · 2 · 3 · 5
b) 2 · 8 · 5 · 7
c) 4 · 5 · 9 · 2
d) 12 · 3 · 2 · 2

6 · 2 · 3 · 5 = 180 (10, 18)

Lernziel
⇒ das Verbindungs- und Vertauschungsgesetz kennen und für Rechenvorteile nutzen können

Wissen

Verbindungsgesetz (Assoziativgesetz)

Wenn in einer Rechnung das Verbindungsgesetz gilt, darfst du dir aussuchen, welche Rechnungen du zuerst machst.

Das Ergebnis ändert sich dabei nicht.

Beispiel:

6 + 3 + 2 = ?

(6 + 3) + 2 = 11

6 + (3 + 2) = 11

Vertauschungsgesetz (Kommutativgesetz)

Wenn in einer Rechnung das Vertauschungsgesetz gilt, darfst du die Zahlen vertauschen.

Das Ergebnis ändert sich dabei nicht.

Beispiel: 9 · 2 = 18

2 · 9 = 18

→ Übungsteil, S. 44

E4 Rechenregeln – Verbindung der vier Grundrechnungsarten
Verteilungsgesetz

260 Verteilungsgesetz (Distributivgesetz)

$3 \cdot (4 + 2)$ = $3 \cdot 4 + 3 \cdot 2$

a) Erkläre das Verteilungsgesetz mit Hilfe des Bildes.
b) Ändere die Zahlen und erstelle selbst ein ähnliches Bild.

261 Löse die Rechnungen auf zwei Arten.

a) $3 \cdot (5 + 2)$ b) $(1 - 1) \cdot 3$
    $(11 - 4) \cdot 8$ $10 \cdot (6 + 3)$
    $(4 - 3) \cdot 7$ $8 \cdot (2 + 4)$

I) $3 \cdot (5+2) = 21$ (7)
II) $3 \cdot 5 + 3 \cdot 2 = 21$ (15, 6)

262 Hebe heraus und löse die Aufgaben.

a) $4 \cdot 9 + 2 \cdot 9$ b) $6 \cdot 3 + 5 \cdot 6$
    $6 \cdot 7 - 3 \cdot 7$ $2 \cdot 8 + 8 \cdot 3$
    $2 \cdot 4 + 8 \cdot 4$ $9 \cdot 7 - 3 \cdot 9$

$4 \cdot 9 + 2 \cdot 9$
$(4 + 2) \cdot 9 = 54$ (6)

263 Hebe heraus und löse die Aufgaben.

a) $3\,429 \cdot 4 - 3\,095 \cdot 4$

$3\,429 \cdot 4 - 3\,095 \cdot 4 = ?$
$(3\,429 - 3\,095) \cdot 4 = 334 \cdot 4 = 1\,336$

NR: 3429 − 3095 = 334
NR: 334 · 4 = 1336

b) $2\,117 \cdot 7 + 536 \cdot 7$
c) $8 \cdot 695 - 312 \cdot 8$
d) $518 \cdot 12 + 179 \cdot 12$
e) $1\,285 \cdot 24 - 410 \cdot 24$
f) $82 \cdot 928 - 242 \cdot 82$

264 Löse die Rechnungen auf zwei Arten.

a) $(28 + 16) : 4$ b) $(30 - 9) : 3$
    $(45 + 25) : 5$ $(100 - 5) : 5$
    $(200 + 12) : 2$ $(160 - 4) : 4$

I) $(28 + 16) : 4 = 11$ (44)
II) $28 : 4 + 16 : 4 = 11$ (7, 4)

265 Nutze das Verteilungsgesetz beim Kopfrechnen.

$23 \cdot 8 = $ _____
$35 \cdot 4 = $ _____
$71 \cdot 6 = $ _____
$515 \cdot 5 = $ _____
$366 : 6 = $ _____
$196 : 4 = $ _____

$23 \cdot 8 = 20 \cdot 8 + 3 \cdot 8$
        160   24
          184

Schreibe die Zahlen mit, wenn es im Kopf noch zu schwierig ist.

Lernziel
⇒ das Verteilungsgesetz kennen und für Rechenvorteile nutzen können

Wissen

Verteilungsgesetz (Distributivgesetz)

Du darfst die Multiplikation verteilen.

Beispiele:
$4 \cdot (6 + 2) =$
$4 \cdot 6 + 4 \cdot 2 = 32$

$4 \cdot (6 - 2) =$
$4 \cdot 6 - 4 \cdot 2 = 16$

Herausheben

Die Umkehrung des Verteilungsgesetzes nennt man „Herausheben".

Beispiel:
$4 \cdot 6 - 4 \cdot 2 = 4 \cdot (6 - 2)$

Du sagst: „Die Zahl 4 wurde herausgehoben!"

Tipp

Leichter rechnen

Wenn du alle Rechengesetze verstanden hast, stehen dir oft mehrere Rechenwege offen.

Das macht es für dich leichter!

→ Übungsteil, S. 45

E5 Rechenregeln – Verbindung der vier Grundrechnungsarten
Rechenwege

266 Die beiden Mädchen haben die Aufgabe unterschiedlich gelöst.

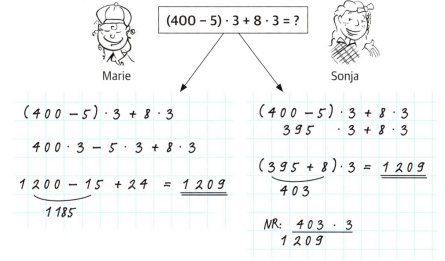

a) Haben die Mädchen richtig gerechnet? Kontrolliere ihre Rechnungen.
b) Welcher Rechenweg war weniger Arbeit? Begründe.
c) Welches Mädchen hat mehr im Kopf gerechnet, welches weniger?
d) Beschreibe, welche Rechengesetze jedes der Mädchen jeweils genutzt hat?
e) Löse die Aufgabe: (200 − 8) · 4 + 3 · 4 = ? Vergleiche deinen Rechenweg mit anderen.

267 Löse die Aufgaben in deinem Heft.

a) 4 · 19 + (56 + 35) · 27
b) 15 · 28 − (22 + 6) · 15
c) (5 · 22) · 32 − 32 · (20 − 10)
d) 112 + 50 · (10 + 7) − 6 · 17

268 Finde den Fehler!

a) Was hat Alexander bei der Aufgabe 56 · 128 − (5 + 72) · 56 = ? falsch gemacht?
b) Schau dir seinen Rechenweg an und kreuze an, welchen Rat du Alexander geben würdest.
c) Löse die Aufgabe selbst richtig.

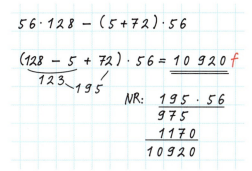

Rat an Alexander:
☐ Übe das Multiplizieren!
☐ Klammern immer zuerst!
☐ Schreib schöner!
☐ Pass auf mit dem Verbindungsgesetz!

Lernziel
⇒ verschiedene Rechenwege bewerten und Vor- und Nachteile beim Rechnen erkennen können

Wissen

Unterschiedliche Rechenwege

Bei längeren Rechnungen gibt es fast immer verschiedene Rechenwege, weil du beim Rechnen verschiedene Regeln anwenden kannst.

Regeln, die dir beim Rechnen helfen, die du aber nicht anwenden musst:
- Vertauschungsgesetz
- Verteilungsgesetz

Regeln, die du immer befolgen musst:
- von links nach rechts
- Punkt vor Strich
- Klammerregel

Tipp

Einfach ist sicher

$$5 \cdot 9 - 4 \cdot 9 + 9 =$$
$$45 - 36 + 9 =$$
$$9 + 9 = 18$$

Wenn du unsicher bist, dann rechne lieber Schritt für Schritt und verzichte auf Tricks.

→ Übungsteil, S. 46

English Corner

269 Use the order of operations to compute.
- a) $45 + 7 \cdot 2$
- b) $16 : 2 + 2$
- c) $21 - 4 \cdot 4$
- d) $2 \cdot 5 - 6$
- e) $100 - 40 : 5$
- f) $7 + 3 \cdot 9$

270 Use the order of operations to compute.
- a) $45 \cdot (7 - 5)$
- b) $(18 - 12) \cdot 9$
- c) $35 : (3 + 4)$
- d) $20 : (5 - 1)$
- e) $8 \cdot (13 - 4)$
- f) $(45 + 9) : 6$

271 Rewrite each sentence as mathematical term.
- a) Multiply 7 by 3 and add 10.
- b) Divide the difference between 20 and 5 by 5.
- c) Multiply the sum of 12 and 5 by 10.
- d) Subtract 10 from the product of 4 and 7.
- e) Add 9 to the quotient of 34 and 2.

Wörterbuch

use ... verwenden

compute ... berechnen

order ... Reihenfolge

operation ... Rechenoperation

bracket ... Klammer

mathematical term ... mathematischer Ausdruck

rewrite ... umschreiben

Technik-Labor

272 Arbeiten mit dem Windows®-Rechner

Felix hat die Rechnung $5 + 1 \cdot 3$ beim Taschenrechner auf seinem Computer eingegeben. Im Menü „Ansicht" kann er zwischen „Standard" und „Wissenschaftlich" wählen.

Ansicht „Standard"

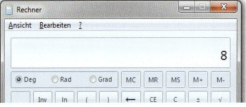
Ansicht „Wissenschaftlich"

- a) Welcher Taschenrechner hat richtig gerechnet?
- b) Beschreibe, was einer der beiden Taschenrechner falsch gemacht hast.
- c) Wie könntest du die Rechnung umschreiben, sodass beide Taschenrechner richtig rechnen?
- d) Gib verschiedene Rechnungen am Windows®-Rechner ein und vergleiche die Ergebnisse im Modus „Standard" und „Wissenschaftlich". Welche Regeln halten die Taschenrechner ein? Welche nicht?
- e) **FORSCHE WEITER** Teste bei verschiedenen Taschenrechnern, ob sie die Rechenregeln einhalten.

E6 Rechenregeln – Verbindung der vier Grundrechnungsarten
Textaufgaben erfinden

Preis pro Nacht
Einzelzimmer 69€
Doppelzimmer 98€
Extrabett (im DZ) 25€
Familienzimmer (4-Bett) 139€
Abendbuffet (pro Person) 19€

Lernziel
⇒ Textaufgaben zu Rechnungen erfinden

Wissen
Passende Textaufgaben erfinden
1) Die Aufgabe soll zum Rechenmodell passen.
2) Die Aufgabe soll zum Inhalt passen.
3) Die Aufgabe soll lösbar sein.
4) Schreibe die Aufgabe in ganzen Sätzen an.

273 Erfinde Textaufgaben, die zum Hotel Gipfeltraum und den Rechnungen passen. Löse sie anschließend.

Lisa bucht ein Einzelzimmer für fünf Nächte …

Du darfst Namen und Dinge frei erfinden! Vergleiche deine Aufgaben mit anderen.

a) $69 \cdot 5$
b) $98 \cdot 3 + 19 \cdot 2$
c) $(98 + 25) \cdot 3$
d) $(69 + 19) \cdot 4$
e) $139 - (98 + 25)$
f) $(98 + 19 \cdot 2) \cdot 6$

274 Hilda und Franz fahren ins Hotel Gipfeltraum. Erfinde eine Aufgabe, bei der sie zwischen 500 € und 550 € bezahlen müssen.

275 Finde Aufgaben zu diesen Antworten.
a) „Herr Wimmer bezahlt 88 €."
b) „Das Wechselgeld beträgt 2 €."
c) „Das Zimmer im Hotel Alpenblick ist um 12 € teurer."

276 Besondere Angebote im Hotel Gipfeltraum!
Gestaltet für jede Aktion ein Werbeplakat mit dem Preis.

Kurz-mal-raus-Tage
3 Übernachtungen für eine Person plus einmal Abendbuffet!

Familien-Woche
6 Übernachtungen für 4 Personen im Familienzimmer!

Romantik-Wochenende
2 Übernachtungen inklusive Abendbuffet für zwei Personen!

277 Erfinde selbst ein Hotel mit Angeboten und Preisen. Schreibe drei Aufgaben dazu und löse sie. Gib deine Angaben auch jemand anderem zum Lösen.

Interessant
Wintertourismus in Österreich

Der Wintertourismus ist in Österreich ein bedeutender Wirtschaftszweig.

Rund 4 Mio. Gäste besuchen jeden Winter die Regionen in den Bergen.

Jährlich werden dabei rund 7 Mrd. Euro erwirtschaftet.

(Quelle: Wikipedia)

→ Übungsteil, S. 47
→ Cyber Homework 10

Checkpoint

Löse die Aufgaben und kontrolliere deine Ergebnisse (Lösungen ab Seite 177).
Kreuze an, was du noch üben möchtest.

Vorrangregeln

278 Rechne im Kopf.

a) 8 + 2 − 6 − 1 = _____   c) 24 : 8 − 2 = _____   e) (6 − 1) · 7 = _____

b) 5 + 5 · 4 = _____   d) 24 : (8 − 2) = _____   f) 9 + (20 − 3) = _____

279 Löse die Aufgaben in deinem Heft.

a) 4 104 : 2 + 19 · (236 + 509)

b) (7 143 061 − 2 814 903) · (266 : 38 − 4) + 318 544

c) 25 963 − 57 · 14 − 14 + 982 : 2 + 29 · (5 288 + 219)

280 Setze die Klammern so in die Rechnung ein, dass das Ergebnis möglichst groß wird.

52 − 3 · 6 + 160 : 8 − 6

Verbindungs- und Verteilungsgesetz

281 Bei welchen Operationen gilt das Verbindungsgesetz? Kreuze an.

☐ Addition   ☐ Subtraktion   ☐ Multiplikation   ☐ Division

282 Forme die Ausdrücke mit Hilfe des Verbindungsgesetzes um.

5 + (8 + 6) = _____   (6 · 23) · 10 = _____

283 Wie heißt das Vertauschungsgesetz mit lateinischem Namen?

_____

284 Forme die Ausdrücke mit Hilfe des Verteilungsgesetzes um.

2 · (4 + 8) = _____   (10 − 3) · 45 = _____

285 Forme die Ausdrücke durch Herausheben um.

7 · 64 + 7 · 89 = _____   9 · 1 232 + 405 · 9 = _____

Rechenwege und Anwendung

286 Löse die folgende Rechnung auf zwei verschiedene Arten.

48 · (152 − 3) + 127 · 48

287 Erfinde eine Textaufgabe zur folgenden Antwort.

„Der Zweitages-Pass ist um 15 € billiger."

F Kreis und Kreisteile
Zeichnen mit dem Zirkel

Inhalt

	Warm-up	70
F1	Kreis	71
F2	Zeichnen mit dem Zirkel	72
F3	Kreisring	73
F4	Passante, Sekante und Tangente	74
F5	Kreissegment	75
F6	Kreissektor	76
	English Corner	77
	Technik-Labor	77
	Checkpoint	78

288 Schaut euch den Comic an.
Dann löst die Aufgaben.

a) Beschreibt die Flächenformen, die die Tiere abgegrast haben.

b) Was ist an dem abgegrasten Wiesenstück der Ziege in der Mitte seltsam?

c) Welche geometrische Figur kann man mit einem Pflock und einem Seil am einfachsten konstruieren? Schreibt eine Anleitung.

d) Wie müsste man die Pflöcke aufstellen, damit möglichst viele Ziegen an gleich langen Stricken auf einer Wiese weiden können? Erstellt eine Skizze.

Warm-up
Zeig, was du bereits kannst.

Längenmaße

289 Wandle in die angegebene Maßeinheit um.

H2
I1

4 000 m = _____ km   8 cm = _____ mm   7 dm = _____ mm

20 000 m = _____ km   12 cm = _____ mm   50 dm = _____ m

96 000 m = _____ km   56 cm = _____ mm   88 dm = _____ cm

290 Schreibe in gemischten Einheiten an.

H2
I1

321 mm = _____   658 cm = _____

25 dm = _____   1 510 mm = _____

2 802 cm = _____   509 dm = _____

3 502 cm = _____   19 803 m = _____

Strecken abmessen und zeichnen

291 Miss die Längen der Strecken mit dem Lineal ab.

H2
I3

_____   _____

292 Zeichne die Strecken mit den angegebenen Längen in dein Heft.

H2
I3

a) 12 cm   b) 54 mm   c) 2 cm 3 mm   d) 90 mm

Winkel abmessen und zeichnen

293 Bestimme die Größe der Winkel.

H2
I3

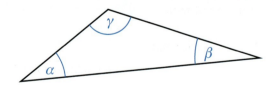

α = _____

β = _____

γ = _____

294 Zeichne die Winkel mit der angegebenen Größe in dein Heft.
Gib jeweils an, um welche Winkelart es sich handelt.

H1
H2
I3

a) 30°   c) 165°   e) 82°   g) 205°

b) 90°   d) 102°   f) 305°   h) 180°

295 Kreuze an: Wie viel Grad hat ein rechter Winkel?

H1
I3

☐ 45°   ☐ 90°   ☐ 180°   ☐ 360°

F1 Kreis und Kreisteile – Zeichnen mit dem Zirkel
Kreis

296 Kreise im Alltag

a) Findet Kreise auf den Fotos und zeichnet sie ein.

b) **FORSCHE WEITER**
Macht selbst Fotos von Kreisen in eurer Umwelt.

297 Zeichne Kreise mit Hilfe von Alltagsgegenständen.

Markiere Mittelpunkt, Radius und Durchmesser möglichst genau.
Gib die Längen von Radius und Durchmesser in mm an.

a) runder Dosenspitzer
b) 10-Cent-Münze
c) 2-Euro-Münze
d) Trinkglas
e) Kaffeetasse

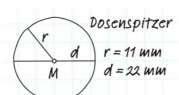

298 Skizziere die angegebenen Kreise.

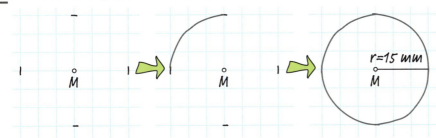

1. Mittelpunkt zeichnen, Radius in vier Richtungen auftragen
2. Kreisbogen zeichnen
3. Kreis fertig zeichnen, Radius einzeichnen

a) r = 15 mm   b) r = 3 cm   c) r = 2 cm   d) r = 4 cm 5 mm

299 Radius und Durchmesser

a) Natascha behauptet:

Wenn man den Radius eines Kreises kennt, kann man den Durchmesser ganz leicht ausrechnen!

Stimmt das? Wie geht das?

b) Ergänze die fehlenden Zahlen in der Tabelle.

	Kreis 1	Kreis 2	Kreis 3	Kreis 4	Kreis 5
Radius r:	3 cm	18 mm	15 m		46 cm
Durchmesser d:	6 cm			62 cm	

Lernziele

⇒ Kreise mit Alltagsgegenständen zeichnen können

⇒ die wichtigsten Begriffe zum Kreis kennen

Wissen

Kreis – Begriffe

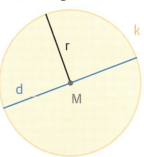

M ... Mittelpunkt

k ... Kreislinie
Jeder Punkt auf der Kreislinie ist vom Mittelpunkt gleich weit entfernt.

r ... Radius
(Mehrzahl: Radien)
Abstand vom Mittelpunkt zur Kreislinie

d ... Durchmesser

Interessant

Freihandzeichnen

Videos dazu findest du im Internet!

→ Übungsteil, S. 49

F2 Kreis und Kreisteile – Zeichnen mit dem Zirkel
Zeichnen mit dem Zirkel

300 Konstruiere die Kreise mit dem Zirkel und beschrifte sie.

a) r = 4 cm   c) r = 35 mm   e) d = 8 cm   g) d = 64 mm
b) r = 5 cm   d) r = 55 mm   f) d = 46 mm   h) d = 1 dm

301 Musterzeile

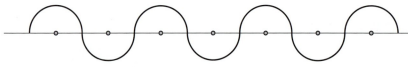

a) Beschreibe, wie die Musterzeile konstruiert wurde.
b) Zeichne selbst drei Musterzeilen dieser Art. Verwende verschiedene Radien.

302 Mesut hat diese Schlange mit dem Zirkel gezeichnet:

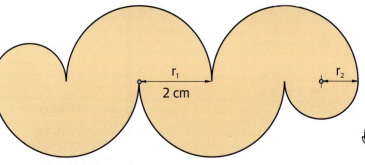

a) Wie viele Halbkreise hat Mesut gezeichnet? _____
b) Wie groß ist r_2, wenn r_1 = 2 cm ist? _____
c) Zeichne Mesuts Schlange in dein Heft und verziere sie.
d) Zeichne eine ähnliche Schlange. Sie soll andere Radien haben und aus mehr Halbkreisen als Mesuts Schlange bestehen.

303 Zeichne die folgenden Blumen in dein Heft.
Hinweis: Die Mittelpunkte sind mit einem Punkt gekennzeichnet, damit du weißt, wo du den Zirkel einstechen musst. Bei deinen Blumen musst du die Punkte nicht einzeichnen!

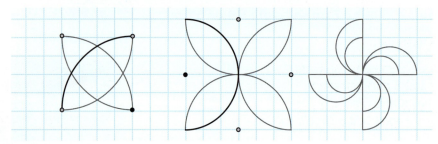

304 Erfinde mit deinem Zirkel und deinem Lineal selbst Blumen. Gestalte damit eine Glückwunschkarte!

Lernziele

⇒ mit dem Zirkel umgehen können
⇒ Kreise und Kreismuster mit dem Zirkel zeichnen können

Wissen

Der Zirkel

Zirkelkopf, Stellschraube, Schenkel, Spitze, Zeichenstift

Konstruktion eines Kreises mit dem Zirkel

1) Stell den Radius mit Hilfe eines Lineals ein:

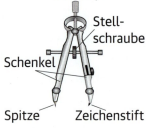

2) Stich mit der Zirkelspitze in den Mittelpunkt deines Kreises ein.

3) Nimm den Zirkel am Zirkelkopf und drehe ihn einmal im Kreis um den Mittelpunkt.

→ Übungsteil, S. 50

F3 Kreisring
Kreis und Kreisteile – Zeichnen mit dem Zirkel

305 Beschrifte den Kreisring mit den vorgegebenen Begriffen.

Außenkreis · Innenkreis · Mittelpunkt · Breite des Kreisrings

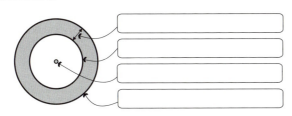

306 Zeichne die Kreisringe mit den angegebenen Radien.
Berechne die Breite des Kreisrings.
Kontrolliere durch Nachmessen.

a) $r_1 = 4$ cm, $r_2 = 28$ mm
b) $r_1 = 65$ mm, $r_2 = 1$ cm
c) $r_1 = 5$ cm, $r_2 = 2$ cm
d) $r_1 = 32$ mm, $r_2 = 27$ mm

307 Konstruiere die folgenden Kreisringe.

a) Außenkreis: $d = 6$ cm, Breite des Kreisrings: $b = 14$ mm
b) Innenkreis: $r = 7$ mm, Breite des Kreisrings: $b = 25$ mm
c) Außenkreis: $r = 16$ mm, Breite des Kreisrings: $b = 5$ mm
d) Innenkreis: $d = 22$ mm, Breite des Kreisrings: $b = 2$ cm

308 Berechne die fehlenden Zahlen.

Kreisring- breite b	Außenkreis		Innenkreis	
	r_1	d_1	r_2	d_2
a)	5 cm		4 cm	
b)	2 cm	6 cm		
c)	45 mm			8 cm
d)	3 mm		42 mm	
e)	1 cm 5 mm			15 mm
f)			7 cm	34 mm

309 Zeichne die beschriebenen Kreisringe.

a) Der Außenkreis hat einen Durchmesser von 6 cm, die Breite des Kreisringes soll 8 mm betragen.
b) Der Innenkreis hat einen Durchmesser von 4 cm, die Breite des Kreisringes soll 10 mm betragen.
c) Der Innenkreisradius beträgt 12 mm, die Breite des Kreisringes misst 6 mm.
d) Der Kreisring ist 2 cm breit. Der Außenkreisdurchmesser ist doppelt so groß wie der Innenkreisdurchmesser.

Lernziel
⇒ Kreisringe konstruieren und wichtige Größen berechnen können

Wissen

Kreisring

Ein Kreisring wird von zwei konzentrischen Kreisen begrenzt. Außen- und Innenkreis müssen den gleichen Mittelpunkt haben.

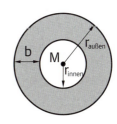

Die Breite des Kreisrings ergibt sich aus der Differenz der beiden Radien:

$b = r_{außen} - r_{innen}$

Interessant

Konzentrisch

Das Wort kommt aus dem Lateinischen und bedeutet *„gleiches Zentrum"*.

Zielscheibe mit konzentrischen Kreisen

→ Übungsteil, S. 51
→ Cyber Homework 11

F4 Passante, Sekante und Tangente
Kreis und Kreisteile – Zeichnen mit dem Zirkel

310 Bestimme, ob es sich bei den Geraden um eine „Passante",
eine „Sekante" oder eine „Tangente" handelt.

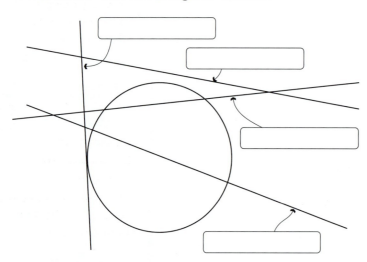

Lernziel
⇒ unterschiedliche Lagebeziehungen zwischen Gerade und Kreis erkennen und konstruieren können

Wissen

Gerade und Kreis – Lagebeziehungen

Passante
nennt man eine Gerade, die an einem Kreis vorbeigeht, ohne ihn zu berühren.

Sekante
Die Sekante schneidet den Kreis. Sie hat zwei Schnittpunkte mit der Kreislinie.

Tangente
Tangente bedeutet „die Berührende". Eine Tangente berührt den Kreis in genau einem Punkt. Sie steht normal auf den Radius zu diesem Punkt.

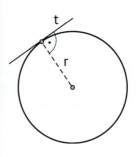

311 Zeichne die angegebenen Kreise.
Konstruiere zu jedem Kreis drei verschiedene Tangenten.

a) r = 3 cm   b) r = 4 cm   c) d = 5 cm

312 Zeichne drei verschieden große Kreise.
Konstruiere zu jedem Kreis jeweils eine Passante, eine Tangente und eine Sekante und beschrifte sie.

313 Tangenten

a) Kreuze die zutreffende(n) Aussage(n) an.

Der Abstand der Tangente zum Kreismittelpunkt ist gleich dem Durchmesser des Kreises.	☐
Die Tangente berührt den Kreis in genau einem Punkt.	☐
Zeichnet man den Radius zwischen dem Mittelpunkt und dem Berührungspunkt der Tangente ein, so bildet er einen Winkel von 180° mit der Tangente.	☐
Tangente heißt auf Deutsch „die Berührende".	☐

b) Bessere die falschen Aussagen aus und schreibe sie richtig auf.

314 Felix hat eine Liste geschrieben:

Passante ... 0 Schnittpunkte mit dem Kreis
Tangente ... 1 Schnittpunkt mit dem Kreis
Sekante ... 2 Schnittpunkte mit dem Kreis

Jetzt fragt sich Felix, wie man eine Gerade nennt, die 3 Schnittpunkte mit dem Kreis hat.
Was meinst du?

→ Übungsteil, S. 52

F5 Kreissegment
Kreis und Kreisteile – Zeichnen mit dem Zirkel

315 Beschrifte die Mittelpunkte der Kreise mit M, die Sehnen mit s und die Kreisbögen der blauen Kreissegmente mit b.

  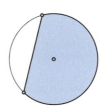

316 Zeichne drei Kreise mit einem Radius von 25 mm.
Markiere auf jeder Kreislinie zwei Punkte A und B.
Verbinde die Punkte.
Male jeweils eines der entstandenen Segmente an.

317 Zeichne zuerst die Kreise.
Dann konstruiere die angegebenen Segmente.

1. Einstechpunkt auf der Kreislinie markieren
2. Länge der Sehne am Zirkel einstellen
3. Abschlagen an der Kreislinie und verbinden

a) Kreisradius r = 3 cm, Sehnenlänge s = 3 cm
b) Kreisradius r = 2 cm, Sehnenlänge s = 3 cm
c) Kreisradius r = 25 mm, Sehnenlänge s = 1 cm
d) Kreisradius r = 25 mm, Sehnenlänge s = 5 cm

318 Sechsecke konstruieren

Konstruiere ein Sechseck mit dem Zirkel.

1. Stelle den Zirkel auf 3 cm und zeichne einen Kreis. Markiere einen Punkt an der Kreislinie.
2. Verstelle den Zirkel nicht! Schlage vom ersten Punkt ausgehend die übrigen 5 Punkte ab.

Lernziel
⇒ Kreissegmente mit angegebener Sehnenlänge konstruieren können

Wissen

Kreissegment (Kreisabschnitt)

Ein Kreissegment wird von einem Kreisbogen b und einer Kreissehne s begrenzt:

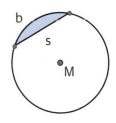

Interessant

Bogen und Sehne

Das Wort „Sehne" stammt von den Bogensehnen, die man beim Bogenschießen benötigt.

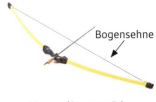

Bogen (Sportgerät)

→ Übungsteil, S. 53

F6 Kreissektor

Kreis und Kreisteile – Zeichnen mit dem Zirkel

319 Konstruiere drei Kreise (r = 2 cm).
Zeichne in jeden Kreis einen Kreissektor ein.
Beschrifte die begrenzenden Radien mit r, den Kreisbogen mit b und den Zentriwinkel mit α.

320 Konstruiere die folgenden Kreissektoren.

a) r = 3 cm, α = 30°
b) r = 15 mm, α = 75°
c) r = 2 cm, α = 18°
d) r = 28 mm, α = 145°
e) r = 35 mm, α = 172°
f) r = 25 mm, α = 305°

321 Die beiden Kreise wurden jeweils in vier Sektoren unterteilt.

Kreis 1 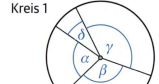   Kreis 2

a) Miss die Winkel von Kreis 1 und berechne die Winkelsumme.
b) Miss die Winkel von Kreis 2 und berechne die Winkelsumme.
c) Vergleiche die Winkelsummen von Kreis 1 und Kreis 2. War das Ergebnis zu erwarten? Begründe.

322 Das Netz der Sektorenspinne besteht aus verschiedenen Fäden.

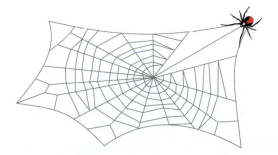

a) Der **Signalfaden** verläuft vom Mittelpunkt nach ganz außen. Er trennt die beiden leeren Sektoren. Ziehe diesen Faden rot nach. Am Ende des Signalfadens sitzt die Spinne und wartet auf Beute.

b) Ziehe die **Speichenfäden** des Netzes blau nach. Sie verlaufen vom Mittelpunkt nach außen.

c) Ziehe die **Spiralfäden** des Netzes orange nach. Sie verlaufen im Kreis von innen nach außen, wie eine Spirale.

d) Ganz außen sind die Fäden des **Netzgerüstes**. Ziehe sie schwarz nach.

e) Wie viele Sektoren hat dieses Netz?

f) Zeichne selbst so ein Spinnennetz in dein Heft.

Lernziel

⇒ Kreissektoren mit verschieden großen Winkeln konstruieren können

Wissen

Kreissektor (Kreisausschnitt)

Ein Kreissektor wird von zwei Radien und einem Kreisbogen begrenzt.

Den Winkel α zwischen den beiden Radien nennt man Zentriwinkel:

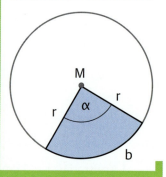

Interessant

Sektorenspinne

Die Sektorenspinne hält sich gerne in Häusern und Scheunen auf, wo sie es warm hat. Sie wird etwa 1 cm groß. Ihren Namen verdankt die Spinne den beiden Sektoren, die sie bei ihrem Netz freilässt!

→ Übungsteil, S. 54
→ Cyber Homework 12

English Corner

323 Use the compass to draw circles.

a) Draw a circle with radius r = 28 mm.

b) Draw a circle with diameter d = 7 cm.

c) Draw a circle with radius r = 33 mm and a tangent line t.

324 Draw the circular rings.

a) Draw a circular ring with radius r_1 = 2 cm and r_2 = 15 mm.

b) Draw a circular ring with inner radius r_2 = 15 mm and width b = 2 cm.

c) Draw a circular ring with outer diameter d_1 = 6 cm and width b = 5 mm.

325 Draw the sectors.

a) Draw a sector with radius r = 3 cm and angle α = 70°.

b) Draw a sector with diameter d = 8 cm and angle α = 155°.

c) Draw a sector with radius r = 27 mm and angle α = 294°.

Wörterbuch

circle ... Kreis

compass ... Zirkel

draw ... zeichnen

radius ... Radius

diameter ... Durchmesser

tangent line ... Tangente

circular ring ... Kreisring

inner / outer ... innerer / äußerer

width ... Breite

sector ... Kreissektor

angle ... Winkel

Technik-Labor

326 Die folgende Programmieranweisung erzeugt einen Kreis aus blauen Punkten.

```
init
wiederhole 10 [
gehe 200
zeichne_punkt "blau"
gehe_zurück 200
drehe_rechts 36 ]
end
```

a) Ändert die Programmieranweisung: Die Punkte sollen rot sein.

b) Ändert die Programmieranweisung: Der Radius soll 300 Schritte groß sein.

c) Ändert die Programmieranweisung: Die Schildkröte soll einen Kreis zeichnen, der aus 20 Punkten besteht.

⇒ Dieses Programm und weitere Aufgaben dazu findest du in der e-zone, Klasse 1 – F.

Interessant

Punkte-Kreis

Alle Punkte auf der Kreislinie k haben den gleichen Abstand zum Mittelpunkt M!

Aufgrund dieses Wissens kann unsere Schildkröte ihre Punkte-Kreise zeichnen.

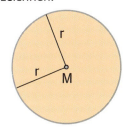

Checkpoint

Löse die Aufgaben und kontrolliere deine Ergebnisse (Lösungen ab Seite 177).
Kreuze an, was du noch üben möchtest.

Begriffe und Eigenschaften

327 Ordne die folgenden Linien von der kürzesten bis zur längsten.

H3
I3

| Durchmesser | | Radius | | Kreislinie |

geordnet: _____

↺ F1

328 Was zeigen die folgenden Abbildungen? Beschrifte sie.

H1
I3

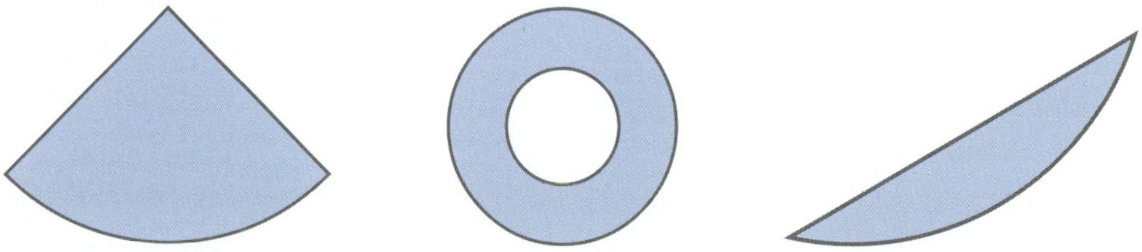

_____   _____   _____

↺ F3
↺ F5
↺ F6

Zeichnen und Konstruieren

329 Zeichne einen Kreis mit Hilfe einer Münze.
Bestimme den Durchmesser des Kreises.

H1
I3

↺ F1

330 Zeichnen mit dem Zirkel

H2
I3

a) Konstruiere einen Kreis (Durchmesser: 6 cm).
Beschrifte den Mittelpunkt M und zeichne den Radius ein.

b) Konstruiere einen Kreisring mit Außenradius 25 mm und Breite 5 mm.

c) Konstruiere einen Kreis mit d = 4 cm.
Zeichne eine Passante p, eine Tangente t und eine Sekante s ein.

d) Konstruiere ein Kreissegment mit r = 25 mm und s = 40 mm.

e) Konstruiere einen Kreissektor mit r = 2 cm und α = 50°.

↺ F2
↺ F3
↺ F4
↺ F5
↺ F6

Berechnung

331 Ein Kreisring hat einen Außendurchmesser von 10 cm und einen Innenradius von 2 cm.
Berechne die Breite des Kreisrings.

H2
I3

↺ F3

332 Ein Lenkrad hat einen Durchmesser von 45 cm.
Lorenz zeichnet das Lenkrad im Maßstab 1 : 5 in sein Heft.
Welchen Radius muss er bei seinem Zirkel einstellen?

H2
I3

↺ D4

333 Hanna schneidet ein Stück Kuchen aus einer kreisförmigen Torte.
Ihr Stück sieht von oben wie ein Kreissektor aus (α = 30°).
Wie viele solcher Stücke könnte sie noch aus der Torte schneiden?

H2
I3

↺ F6

G Bruchzahlen
Darstellen, Vergleichen und Rechnen

Inhalt

	Warm-up	80
G1	Darstellung mit Balkenmodellen	81
G2	Arten von Brüchen	82
G3	Vergleichen und Ordnen	83
	English Corner	84
	Technik-Labor	84
G4	Addition und Subtraktion	85
G5	Multiplikation	86
G6	Division	87
G7	Bruchteile von Mengen	88
G8	Anwendung – Fasching/ Fasnacht	89
	Checkpoint	90

334 Schaut euch den Comic an.
Dann löst die Aufgaben.

H1
H3
I1
I4

a) Macht eine Skizze von der Pizza: halb Salami, halb Thunfisch.

b) Macht eine Skizze von der Pizza, wenn sie in Viertel geteilt wird. Wie viele Schnitte sind nötig?

c) Macht eine Skizze von der Pizza, wenn sie in Achtel geteilt wird. Wie viele Schnitte sind nötig?

d) Der Kunde meint, dass ihm acht Stücke zu viel sind. Hilft es dann, wenn die Pizza nur in vier Stücke geschnitten wird? Begründet eure Antwort.

e) **FORSCHE WEITER**
Welche Pizzasorte mögt ihr am liebsten?
Macht eine Umfrage dazu und bestimmt die „beliebteste Pizzasorte der Klasse".

Warm-up
Zeig, was du bereits kannst.

Sprache

335 Verbinde die gleichen Ausdrücke.

zwei Viertel ○   ○ $\frac{3}{8}$

drei Achtel   ○   ○ $\frac{2}{4}$

vier Halbe   ○   ○ $\frac{4}{2}$

336 Setze die Begriffe richtig ein.

Nenner   Zähler   Bruchstrich

Bei einer Bruchzahl steht oben der _____.

In der Mitte ist der _____,

unten steht der _____.

Darstellungen erkennen

337 Gib an, welche Bruchzahlen die folgenden Darstellungen zeigen.

a)   b)   c) 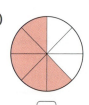   d) 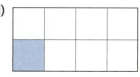   e)

Darstellungen selbst einfärben

338 Male die angegebenen Bruchteile an.

a) $\frac{3}{4}$ b) $\frac{1}{4}$ 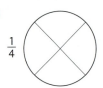   c) $\frac{7}{8}$    d) $\frac{3}{8}$

339 Male die angegebenen Bruchteile an.

a) $\frac{2}{4}$ b) $\frac{6}{8}$ c) $\frac{1}{4}$ d) $\frac{4}{8}$

G1 Bruchzahlen – Darstellen, Vergleichen und Rechnen
Darstellung mit Balkenmodellen

340 Welche Bruchzahlen sind hier dargestellt? Beschrifte sie.

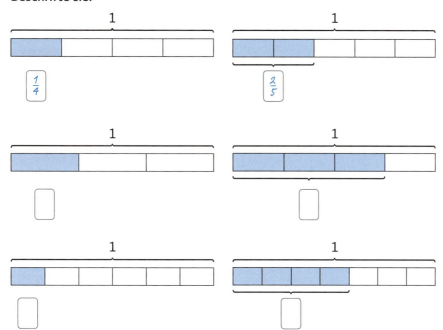

341 Stelle die Bruchzahlen mit Balkenmodellen dar.

a) $\frac{1}{5}$ c) $\frac{2}{5}$ e) $\frac{6}{7}$ g) $\frac{3}{9}$

b) $\frac{1}{3}$ d) $\frac{2}{3}$ f) $\frac{2}{8}$ h) $\frac{4}{5}$

Zeichne die Teilbalken ein bis zwei Kästchen lang. Mit etwas Übung gelingen deine Modelle auch ohne Lineal.

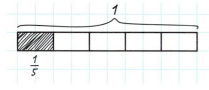
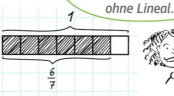

342 Stelle die folgenden Angaben zu einer Klasse in deinem Heft jeweils mit Balkenmodellen dar.

a) Drei Viertel der Kinder sind Mädchen.
b) Ein Drittel aller Kinder kommt zu Fuß in die Schule. Die anderen fahren mit dem Bus.
c) Zwei Fünftel der Kinder haben ein Haustier.
d) Ein Achtel der Kinder kann nicht schwimmen.
e) Vier Fünftel aller Kinder spielen kein Musikinstrument.
f) Fünf Siebtel der Kinder haben Geschwister.
g) Erfinde selbst eine Angabe zu eurer Klasse. Gib sie jemand anderem zum Lösen.

Lernziel
⇒ Bruchzahlen mit Balkenmodellen darstellen können

Wissen

Zeichenanleitung am Beispiel von $\frac{3}{4}$

1) Überlege, aus wie vielen Teilen das Ganze besteht. Im Beispiel: 4 Teile

2) Zeichne die Teile als gleich große Balken direkt aneinander.

3) Was zeigen alle Teile zusammen? Im Beispiel: 1 Ganzes. Beschrifte es.

4) Markiere und beschrifte jenen Teil, den du darstellen willst.

Tipp

Klammern zeichnen

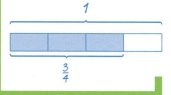

Wenn es dir schwerfällt, geschwungene Klammern zu zeichnen, dann zeichne sie eckig. Verwende ein Lineal.

→ Übungsteil, S. 56

G2 Arten von Brüchen
Bruchzahlen – Darstellen, Vergleichen und Rechnen

343 Welche Brüche sind hier dargestellt?

Schreibe die Bruchzahlen auf und kreuze an, ob es sich um einen echten Bruch oder einen unechten Bruch handelt.

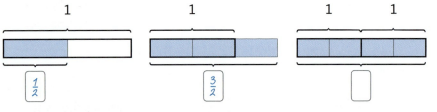

☒ echter Bruch ☐ echter Bruch ☐ echter Bruch
☐ unechter Bruch ☒ unechter Bruch ☐ unechter Bruch

☐ echter Bruch ☐ echter Bruch ☐ echter Bruch
☐ unechter Bruch ☐ unechter Bruch ☐ unechter Bruch

344 Stelle die unechten Brüche mit Balkenmodellen dar.

a) $\frac{5}{4}$ c) $\frac{4}{3}$ e) $\frac{8}{5}$ g) $\frac{7}{2}$

b) $\frac{4}{2}$ d) $\frac{4}{4}$ f) $\frac{6}{3}$ h) $\frac{12}{5}$

345 Schreibe als unechten Bruch und als gemischte Zahl.

a)   b)   c)

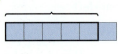

d)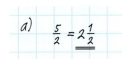

a) $\frac{5}{2} = 2\frac{1}{2}$

346 Wandle die unechten Brüche in gemischte Zahlen um.

a) $\frac{5}{4}$ b) $\frac{7}{5}$ c) $\frac{8}{5}$ d) $\frac{10}{7}$ e) $\frac{15}{13}$ f) $\frac{12}{7}$ g) $\frac{20}{9}$ h) $\frac{30}{13}$

347 Wandle die gemischten Zahlen in unechte Brüche um.

a) $1\frac{3}{5}$ b) $1\frac{1}{6}$ c) $1\frac{3}{4}$ d) $1\frac{7}{10}$ e) $2\frac{1}{3}$ f) $6\frac{3}{8}$

Lernziel
⇒ Brüche nach ihrer Art einteilen können

Wissen

Arten von Brüchen

Echte Brüche
sind immer kleiner als 1. Sie bezeichnen Teile eines Ganzen.

Beispiele: $\frac{2}{5}$, $\frac{1}{4}$, $\frac{6}{7}$

Unechte Brüche
sind entweder gleich 1 oder größer als 1.
Sie bezeichnen Teile, die gleich viel wie oder mehr als ein Ganzes sind.

Beispiele: $\frac{5}{4}$, $\frac{3}{3}$, $\frac{9}{2}$

Gemischte Zahlen
nennt man Zahlen, die aus einer natürlichen Zahl und einer Bruchzahl bestehen.

Beispiele: $1\frac{1}{4}$, $3\frac{2}{5}$

Tipp

Umwandlung unechter Bruch ↔ gemischte Zahl

Wenn dir die Vorstellung im Kopf noch zu schwierig ist, dann zeichne die Bruchzahl als Balkenmodell auf.

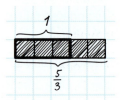

→ Übungsteil, S. 57

G3 Bruchzahlen – Darstellen, Vergleichen und Rechnen
Vergleichen und Ordnen

348 Bruchzahlen vergleichen

a) Zeichne die angegebenen Zahlen auf dem Zahlenstrahl ein.

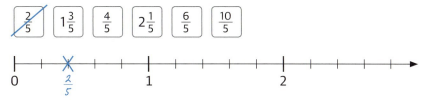

b) Schreibe die Zahlen geordnet in dein Heft. Beginne mit der kleinsten Zahl.

$\frac{2}{5} < \frac{4}{5} <$

349 Bruchzahlen ordnen

a) Beschrifte die markierten Zahlen.

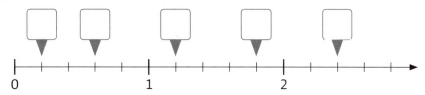

b) Schreibe die Zahlen geordnet in dein Heft. Beginne mit der größten Zahl.

350 Setze <, > oder = ein.

a) $\frac{5}{4} \bigcirc \frac{3}{4}$ $\frac{3}{4} \bigcirc \frac{3}{4}$ b) $1\frac{1}{5} \bigcirc \frac{8}{5}$ $\frac{10}{9} \bigcirc 1\frac{1}{9}$

$\frac{2}{7} \bigcirc \frac{6}{7}$ $\frac{1}{8} \bigcirc \frac{5}{8}$ $3\frac{2}{7} \bigcirc \frac{20}{7}$ $\frac{15}{12} \bigcirc 2\frac{3}{12}$

351 Setze <, > oder = ein.

a) $\frac{1}{5} \bigcirc \frac{1}{4}$ $\frac{1}{10} \bigcirc \frac{1}{2}$ b) $\frac{4}{9} \bigcirc \frac{4}{10}$ $\frac{10}{15} \bigcirc \frac{10}{7}$

$\frac{1}{4} \bigcirc \frac{1}{8}$ $\frac{1}{3} \bigcirc \frac{1}{4}$ $3 \bigcirc \frac{6}{3}$ $\frac{6}{9} \bigcirc \frac{6}{9}$

Wenn ich Hunger habe und aussuchen soll, ob ich lieber $\frac{1}{4}$ oder $\frac{1}{8}$ von einer Pizza haben möchte, dann weiß ich, wie ich mich entscheide ...

352 KNOBELAUFGABE

Was stimmt?

$\frac{5}{4} < \frac{8}{9}$ oder $\frac{5}{4} > \frac{8}{9}$?

a) Streiche die falsche Aussage durch.

b) Leite aus dem Ergebnis eine weitere Regel für das Vergleichen von Brüchen ab.
Tipp: Denk an die Begriffe „echter"/„unechter" Bruch!

Lernziel
⇒ Bruchzahlen vergleichen und der Größe nach ordnen können

Wissen

Vergleichen von Bruchzahlen

Bruchzahlen mit gleichem Nenner

nennt man auch gleichnamige Brüche. Man kann sie vergleichen, indem man ihre Zähler miteinander vergleicht:

$\frac{1}{4} < \frac{3}{4}$

Je größer der Zähler ist, desto größer ist die Bruchzahl!

Bruchzahlen mit gleichem Zähler

kann man vergleichen, indem man ihre Nenner miteinander vergleicht:

$\frac{1}{3} > \frac{1}{4}$

Je kleiner der Nenner ist, desto größer ist die Bruchzahl!

→ Übungsteil, S. 58
→ Cyber Homework 13

English Corner

353 What fraction of each circle is coloured?

a) b) c) d)

354 What fraction of each square is coloured?

- ☐ whole   ☐ whole   ☐ whole   ☐ whole
- ☐ half   ☐ half   ☐ half   ☐ half
- ☐ quarter   ☐ quarter   ☐ quarter   ☐ quarter

355 How many parts?

a) How many halves are there in a whole? _____

b) How many quarters are there in a whole? _____

Wörterbuch

circle ... Kreis

what fraction ... Welcher Bruchteil ...

square ... Quadrat

is coloured ... bemalt sein

whole ... Ganzes

half ... Halbes

quarter ... Viertel

Technik-Labor

356 Zahlenstrahl-Spiel

Das Programm zeigt an, an welcher Stelle des Zahlenstrahls der nächste Apfel fallen wird.

⇒ Dieses Spiel findest du in der e-zone, Klasse 1 – G.

a) Wie lautet die Zahl? _____

b) Wird der Apfel in den Korb fallen?   ☐ ja   ☐ nein

Falls nein, zeichne den Korb so ein, dass er den Apfel auffangen wird.

G4 Bruchzahlen – Darstellen, Vergleichen und Rechnen
Addition und Subtraktion

357 Finde passende Additionen.

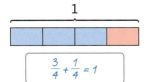
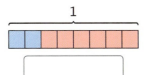
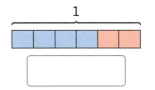

$\frac{3}{4} + \frac{1}{4} = 1$

Lernziel
⇒ gleichnamige Brüche addieren und subtrahieren können

Wissen

Addition und Subtraktion von Brüchen

Brüche können nur addiert oder subtrahiert werden, wenn sie den **gleichen Nenner** haben.

Beim Rechnen werden **nur die Zähler addiert bzw. subtrahiert**.

Der Nenner bleibt gleich.

Beispiele:

$\frac{5}{10} + \frac{3}{10} = \frac{8}{10}$

$\frac{13}{4} - \frac{10}{4} = \frac{3}{4}$

358 Ergänze immer auf ein Ganzes.

a) $\frac{3}{9}$ $\frac{3}{9} + \frac{6}{9} = 1$

b) $\frac{2}{7}$ c) $\frac{1}{3}$ d) $\frac{4}{5}$ e) $\frac{8}{15}$ f) $\frac{13}{20}$

359 Addiere die Bruchzahlen.
Wandle unechte Brüche im Ergebnis in gemischte Zahlen um.

a) $\frac{4}{5} + \frac{3}{5}$ b) $\frac{2}{3} + \frac{2}{3}$ c) $\frac{6}{12} + \frac{5}{12}$ f) $1\frac{2}{5} + 2\frac{1}{5}$

$\frac{4}{5} + \frac{3}{5} = \frac{7}{5} = 1\frac{2}{5}$

d) $\frac{5}{8} + \frac{3}{8}$ g) $6\frac{3}{8} + 4\frac{2}{8}$

e) $\frac{4}{7} + \frac{6}{7}$ h) $3\frac{4}{7} + 1\frac{3}{7}$

360 Finde passende Subtraktionen.

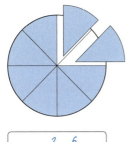

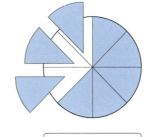

$1 - \frac{2}{8} = \frac{6}{8}$

Tipp

Ausborgen

Beim Subtrahieren von gemischten Zahlen hilft oft der folgende Rechenschritt:

$2\frac{2}{5} - \frac{4}{5} = ?$

1 als $\frac{5}{5}$ ausgeborgt

$1\frac{7}{5} - \frac{4}{5} = 1\frac{3}{5}$

361 Subtrahiere die Bruchzahlen.

a) $\frac{6}{10} - \frac{1}{10}$ c) $\frac{7}{8} - \frac{4}{8}$ e) $\frac{18}{31} - \frac{5}{31}$ g) $\frac{3}{11} - \frac{3}{11}$

b) $\frac{9}{10} - \frac{3}{10}$ d) $\frac{3}{5} - \frac{2}{5}$ f) $\frac{24}{25} - \frac{10}{25}$ h) $\frac{41}{50} - \frac{7}{50}$

362 Subtrahiere die Bruchzahlen.

a) $1\frac{1}{4} - \frac{2}{4}$ c) $1\frac{3}{8} - \frac{7}{8}$ e) $1\frac{2}{5} - \frac{3}{5}$ g) $1\frac{3}{10} - \frac{9}{10}$

b) $3\frac{1}{7} - \frac{4}{7}$ d) $5\frac{7}{8} - \frac{5}{8}$ f) $6\frac{2}{9} - \frac{9}{9}$ h) $2\frac{1}{6} - \frac{5}{6}$

Bei diesen Aufgaben musst du dir oft Ganze ausborgen!

→ Übungsteil, S. 59

G5 Bruchzahlen – Darstellen, Vergleichen und Rechnen
Multiplikation

363 Finde passende Multiplikationen und löse sie in deinem Heft.
Wandle unechte Brüche im Ergebnis in gemischte Zahlen um.

a)

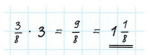

$\frac{3}{8} \cdot 3 = \frac{9}{8} = 1\frac{1}{8}$

b)

c)

364 Ergänze die Tabelle.
Hinweis: Die Abkürzung „Pkg." steht für „Packung" oder „Packungen".

	1 Pkg.	2 Pkg.	3 Pkg.	5 Pkg.
Butter	$\frac{1}{4}$ kg	$\frac{2}{4}$ kg		
Kandiszucker	$\frac{1}{2}$ kg			
geriebene Mandeln	$\frac{1}{8}$ kg			

365 Multipliziere die angegebenen Bruchzahlen.
Wandle unechte Brüche im Ergebnis in gemischte Zahlen um.

a) $\frac{3}{7} \cdot 4$ b) $\frac{2}{3} \cdot 2$ c) $\frac{3}{4} \cdot 5$ f) $6 \cdot \frac{1}{3}$ i) $\frac{1}{4} \cdot 3$

d) $3 \cdot \frac{4}{5}$ g) $\frac{2}{7} \cdot 2$ j) $2 \cdot \frac{6}{8}$

$\frac{3}{7} \cdot 4 = \frac{12}{7} = 1\frac{5}{7}$

e) $\frac{3}{8} \cdot 4$ h) $3 \cdot \frac{4}{10}$ k) $\frac{6}{7} \cdot 5$

366 Löse die Aufgaben.

a) Berechne das Produkt von fünf mal drei Achtel.

b) Wie viel beträgt das Zehnfache von einem Drittel?

367 KNOBELAUFGABE

Pizzarezept

„Zunächst nimmt man von dem $\frac{1}{8}$ l Wasser nur ein Viertel und verknetet es mit Mehl und Germ …"

a) Wie viel Wasser benötigst du zu Beginn?

b) Wie viel Wasser hast du dann noch übrig?

Lernziel

⇒ Bruchzahlen mit natürlichen Zahlen multiplizieren können

Wissen

Multiplikation einer Bruchzahl mit einer natürlichen Zahl

Es wird nur der Zähler mit der Zahl multipliziert. Der Nenner bleibt gleich.

Wandle unechte Brüche im Ergebnis in gemischte Zahlen um.

$\frac{4}{7} \cdot 6 = \frac{24}{7} = 3\frac{3}{7}$

$2 \cdot \frac{8}{9} = \frac{16}{9} = 1\frac{7}{9}$

Interessant

Bruchzahlen im Alltag

In Kochrezepten begegnen uns Bruchzahlen sehr oft.

PIZZATEIG
$\frac{1}{2}$ Würfel Germ
$\frac{1}{8}$ l lauwarmes Wasser
$\frac{1}{4}$ kg Mehl
2 EL Olivenöl
Salz
1 Prise Zucker

→ Übungsteil, S. 60

G6 Bruchzahlen – Darstellen, Vergleichen und Rechnen
Division

368 Dividiere die angegebenen Bruchzahlen.
Kontrolliere deine Ergebnisse mit Hilfe einer Probe.

a) $\frac{6}{8} : 3$ b) $\frac{4}{8} : 4$ c) $\frac{9}{10} : 3$ d) $\frac{8}{10} : 4$ f) $\frac{12}{5} : 4$

e) $\frac{7}{8} : 7$ g) $\frac{10}{8} : 5$

$\frac{6}{8} : 3 = \frac{2}{8}$ Probe: $\frac{2}{8} \cdot 3 = \frac{6}{8}$ ✓

369 KNOBELAUFGABE
Findet einen Weg, wie man gemischte Zahlen teilen kann!

Vier Kinder kaufen gemeinsam eine ganze und vier Achtel Stück Pizza.
Sie teilen gerecht.

Wie viel Pizza bekommt jedes Kind?

a) Erstellt eine Skizze von den gekauften Pizzastücken.
Dann löst die Aufgabe.

b) Findet eine passende Rechnung für die Aufgabe.
Beschreibt, wie man die Rechnung durch Umformen lösen kann.

370 Dividiere die angegebenen Bruchzahlen.
Kontrolliere deine Ergebnisse mit Hilfe einer Probe.

a) $2\frac{2}{4} : 5$ c) $5\frac{1}{3} : 4$ e) $8\frac{4}{10} : 3$ g) $31\frac{4}{5} : 3$

b) $1\frac{1}{2} : 3$ d) $3\frac{1}{8} : 5$ f) $7\frac{1}{9} : 8$ h) $58\frac{12}{15} : 7$

371 Wie viele Gläser gehen sich aus?

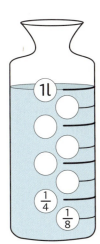

a) Ergänzt die Beschriftungen auf der Flasche.

b) Wie viele Viertelliter-Gläser kann man mit einer Flasche füllen?

c) Wie viele Viertelliter-Gläser kann man mit zwei Flaschen füllen?

d) Wie viele Achtelliter-Gläser kann man mit einer Flasche füllen?

e) Wie viele Achtelliter-Gläser kann man mit zwei Flaschen füllen?

f) Wie viele Achtelliter-Gläser kann man mit fünf Flaschen füllen?

g) Kurt Kork betreibt eine Jausenstation.
Er muss immer wieder ausrechnen, wie viele Viertelliter-Gläser er mit so und so vielen Litern Saft füllen kann.
Schreibt eine Rechenanleitung für Kurt.

h) Ändert die Rechenanleitung von Aufgabe g) so um, dass sie für Achtelliter-Gläser gilt.

Lernziel

⇒ Bruchzahlen durch natürliche Zahlen dividieren können

Wissen

Division einer Bruchzahl durch eine natürliche Zahl

Es wird nur der Zähler durch die Zahl dividiert.
Der Nenner bleibt gleich.

$\frac{6}{7} : 2 = \frac{3}{7}$

Gemischte Zahlen

Wandle zuerst in einen unechten Bruch um und dividiere dann:

$4\frac{6}{9} : 3 = \frac{42}{9} : 3$

$\frac{42}{9} : 3 = \frac{14}{9} = 1\frac{5}{9}$

Tipp

Wie kann man sich die Rechnung $1 : \frac{1}{4}$ vorstellen?

Denke so:

„Wie oft ist $\frac{1}{4}$ in 1 enthalten?"

Damit ist die Antwort leicht:

„4-mal!"

Es gilt: $1 : \frac{1}{4} = 4$

→ Übungsteil, S. 61

G7 Bruchzahlen – Darstellen, Vergleichen und Rechnen
Bruchteile von Mengen

372 Gib an, für welche Zahl die bemalten Teile stehen.

20	9	40
5		

20	9	40
15		

373 Zeichne Balkenmodelle und berechne die Bruchteile.

a) $\frac{3}{4}$ von 28
b) $\frac{3}{4}$ von 8
c) $\frac{2}{5}$ von 20
d) $\frac{4}{5}$ von 45

e) $\frac{2}{3}$ von 24
f) $\frac{2}{3}$ von 60
g) $\frac{4}{7}$ von 182
h) $\frac{5}{8}$ von 2 448

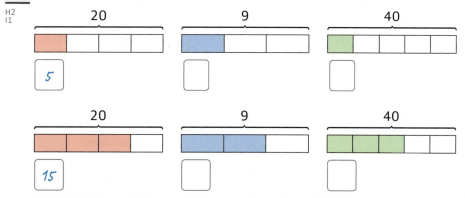

374 Zeichne Balkenmodelle und löse die Aufgaben.

a) In einer Klasse mit 24 Kindern sind zwei Drittel Mädchen. Wie viele Buben gehen in diese Klasse?

b) 210 Menschen fahren mit einem Zug. Ein Sechstel davon sitzt in der ersten Klasse. Wie viele sind das?

c) In einer Schule befinden sich 168 Kinder. Drei Achtel der Kinder sind schon geimpft, alle anderen kommen heute an die Reihe. Wie viele Spritzen muss die Schulärztin mitnehmen?

d) Ein Konzertsaal hat 864 Sitzplätze. Sieben Neuntel der Plätze sind bereits verkauft. Wie viele Plätze sind noch zu haben?

375 Rechne im Heft.

a) $10 \cdot \frac{4}{5}$

$10 \cdot \frac{4}{5} = \frac{40}{5} = \underline{8}$

Das ist das Gleiche wie $\frac{4}{5}$ von 10!

b) $24 \cdot \frac{2}{3}$
c) $60 \cdot \frac{3}{10}$
d) $318 \cdot \frac{2}{3}$
e) $8\,118 \cdot \frac{5}{6}$

376 KNOBELAUFGABE

Hans hat im Lotto gewonnen!

Fünf Achtel des Geldes hat er schon ausgegeben. Jetzt hat Hans noch 350 €.
Wie groß war sein Gewinn?
Tipp: Zeichne ein Balkenmodell!

Lernziel
⇒ Bruchteile von Mengen berechnen können

Wissen

Bruchteile von Mengen berechnen

Beispiel:
$\frac{1}{4}$ von 20

Dividiere durch den Nenner.

20 : 4 = 5

→ $\frac{1}{4}$ von 20 = $\underline{5}$

Beispiel:
$\frac{3}{4}$ von 20

Dividiere durch den Nenner und multipliziere das Ergebnis mit dem Zähler.

20 : 4 = 5
3 · 5 = 15

→ $\frac{3}{4}$ von 20 = $\underline{15}$

Tipp

Wie kann man sich die Rechnung $20 \cdot \frac{3}{4}$ vorstellen?

Denke so:
„Wie viel sind $\frac{3}{4}$ von 20?"
Damit ist die Antwort leicht:
„15!"

Es gilt: $20 \cdot \frac{3}{4} = \underline{15}$

→ Übungsteil, S. 62

G8 Bruchzahlen – Darstellen, Vergleichen und Rechnen
Anwendung – Fasching/Fasnacht

377 Lies die unten stehenden Angaben und rechne aus, wie viele der 40 Kinder bei der Faschingsparty als Gespenster, Piraten, Clowns bzw. Vampire verkleidet sind.

a) Ein Achtel der Kinder ist als Pirat/in verkleidet.
b) Ein Viertel sind Gespenster.
c) Drei Achtel kommen als Clown.
d) Alle anderen sind als Vampire verkleidet.

378 Eine Torte wurde in zwölf gleich große Stücke geteilt. Ein Viertel der Stücke wurde bereits gegessen.

a) Wie viele Stücke sind noch da?
b) Zeichne die restliche Torte mit Zirkel und Geodreieck in dein Heft und verziere sie.

379 In einer großen Schüssel befinden sich drei Liter Kinderbowle. Alex füllt sie in Achtelliter-Gläser.

Wie viel hat die Bowle gekostet?

380 Für die Faschingsparty wurden fünf Flaschen Kindersekt gekauft. In einer Flasche sind sieben Achtelliter Kindersekt.

Wie viele Liter sind das insgesamt?

381 Der Bäcker bringt 48 Krapfen. Rechne aus, wie viele Krapfen von jeder Sorte dabei sind.

a) Ein Drittel der Krapfen ist mit Marillenmarmelade gefüllt.
b) Ein Achtel der Krapfen ist mit Schokolade gefüllt.
c) Ein Viertel der Krapfen ist mit Vanille gefüllt.
d) Ein Sechstel der Krapfen ist mit Erdbeermarmelade gefüllt.
e) Alle anderen Krapfen sind mit Zuckerguss überzogen.

382 KNOBELAUFGABE

Tombola

a) Zähle die Tombola-Lose und erstelle eine Tabelle. Gib an, wie viele Hauptgewinne (HG), Gewinne (G), Trostpreise (TP) und Nieten (N) es gibt.
b) Beschreibe die Mengen der Lose mit Hilfe von Bruchzahlen.

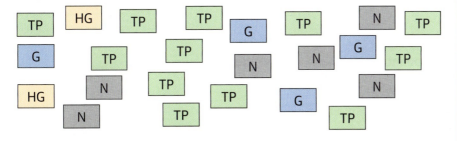

Lernziel
⇒ Wissen über Bruchzahlen im Alltag anwenden können

Wissen

Skizzen erstellen

Manchmal ist es schwierig, sich eine Textaufgabe vorzustellen. Skizzen helfen dabei.

40

Bei Bruchzahlen eignen sich Balkenmodelle als Skizzen.

Interessant

Fasching/Fasnacht

Vor Beginn der Fastenzeit feiert man vielerorts Faschings-/Fasnachtsfeste.

Verkleiden und Krapfen essen gehören zum Fasching dazu!

Besondere Feiertage:
(regional unterschiedlich)

- Unsinniger Donnerstag
- Nelkensamstag
- Rosenmontag
- Faschingsdienstag

→ Übungsteil, S. 63
→ Cyber Homework 14

Checkpoint

Löse die Aufgaben und kontrolliere deine Ergebnisse (Lösungen ab Seite 177).
Kreuze an, was du noch üben möchtest.

Bruchzahlen darstellen, vergleichen und ordnen

383 Stelle die folgenden Brüche mit Hilfe von Balkenmodellen dar.

H1 I1

a) $\frac{4}{5}$ b) $\frac{2}{7}$ c) $1\frac{2}{3}$ d) $\frac{7}{4}$

↪ G1

384 Gib die Mengen als unechten Bruch und als gemischte Zahl an.

H1 I1 *Hinweis: Ein voller Kreis stellt ein Ganzes dar.*

a)   b)   c)

↪ G2

385 Setze <, > oder = ein.

H2 I1

a) $\frac{1}{3} \bigcirc \frac{1}{4}$ b) $\frac{2}{7} \bigcirc \frac{5}{7}$ c) $\frac{5}{4} \bigcirc 1\frac{1}{4}$ d) $\frac{5}{10} \bigcirc \frac{5}{2}$ e) $2\frac{3}{7} \bigcirc \frac{23}{7}$

↪ G3

386 Zeichne einen Zahlenstrahl mit Zahlenschritt 1 und Strichabstand 2 cm.

H1 I1 Markiere die Zahlen $\frac{1}{2}$, $1\frac{1}{4}$, $2\frac{1}{2}$ und $3\frac{3}{4}$.

↪ G3

Rechnen mit Bruchzahlen

387 Rechne und wandle unechte Brüche im Ergebnis in gemischte Zahlen um.

H1 I1

a) $\frac{2}{8} + \frac{3}{8}$ b) $\frac{9}{10} - \frac{3}{10}$ c) $\frac{7}{8} + \frac{4}{8}$ d) $2\frac{1}{3} - \frac{2}{3}$

↪ G4

388 Rechne und wandle unechte Brüche im Ergebnis in gemischte Zahlen um.

H2 I1

a) Multipliziere zwei Zehntel mit drei.

b) Dividiere zwölf Zwanzigstel durch vier.

c) Berechne das Produkt aus fünf Sechstel und drei.

↪ G5
↪ G6

Bruchteile von Mengen

389 In einer Klasse befinden sich 24 Kinder.

H2 I1 Ein Achtel davon trägt eine Brille.

Wie viele Kinder sind das?

↪ G7
↪ G8

390 Jasmina gewinnt 24 540 € im Lotto.

H2 I1 Ein Drittel des Geldes legt sie auf ein Sparbuch, den Rest gibt sie sofort aus.

Wie viel Euro legt Jasmina auf ihr Sparbuch?

↪ G7
↪ G8

391 Zu einem Treffen kommt ein Viertel (14 Personen) mit dem Bus.

H2 I1 Ein Achtel der Menschen kommt mit dem Rad, der Rest mit dem Auto.

a) Wie viele Leute kommen insgesamt?

b) Wie viele Personen kommen mit dem Auto?

↪ G7
↪ G8

H Einführung Dezimalzahlen
Vergleichen, Runden, Längenmaße

Inhalt

	Warm-up	92
H1	Sprech- und Schreibweise	93
H2	Zehntel	94
H3	Hundertstel	95
H4	Dezimalzahlen und Bruchzahlen	96
H5	Stellenwerttafel	97
H6	Zerlegen und Vergleichen	98
	Extra: Wer hat Recht?	99
H7	Runden und Überschlagen	100
H8	Längenmaße	101
	Spiel: Stoppuhr	102
	English Corner	102
	Technik-Labor	102
H9	Anwendung – Sportaufgaben	103
	Checkpoint	104

392 Schaut euch den Comic mit Kai und Jakob an.
Dann löst die Aufgaben.

a) Welche Laufzeit konnte Kai mit Anorak erreichen?

b) Welche Laufzeit konnte Kai ohne Anorak erreichen?

c) War Kai im zweiten Lauf schneller oder langsamer als im ersten? Begründet eure Entscheidung.

d) Besprecht miteinander, warum beide glauben, dass sie die Wette gewonnen haben.

e) Findet drei Dezimalzahlen, die zwischen den beiden Laufzeiten von Kai liegen.

f) **FORSCHE WEITER**
Weltrekord
Wie lauten die aktuellen Weltrekordzeiten im Hundertmeterlauf der Männer bzw. der Frauen? Wer hält jeweils den Rekord?

Warm-up
Zeig, was du bereits kannst.

Stellenwertsystem

393 Zerlege die Zahlen in ihre Stellenwerte.

H1
I1
a) 845   845 = 8H 4Z 5E   b) 108   d) 1 574
c) 965   e) 36 916

394 Schreibe die Stellenwerte als natürliche Zahl an.

H1
I1
a) 6 T 1 H   6T 1H = 6100   b) 5 H 2 Z 9 E   d) 1 M 4 H
c) 4 ZT 3 T   e) 2 T 1 H 7 E

Runden und Überschlagen

395 Runde die Zahlen.

H2
I1
a) Runde 715 auf ganze Zehner.
b) Runde 715 auf ganze Hunderter.
c) Runde 1 928 auf ganze Hunderter.
d) Runde 24 567 auf ganze Tausender.

396 Rechne jeweils einen Überschlag.

H2
I1
a) Überschlage: 294 + 329
b) Überschlage: 608 − 388
c) Überschlage: 43 · 97
d) Überschlage: 5 089 : 511

Zahlenstrahl

397 Gib die markierten Zahlen an.

H1
I1

Die Zahlen lauten: _____

398 Markiere die Zahlen auf dem Zahlenstrahl.

H1
I1
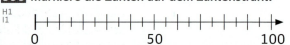
Markiere die Zahlen: 10, 60, 95

Bruchzahlen

399 Gib an, welche Bruchzahlen die folgenden Darstellungen zeigen.

H1
I1
a) b) c)

400 Löse die Rechnungen.

H2
I1
a) $\frac{2}{10} + \frac{5}{10} =$
b) $\frac{7}{10} - \frac{3}{10} =$
c) $\frac{6}{10} +$ 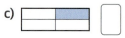 $= 1$

H1 Sprech- und Schreibweise

Einführung Dezimalzahlen – Vergleichen, Runden, Längenmaße

401 Formale Sprechweise

a) Verbinde die Ausdrücke mit den passenden Zahlen.

| sieben Komma vier neun | sechs Komma drei zwei |

| 7,49 | 6,23 | 7,94 | 6,32 |

| sechs Komma dreiundzwanzig | sieben Komma vierundneunzig |

b) Lies den Tipp „Achte auf die Sprechweise" in der rechten Spalte.

c) Zwei der Wortkarten oben verwenden die „formale Sprechweise". Male diese Wortkarten blau an.

d) Warum, glaubst du, verwendet man in der Mathematik meist die „formale Sprechweise"? Begründe deine Antwort mit einem Beispiel.

402 Schreibe die Zahlen richtig auf.

acht Komma null sechs = _____   zwölf Komma dreizehn = _____

neunzehn Komma vier = _____   null Komma fünfzehn = _____

fünf Komma sechs eins = _____   dreißig Komma zwei = _____

403 Schreibe auf, wie viele Sekunden, Zehntelsekunden und Hundertstelsekunden die Stoppuhren anzeigen.

Sekunden: 15
Zehntel: 3
Hundertstel: 2

Sekunden: _____
Zehntel: _____
Hundertstel: _____

Sekunden: _____
Zehntel: _____
Hundertstel: _____

Sekunden: _____
Zehntel: _____
Hundertstel: _____

404 Mesut hat beim 60-Meter-Lauf „acht Komma dreiundsiebzig" Sekunden gestoppt.

a) Gib die Zeit in der formalen Sprechweise an:

_____

b) Schreibe die richtige Zahl in Mesuts Stoppuhr rechts.

c) **FORSCHE WEITER**
Wettlauf
Stoppt eure eigenen Zeiten beim 60-Meter-Lauf. Gebt die Zeiten in der formalen Sprechweise an.

Lernziel
⇒ Dezimalzahlen richtig schreiben und aussprechen können

Wissen

Dezimalzahlen – Begriffe

Zahlen, in denen ein Komma vorkommt, nennt man Dezimalzahlen.

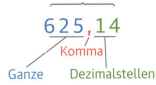

Tipp

Achte auf die Sprechweise!

Die Zahl 0,17 sprichst du **umgangssprachlich** als „null Komma siebzehn" aus.

In der Mathematik verwendet man oft die **formale Sprechweise** und sagt: „null Komma eins sieben".

Du vermeidest damit Schreibfehler und Fehler beim Größenvergleich von Dezimalzahlen.

→ Übungsteil, S. 65

H2 Einführung Dezimalzahlen – Vergleichen, Runden, Längenmaße
Zehntel

405 Der Balken zeigt ein Ganzes, er ist in 10 Zehntel unterteilt.

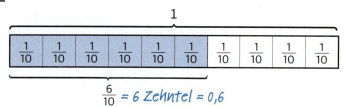

$\frac{6}{10}$ = 6 Zehntel = 0,6

Male die unten angegebenen Bruchteile farbig an.
Schreibe die dargestellten Zahlen wie im Beispiel oben als Dezimalzahlen an.

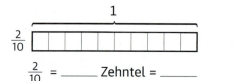   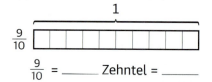

$\frac{2}{10}$ = _____ Zehntel = _____ $\frac{9}{10}$ = _____ Zehntel = _____

406 Stelle die Zahlen wie im vorigen Beispiel als Balken in deinem Heft dar.
Schreibe unter deinen Darstellungen die Zahlen als Bruchzahlen und als Dezimalzahlen an.
Tipp: Zeichne immer ein Kästchen für ein Zehntel.

a) $\frac{7}{10}$ $\frac{1}{10}$ $\frac{4}{10}$ c) 0,5 0,8 0,3   e) 1,3 1,6 1,2

b) $\frac{3}{10}$ $\frac{5}{10}$ $\frac{8}{10}$ d) 0,1 0,7 1,1   f) 2,0 1,7 0,9

407 Stelle die Zahlen zuerst im Balken dar.
Dann markiere sie auf dem Zahlenstrahl.

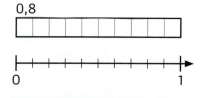   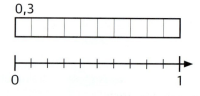

408 Gib den Wert der angezeigten Dezimalzahlen an.

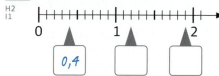   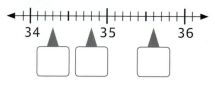

409 Markiere die angegebenen Dezimalzahlen auf dem Zahlenstrahl.

a) 0,1 0,8 1,5 2   b) 61,1 59,9 60,7 59,3

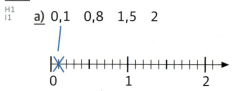   

Lernziel
⇒ Zehntel als Dezimalzahl, Bruchzahl und auf dem Zahlenstrahl darstellen können

Wissen

Zehntel

Teilt man **1 Ganzes** in 10 gleich große Teile, so erhält man **10 Zehntel**.

$$1 = \frac{10}{10}$$

1 Zehntel kannst du als **Bruchzahl** oder als **Dezimalzahl** schreiben:

$$\frac{1}{10} = 0{,}1$$

Bruchzahl   Dezimalzahl

Tipp

Ordnung auf dem Zahlenstrahl

0,4 < 0,7

Auch bei den Dezimalzahlen gilt:

Je weiter **links** eine Zahl auf dem Zahlenstrahl steht, desto **kleiner** ist sie.

Je weiter **rechts** eine Zahl auf dem Zahlenstrahl steht, desto **größer** ist sie.

→ Übungsteil, S. 66

H3 Hundertstel

Einführung Dezimalzahlen – Vergleichen, Runden, Längenmaße

Lernziel
⇒ Hundertstel als Dezimalzahl, Bruchzahl und auf dem Zahlenstrahl darstellen können

410 Stelle die Zahlen zuerst im Balken dar.
Dann markiere sie auf dem Zahlenstrahl und beschrifte sie.

a) 2 Zehntel und 8 Hundertstel   b) 1 Zehntel und 3 Hundertstel

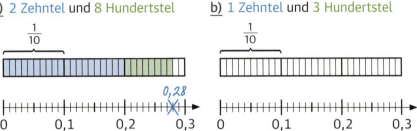

411 Stelle die Zahlen auf die gleiche Art wie in der vorigen Aufgabe dar.

a) 2 Zehntel und 4 Hundertstel   b) 3 Zehntel und 2 Hundertstel
c) 11 Hundertstel   d) 23 Hundertstel   e) 30 Hundertstel

412 Beschrifte die markierten Dezimalzahlen.

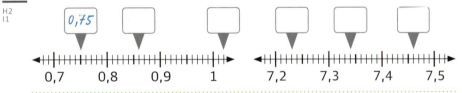

413 Dezimalzahlen auf dem Zahlenstrahl

a) Zeichne die folgenden Zahlen auf dem Zahlenstrahl ein.

0,06   0,6   0,15   0,7   0,42   0,09

b) Ordne die Zahlen aus a) von der kleinsten bis zur größten:

0,06 < ☐ < ☐ < ☐ < ☐ < ☐

414 Schreibe die Zahlen geordnet in dein Heft.
Beginne jeweils mit der kleinsten Zahl.

a) 0,8; 7,15; 0,16; 1,9;   c) 0,12; 0,7; 1,05; 0,65;
b) 0,02; 5,5; 0,3; 0,33;   d) 4,8; 0,48; 0,3; 1,01;

415 KNOBELAUFGABE

Dezimalzahlen ordnen

a) Finde Dezimalzahlen, die in die Felder passen.

0,05 < ____ < 0,1 < ____ < ____ < ____ < 0,2

b) Gibt es verschiedene Lösungsmöglichkeiten für a)? Wenn ja, gib für jedes Feld eine weitere passende Zahl an.

c) Wie viele verschiedene Zahlen gibt es, die größer als 0,05 und kleiner als 1 sind, wenn du nur Ganze, Zehntel und Hundertstel verwenden darfst?

Wissen

Hundertstel

Teilt man **1 Zehntel** in 10 gleich große Teile, erhält man **10 Hundertstel**.

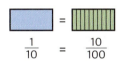

$\frac{1}{10} = \frac{10}{100}$

1 Hundertstel kannst du als **Bruchzahl** oder als **Dezimalzahl** schreiben:

$\frac{1}{100} = 0{,}01$

Bruchzahl   Dezimalzahl

Tipp

Größenvergleich bei Dezimalzahlen

Zehner sind kleiner als Hunderter:

70 < 700

Aber Achtung! ⚠

Zehntel sind größer als Hundertstel:

0,7 > 0,07

→ Übungsteil, S. 67

H4 Dezimalzahlen und Bruchzahlen
Einführung Dezimalzahlen – Vergleichen, Runden, Längenmaße

416 Schreibe in Worten und als Bruchzahl.

0,5 = _5 Zehntel_ = $\frac{5}{10}$ 0,12 = _12 Hundertstel_ = ☐

0,2 = _____ = ☐   0,69 = _____ = ☐

0,8 = _____ = ☐   0,04 = _____ = ☐

417 Schreibe als Bruchzahl.

a) 0,7	b) 0,9	c) 0,02	d) 0,83
0,4	0,3	0,54	0,06
1,1	2,7	1,44	3,09
2,05	1,4	3,03	4,11
7	4,3	1,99	1,09

$0,05 = \frac{5}{100}$

$0,93 = \frac{93}{100}$

418 Schreibe als Dezimalzahl.

$\frac{4}{10}$ = _____ $\frac{15}{100}$ = _____ $\frac{9}{10}$ = _____

$\frac{1}{10}$ = _____ $\frac{2}{100}$ = _____ $\frac{9}{100}$ = _____

419 Schreibe als Dezimalzahl.

$2\frac{8}{10}$ = _2,8_ $9\frac{62}{100}$ = _____ $74\frac{2}{10}$ = _____

$2\frac{8}{100}$ = _____ $15\frac{38}{100}$ = _____ $3\frac{6}{10}$ = _____

420 Schreibe als gemischte Zahl.

6,37 = $6\frac{37}{100}$ 77,05 = ☐   14,20 = ☐

12,4 = ☐   1,29 = ☐   3,07 = ☐

421 Schreibe als Dezimalzahl.

$\frac{16}{10}$ = _1,6_ $\frac{1000}{100}$ = _____ $\frac{41}{10}$ = _____

$\frac{27}{10}$ = _____ $\frac{30}{10}$ = _____ $\frac{252}{100}$ = _____

$\frac{177}{10}$ = _____ $\frac{177}{100}$ = _____ $\frac{0}{100}$ = _____

422 Schreibe die folgenden Dezimalzahlen als Bruchzahlen an.

0,1; 0,5; 0,01; 0,05; 0,001; 0,005; 0,0001; 0,0005;

Lernziel
⇒ Zusammenhänge zwischen Dezimalzahlen und Bruchzahlen kennen

Wissen
Dezimalzahlen und Bruchzahlen

Eine Dezimalzahl kannst du auf verschiedene Arten schreiben:

$0,03 = \frac{3}{100}$

Dezimalzahl Bruchzahl

Der Wert der Zahl bleibt dabei gleich!

Tipp
Natürliche Zahlen als Dezimalzahlen?

Auch **jede natürliche Zahl** lässt sich **als Dezimalzahl** bzw. als Bruchzahl schreiben:

$8 = 8{,}00 = \frac{8}{1}$

(„acht Komma null null")

oder

$100 = 100{,}0 = \frac{100}{1}$

(„hundert Komma null")

→ Übungsteil, S. 68
→ Cyber Homework 15

H5 Stellenwerttafel
Einführung Dezimalzahlen – Vergleichen, Runden, Längenmaße

423 Lest einander die Zahlen laut vor.
Notiert sie richtig in der Stellenwerttafel.
Dann schreibt die Zahlen in Stellenwertschreibweise auf.

	Ganze							,	Dezimalen					
	M	HT	ZT	T	H	Z	E	,	z	h	t	zt	ht	m
a) 6 200,5 =				6	2	0	0	,	5						= 6 T 2 H 5 z
b) 300,68 =								,							= _____
c) 0,00009 =								,							= _____
d) 0,0163 =								,							= _____
e) 125 000 =								,							= _____

424 Schreibe die Zahlen in Stellenwertschreibweise auf.

a) 3,8
0,07
10,05
2,06

b) 7 500 000
25 000,4
3 000 000,08
610 000,9

c) 20,004
0,000 007
18,201
5,000 9

425 Nullen, die den Wert einer Zahl nicht verändern

a) Schreibt die Zahlen zuerst in Stellenwertschreibweise und dann noch einmal als Dezimalzahl auf.

005,2 = _5 E 2 z_ = _5,2_
5,2000 = _____ = _____
10,060 = _____ = _____
0,007 = _____ = _____
000,8 = _____ = _____
9,4000 = _____ = _____

b) Was fällt euch bezüglich der Nullen in den Zahlen auf? Besprecht eure Beobachtungen.

c) Schreibt eine Regel in euer Heft, welche Nullen in einer Zahl weggelassen werden können und welche nicht. Hilfreiche Begriffe findet ihr in diesem Kasten:

> *führende Null(en), angehängte Null(en), Stellen vor dem Komma, Stellen nach dem Komma, Ziffer, Zahl, Wert*

426 Schreibe als Dezimalzahl.

a) 2 T 5 Z 9 z
6 E 5 h 7 t
8 Z 8 h
3 E 1 z 1 t
1 ZT 2 H 4 z

b) 6 z 2 h
9 z 6 t
3 zt 1 ht
8 m
2 h 6 t 3 ht

c) 12 Z 2 E 3 z
1 Z 15 E 1 h
76 E 10 z
4 T 1 Z 35 t
2 H 3 E 45 z

Lernziel
⇒ Stellenwertschreibweise bei Dezimalzahlen anwenden können

Wissen

Namen der Stellenwerte der Dezimalzahlen

z ... Zehntel
h ... Hundertstel
t ... Tausendstel
zt ... Zehntausendstel
ht ... Hunderttausendstel
m ... Millionstel

Stellenwertschreibweise

Du kannst Zahlen mit Hilfe ihrer Stellenwerte schreiben:

1,05 = 1 E 5 h
0,167 = 1 z 6 h 7 t

Tipp

Über Mathematik reden

Du kannst leichter Fragen stellen und Ideen von anderen verstehen, wenn du viele mathematische Begriffe und ihre genaue Bedeutung kennst.

→ Übungsteil, S. 69

H6 Zerlegen und Vergleichen
Einführung Dezimalzahlen – Vergleichen, Runden, Längenmaße

427 Schreibe die Zahlen als Additionen von Stellenwerten in dein Heft.

$$65{,}204 = 60 + 5 + 0{,}2 + 0 + 0{,}004$$

a) 1,7
    0,29
    8,02
    9,19

b) 18,05
    6,182
    90,37
    77,245

c) 706,094
    1,0204
    64,2105
    1 511,24

428 Welchen Wert hat die angegebene Ziffer in der jeweiligen Zahl?

a) 7 in der Zahl 21,705: _0,7_   5 in der Zahl 9,0765: _____
    2 in der Zahl 21,705: _____   9 in der Zahl 9,0765: _____
    0 in der Zahl 21,705: _____   6 in der Zahl 9,0765: _____

b) Gib drei Zahlen an, die kleiner als 1 sind. Du darfst nur die Ziffern 0 und 5 verwenden.

c) Gib drei Zahlen an, die größer als 100 sind. Du darfst nur die Ziffern 7 und 8 verwenden.

429 Ordnung auf dem Zahlenstrahl

a) Markiere die folgenden Zahlen auf dem Zahlenstrahl:

3 E 4 z 5 h   2 E 9 z   3 E 1 z 2 h   3 E 5 z

b) Ordne die Zahlen aus a) von der kleinsten bis zur größten:

☐ < ☐ < ☐ < ☐

430 Setze <, > oder = ein.

a) 2,17 ○ 2,21
    0,95 ○ 0,59
    6,00 ○ 6,1
    8,31 ○ 8,310
    0,02 ○ 1,1

b) 0,055 ○ 0,55
    8,99 ○ 1,9999
    4,524 ○ 4,524
    07,20 ○ 7,02
    9,10 ○ 09,1

c) 0,0885 ○ 0,1
    7,5 ○ 7,35
    1,225 ○ 0,99
    8,2 ○ 8,20
    0,6 ○ 0,06

431 Beantworte die Fragen.

a) Welche Zahl ist um ein Zehntel kleiner als 5 ? _____
b) Welche Zahl ist um ein Tausendstel größer als 3 ? _____
c) Welche Zahl ist um ein Hundertstel kleiner als 0,827 ? _____
d) Welche Zahl ist um ein Hundertstel kleiner als 10 ? _____
e) Welche Zahl ist um ein Zehntel größer als 9,91 ? _____

Lernziel
⇒ Dezimalzahlen in Stellenwerte zerlegen und miteinander vergleichen können

Wissen
Unterschied Ziffer – Zahl

$$\overbrace{3{,}28}^{\text{Zahl}}$$
↑ ↑ ↑
Ziffern

Eine **Ziffer** ist ein einzelnes Zeichen, wie ein Buchstabe. In unserem System gibt es 10 verschiedene Ziffern (0, 1, 2, 3, 4, 5, 6, 7, 8, 9).

Eine **Zahl** besteht aus Ziffern – so wie ein Wort aus Buchstaben besteht. Sie bezeichnet einen bestimmten Wert. Es gibt unendlich viele Zahlen.

Interessant
Dezimalsystem (Zehnersystem)

Das Wort „Dezimal-" kommt vom lateinischen „decem" und heißt auf Deutsch „zehn".

Mit unseren **10 Ziffern** kannst du jede Zahl darstellen, die du kennst.

→ Übungsteil, S. 70

Extra: Wer hat Recht?

432 Ist 1,26 größer oder kleiner als 1,4?

Tom und Sonja sind verschiedener Ansicht.
Klärt den Streit und begründet eure Lösung.

1,26 > 1,4
*weil 26 > 4 ist,
und 126 > 14 gilt auch!*

Tom

1,26 < 1,4
*weil 4 Zehntel mehr
als 2 Zehntel sind!*

Sonja

433 Ist 0,1046 größer oder kleiner als 0,1?

Anna und Jakob denken beide, dass sie Recht haben.
Gebt die richtige Lösung an und veranschaulicht sie so, dass beide Kinder es verstehen.

0,1046 < 0,1
*Je mehr Kommastellen,
desto kleiner ist eine Zahl!*

Anna

0,1046 > 0,1
*Die linke Zahl hat
4 t 6 zt mehr!*

Jakob

434 Sind 10 Zehntel ein Ganzes oder ein Hundertstel?

Yoko und Emma wollen jede nicht nachgeben.
Wer hat Recht? Erklärt den Mädchen eure Lösung in Form einer Kurznachricht.

10 Zehntel = 1 Ganzes
*Es gilt ja auch:
4 Viertel = 1 Ganzes!*

Yoko

10 Zehntel = 1 Hundertstel
*Es gilt ja auch:
10 Zehner = 1 Hunderter!*

Emma

435 Ist 0,3 + 0,15 gleich 0,45 oder gleich 0,18?

Luca und Elias kommen zu verschiedenen Ergebnissen.
Einer der beiden irrt aber. Erkläre ihm, wo sein Denkfehler liegt.

0,3 + 0,15 = 0,45
*Da muss man
genau auf die
Stellenwerte achten!*

Luca

0,3 + 0,15 = 0,18
*weil 3 + 15 = 18 ist.
Dann muss man noch
das Komma setzen!*

Elias

H7 Einführung Dezimalzahlen – Vergleichen, Runden, Längenmaße
Runden und Überschlagen

436 Runde die Dezimalzahlen auf Ganze.
Achte dabei auf die Zehntelstelle.

26,395 ≈ _26_   19,99 ≈ _____   185,52 ≈ _____
15,602 ≈ _____   53,19 ≈ _____   300,8 ≈ _____
49,16 ≈ _____   74,5 ≈ _____   714,069 ≈ _____
63,58 ≈ _____   98,32 ≈ _____   244,875 ≈ _____

437 Runde die Dezimalzahlen auf Zehntel.
Achte dabei auf die Hundertstelstelle.

12,651 ≈ _12,7_   32,58 ≈ _____   308,261 ≈ _____
87,814 ≈ _____   79,96 ≈ _____   877,747 ≈ _____
59,05 ≈ _____   24,3 ≈ _____   116,960 ≈ _____
94,54 ≈ _____   41,6 ≈ _____   757,353 ≈ _____

438 Schreibe die Zeiten als Dezimalzahlen an.
Dann runde auf volle Sekunden.

4 Sekunden und 37 Hundertstel = _4,37 s_ ≈ _4 s_
12 Sekunden und 18 Hundertstel = _____ ≈ _____
9 Sekunden und 62 Hundertstel = _____ ≈ _____
15 Sekunden und 3 Zehntel = _____ ≈ _____
18 Sekunden und 9 Zehntel = _____ ≈ _____
11 Sekunden und 298 Tausendstel = _____ ≈ _____

439 Runde die Zahlen zuerst auf Ganze.
Dann rechne einen Überschlag in deinem Heft.

Beispiel:
```
    6,5 + 17,24 = ?
Ü:   7  +  17   = 24

    8,62 · 4,19 = ?
Ü:   9  ·  4    = 36
```

a) 8,6 + 4,9
   32,7 + 15,2
   26,48 + 1,31
   89,72 + 10,48

b) 9,3 − 1,8
   48,62 − 31,77
   79,93 − 24,29
   54,34 − 47,88

c) 2,05 · 7,5
   6,59 · 1,007
   9,2 · 9,51
   11,47 · 7,7

d) 23,8 : 6,05
   12,47 : 2,53
   48,6 : 7,08
   79,56 : 7,68

440 Bei einem Schirennen absolvieren die Teilnehmerinnen zwei Läufe.
Die Fahrerin mit der niedrigsten Gesamtzeit
aus den beiden Durchgängen gewinnt.

Lisa und Eva haben folgende Zeiten:

Lisa: 1. Lauf: 43,36 s, 2. Lauf: 46,48 s
Eva: 1. Lauf: 44,56 s, 2. Lauf: 44,75 s

Beide behaupten, dass sie gewonnen haben.
Wer hat Recht?
Rechne nach und begründe deine Entscheidung.

Lernziel
⇒ Dezimalzahlen richtig runden und sinnvolle Überschläge rechnen können

Wissen

Runden
Dezimalzahlen werden genauso gerundet wie natürliche Zahlen. Entscheidend ist die Ziffer rechts von der Stelle, auf die gerundet werden soll.

Überschlagen
Ein Überschlag soll dir helfen, ein Ergebnis ungefähr abzuschätzen.

So gehst du vor:

1) **Runde geschickt**
   Runde auf Zahlen, mit denen du im Kopf rechnen kannst.

2) **Überschlagsrechnung**
   Kontrolliere deinen Überschlag mit einer schriftlichen Rechnung, wenn es dir hilft.

→ Übungsteil, S. 71

H8 Längenmaße
Einführung Dezimalzahlen – Vergleichen, Runden, Längenmaße

441 Gib die markierten Punkte in cm an.

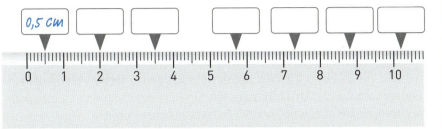

0,5 cm

442 Wandle in die angegebene Einheit um.

35 mm = _3,5_ cm   125 cm = ____ m   4 cm = ____ m

62 mm = ____ cm   92 cm = ____ m   6 072 cm = ____ m

87 mm = ____ cm   146 cm = ____ m   15 cm = ____ m

443 Wandle in die angegebene Einheit um.

4,1 cm = ____ mm   0,2 m = ____ cm   1,4 m = ____ mm

0,2 cm = ____ mm   9,52 m = ____ cm   0,13 m = ____ mm

0,05 cm = ____ mm   0,07 m = ____ cm   5,003 m = ____ mm

444 Wandle die Längen aus der Stellenwerttafel in die angegebenen Einheiten um.

km		m	dm	cm	mm	a) in m	b) in cm	c) in km
				5	3	5,3 m	530 cm	0,0053 km
		1	4	6				
				9	7			
	8	2						

445 Modellvorstellungen

Immer zwei Kästchen gehören zusammen. Verbinde sie.

[1 Kilometer]   [40 Meter]   [so hoch wie ein Kirchturm]

[Weg, den ich in 10 bis 15 Minuten zu Fuß gehe]   [so breit wie eine Straße]   [10 Meter]

446 FORSCHE WEITER

Längen im Alltag

Finde Strecken mit einer Länge von 5 Metern, 10 Metern, 20 Metern und 100 Metern in deiner Umwelt.

Lernziel
⇒ Dezimalzahlen beim Umwandeln von Längenmaßen einsetzen können

Wissen
Längenmaße

1 000 m = 1 km
1 m = 0,001 km

10 dm = 1 m
1 dm = 0,1 m

10 cm = 1 dm
1 cm = 0,1 dm
1 cm = 0,01 m

10 mm = 1 cm
1 mm = 0,1 cm
1 mm = 0,001 m

Interessant
Kleiner als Millimeter?

In Medizin und Technik werden oft Maße benötigt, die noch kleiner als 1 mm sind (Mikrometer, Nanometer, …).

Bei Röntgenstrahlen arbeitet man zum Beispiel mit der x-Einheit:

1 x = 0,0000000000001 mm

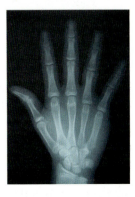

→ Übungsteil, S. 72

Spiel: Stoppuhr

447 SPIEL

Stoppuhr (für 2 bis 3 Spieler/innen)

Spieldauer: etwa 10 Minuten

Material: Stoppuhr (oder Handy mit Stoppuhr-Funktion), Papier und Stift

Ablauf: Das Spiel geht über 5 Runden. Jedes Kind hat pro Runde zwei Versuche. In der ersten Runde versucht jedes Kind, genau eine Sekunde zu stoppen. Wer der Zeit am nächsten kommt, bekommt einen Punkt. In der 2. Runde werden 2 Sekunden gestoppt, es geht um 2 Punkte … Nach der 5. Runde wird abgerechnet.

Protokoll: Schreibt ein Protokoll mit allen gestoppten Zeiten.

English Corner

448 Write the decimals.

a) zero point three = _0.3_
b) nine point five = _____
c) ten point seven = _____
d) four point one six = _____
e) three point eight two = _____
f) zero point zero five = _____

449 Write a decimal for each of the following.

a) 4 tenths = _0.4_
b) 8 tenths = _____
c) 15 tenths = _____
d) 9 wholes 3 tenths = _____
e) 7 hundredths = _____
f) 2 hundredths = _____
g) 36 hundredths = _____
h) 2 wholes 75 hundredths = _____

450 Write each decimal as a fraction.

a) 0.9   b) 0.01   c) 0.29   d) 0.87   e) 1.22

Wörterbuch

decimal(s) ... Dezimalzahl(en)

point ... Punkt (hier: Komma)

whole(s) ... Ganze(s)

tenth(s) ... Zehntel

hundredth(s) ... Hundertstel

fraction ... Bruchzahl

Technik-Labor

451 Zahlenstrahl-Spiel

Das Programm zeigt an, an welcher Stelle des Zahlenstrahls der nächste Apfel fallen wird.

a) Wie lautet die Zahl? _____

b) Wird der Apfel in den Korb fallen?

☐ ja   ☐ nein

Falls nein, zeichne den Korb so ein, dass er den Apfel auffangen wird.

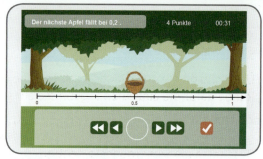

⇒ Dieses Spiel findest du in der e-zone, Klasse 1 – H.

H9 Einführung Dezimalzahlen – Vergleichen, Runden, Längenmaße
Anwendung – Sportaufgaben

452 Die Tabelle zeigt die Laufzeiten der 1a beim 100-Meter-Lauf.

Name	Zeit
Anna	18,50 s
Derya	15,21 s
Silvija	15,70 s
Julia	16,00 s
Laura	15,53 s
Marie	17,91 s
Mia	15,30 s

Name	Zeit
Emil	17,10 s
Stefan	16,09 s
Emma	18,06 s
Luca	18,10 s
Yoko	15,90 s
Laura	16,12 s
Elias	16,84 s

a) Sieh dir die Tabelle an. Kreuze die zutreffende(n) Aussage(n) an.

- Anna ist schneller gelaufen als Emma. ☐
- Mia war langsamer als Derya. ☐
- Stefan war bei den Buben der Schnellste. ☐
- Derya war die Schnellste in der 1a-Klasse. ☐

b) Wer waren die drei Schnellsten? Zeichne ein Siegerpodest mit den Namen der Kinder auf den Plätzen.

c) Erstelle eine Tabelle in deinem Heft und trage die Laufzeiten geordnet ein. Beginne mit der besten Zeit.

d) Für die Schulwertung werden die auf Einer gerundeten Laufergebnisse der zehn besten Schüler/innen addiert. Hat es die 1a geschafft, die 1b zu schlagen? (Zeit der 1b: 161 Sekunden)

453 Die Tabelle zeigt die erreichten Weiten beim Sackwurf-Bewerb der 3a-Klasse mit drei verschiedenen Säcken (rot, blau und gelb).

Name	roter Sack	blauer Sack	gelber Sack	Überschlag Gesamtweite
Ulrich	6,3 m	12,62 m	8,03 m	
Beata	6,25 m	11,8 m	8,25 m	
Vroni	5,4 m	9,52 m	7,8 m	
Ivan	5,9 m	12,7 m	8,1 m	
Adnan	6,16 m	11,95 m	8 m	
Nikita	6,2 m	12,5 m	7,85 m	
Michael	4,6 m	8,72 m	7,2 m	
Ulla	5,12 m	10,18 m	7,33 m	
Luzia	5,9 m	8,3 m	6,19 m	

a) Überschlage die jeweiligen Gesamtweiten der Kinder im Kopf. Runde dafür die einzelnen Ergebnisse auf ganze Meter.

b) Zeichne für die drei Einzelwertungen (rot, blau, gelb) und für die Gesamtweite jeweils ein Siegerpodest in dein Heft. Beschrifte die Siegerpodeste richtig.

c) Was kannst du über das Gewicht der Säcke sagen?

Lernziel
⇒ Wissen zu den Dezimalzahlen in Sachsituationen anwenden können

Wissen
Dezimalzahlen im Alltag

Für eine bessere Lesbarkeit werden Dezimalzahlen meist mit einer festen Zahl an Nachkommastellen geschrieben.

schlecht lesbar	gut lesbar
3,2	3,20
4,75	4,75
1,8	1,80
7	7,00
3,19	3,19

Interessant
Siegerpodest

Siegerpodest

Erstmals verwendet wurde ein Siegerpodest bei den **Olympischen Spielen 1932** in Lake Placid (USA).

→ Übungsteil, S. 73
→ Cyber Homework 16

Checkpoint

Löse die Aufgaben und kontrolliere deine Ergebnisse (Lösungen ab Seite 177).
Kreuze an, was du noch üben möchtest.

Sprechweise

454 Welche dieser Zahlen ist in „formaler Sprechweise" formuliert?
Kreuze an.

☐ neun Komma siebenundzwanzig   ☐ neun Komma zwei sieben

↺ H1

Zehntel, Hundertstel und Stellenwert

455 Stelle die Zahlen in den Balken dar, indem du die Balken richtig ausmalst.

0,6 [   ]   0,9 [   ]

↺ H2

456 Markiere die Zahlen auf den Zahlenstrahlen.

0,2 und 0,8   5,06 und 4,85

↺ H3

457 Schreibe als Dezimalzahlen.

4 Z 1 z 5 h = _____   3 t = _____

↺ H5

458 Setze <, > oder = ein.

2,047 ◯ 2,4   8,300 ◯ 8,3   10,34 ◯ 10,3

↺ H6

Runden, Überschlag und Längenmaße

459 Runde auf Zehntel.

16,147 ≈ _____   175,05208 ≈ _____

↺ H7

460 Runde auf Hundertstel.

16,147 ≈ _____   175,05208 ≈ _____

↺ H7

461 Runde die Zahlen zuerst auf Ganze.
Dann rechne einen Überschlag.

7,58 + 3,16 ≈ _____   45,006 − 9,74 ≈ _____

↺ H7

462 Wandle in die angegebenen Einheiten um.

a) 5,18 m = _____ m _____ cm   b) 4 km 45 m = _____ km

↺ H8

I Rechnen mit Dezimalzahlen
Euro und Cent

Sabine bei einer Rundfahrt ...

Inhalt

	Warm-up	106
I1	Addieren	107
I2	Subtrahieren	108
I3	Multiplizieren mit einer Dezimalzahl	109
I4	Multiplizieren von Dezimalzahlen	110
I5	Auf Kommastellen genau dividieren	111
I6	Dividieren von Dezimalzahlen	112
I7	Dividieren durch Dezimalzahlen	113
I8	Rechnen mit dem Taschenrechner	114
	English Corner	115
	Extra: Fahrradtour	115
I9	Verbindung der Grundrechnungsarten	116
I10	Euro und Cent	117
I11	Anwendung – Im Radgeschäft	118
	Checkpoint	119

463 Schaut euch den Comic mit Sabine an.
H2 Dann löst die Aufgaben.
H3
I1

a) Wie viele Kilometer muss Sabine noch fahren, bis sie die Rundfahrt beendet hat?

b) Wie weit hätte sie noch, wenn sie nach links fahren würde?

c) Wie lang ist die gesamte Rundfahrt?

d) Seht euch das letzte Bild an.
Was haltet ihr von Sabines Idee?
Schreibt eure Gedanken dazu auf.

e) Sabine fährt nach rechts weiter.
Fünf Kilometer später kommt sie zu einem weiteren Wegweiser.
Welche Zahlen stehen hier über den Pfeilen?
Zeichnet den Wegweiser in euer Heft.

f) Wieder später taucht ein Wegweiser auf, bei dem eine Zahl nicht mehr lesbar ist:

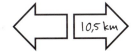

Findet heraus, wie die fehlende Zahl heißt.

Warm-up
Zeig, was du bereits kannst.

Überschlag mit natürlichen Zahlen

464 Runde zuerst auf Zehner. Dann überschlage das Ergebnis.

a) 256 + 712   b) 927 − 189   c) 247 · 23   d) 363 : 93

465 Runde zuerst sinnvoll auf Hunderter. Dann überschlage das Ergebnis.

a) 815 + 2 455   b) 3 489 − 986   c) 618 · 8   d) 1 176 : 4

Schriftlich rechnen mit natürlichen Zahlen

466 Addiere.   a) 218 + 633   b) 28 921 + 407 684   c) 24 317 506 + 3 855 729

467 Subtrahiere.   a) 712 − 509   b) 1 210 315 − 472 935   c) 80 000 000 − 1 935 618

468 Multipliziere.   a) 418 · 4   b) 75 693 · 6   c) 2 518 213 · 7

469 Multipliziere mehrstellig.   a) 617 · 53   b) 32 815 · 27

470 Dividiere.   a) 629 : 5   b) 72 215 : 3   c) 6 803 524 : 9

471 Dividiere mehrstellig.   a) 945 : 18   b) 274 116 : 35

Rechenregeln

472 Rechne im Heft.

a) 45 + 3 · 4   b) 40 : 5 − 3   c) (12 − 5) · 3 + 18   d) 98 : (60 − 58)

473 Setze die Klammern in der Rechnung so, dass das Ergebnis einmal möglichst klein und einmal möglichst groß wird.

54 − 4 · 8 : 2

Dezimalzahlen

474 a) Runde auf Ganze.

5,92 ≈ _____   18,4 ≈ _____

9,218 ≈ _____   825,15 ≈ _____

b) Runde auf Zehntel.

2,153 ≈ _____   19,4418 ≈ _____

0,7184 ≈ _____   54,6071 ≈ _____

475 Setze <, > oder = ein.

6,15 ◯ 6,8   29,062 ◯ 29,06

0,89 ◯ 8,09   5,700 ◯ 50,7

1,08 ◯ 1,7   42,242 ◯ 42,424

5,22 ◯ 5,3   05,20 ◯ 5,2

12,2 ◯ 12,20   0,002 ◯ 0,200

I1 Rechnen mit Dezimalzahlen – Euro und Cent
Addieren

476 Ergänze jeweils auf die Zahl im Dreieck.

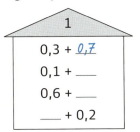

Haus 1 (Spitze: 1):
- 0,3 + 0,7
- 0,1 + ___
- 0,6 + ___
- ___ + 0,2

Haus 2 (Spitze: 1):
- 0,25 + ___
- 0,92 + ___
- ___ + 0,43
- ___ + 0,01

Haus 3 (Spitze: 10):
- 5,3 + ___
- ___ + 9,6
- 1,9 + ___
- 0,7 + ___

477 Dezimalzahlen addieren

a) Rechne.

1,2 + 3,5 = 4,7   0,8 + 0,6 = _____   2,9 + 5,5 = _____

6,4 + 0,5 = _____   9,5 + 2,5 = _____   0,3 + 0,12 = _____

b) Was musst du bei der Addition von Dezimalzahlen beachten?

478 Vorteilhaft rechnen

a) Berechne jeweils die Summe der drei Zahlen.

| 1,5 0,5 | | 7,2 1,9 | | 0,6 12,2 |
| 3,9 | | 0,1 | | 3,4 |

b) Vergleicht eure Rechnungen. Wie haben die anderen die Aufgaben gelöst?

479 Schreibe die Ausdrücke als Dezimalzahlen an und rechne.

a) 4 z + 6 z 1 h   b) 9 E 5 z + 8 z 6 t   c) 4 H + 1 z 6 h
   8 h + 1 E 3 h   7 t + 2 h 3 t   3 z 5 t + 8 t

480 Addiere die Zahlen. Rechne einen Überschlag als Probe.

```
ZE,zht
21,172
 5,040
------
26,212
```
Ich ergänze die Null! 5,04 = 5,040 So kann ich leichter rechnen!

Überschlag
21 + 5 = 26

```
ZE,zht
47,502
31,5
------
```
Überschlag: _____

```
ZE,zht
19,28
 2,247
------
```
Überschlag: _____

481 Addiere die Zahlen und rechne einen Überschlag als Probe.

a) 1,05 + 7,58   b) 52,9 + 1,47 + 7,6   c) 3 H 1 E 2 z + 5 Z 9 z 1 t
   0,97 + 15,33   0,904 + 22,3 + 18,54   4 z 7 h 5 zt + 8 z 6 zt
   41,8 + 2,486   6,99 + 1,5 + 4,82   3 E 3 z 2 h + 1 E 9 z 5 h
   2,78 + 19,81   17,47 + 29,3 + 0,71   9 Z 2 E 6 h + 11 E 87 h

---

Lernziel

⇒ Dezimalzahlen miteinander addieren und das Ergebnis richtig abschätzen können

Wissen

Addieren von Dezimalzahlen

3,42 + 8,17 = ?

```
  3,42
  8,17
------
 11,59
```

1) Schreibe die Stellenwerte richtig untereinander. Addiere wie üblich.
2) Setze das Komma im Ergebnis.

Tipp

Überschlag durchführen

67,88 + 21,3 = 89,18 ✓

Ü: 70 + 20 = 90 ✓

Überprüfe die Ergebnisse deiner schriftlichen Rechnung mit Hilfe eines Überschlags.

→ Übungsteil, S. 75

I2 Rechnen mit Dezimalzahlen – Euro und Cent
Subtrahieren

482 Subtrahiere im Kopf.

a) 1 − 0,2 = _0,8_
1 − 0,5 = ____
1 − 0,9 = ____
2 − 0,4 = ____
2 − 0,1 = ____

b) 1,8 − 0,3 = ____
5,2 − 0,2 = ____
9,5 − 0,4 = ____
35,8 − 0,2 = ____
23,9 − 0,6 = ____

c) 5,8 − 1,2 = ____
4,7 − 3,6 = ____
7,9 − 2,5 = ____
87,3 − 6,1 = ____
43,4 − 1,4 = ____

483 Subtrahiere die Zahlen. Rechne einen Überschlag als Probe.

```
ZE,zht
 80,520
− 6,171
 ‾‾‾‾‾
 74,349
```

Ich ergänze die Null! 80,52 = 80,520 So kann ich leichter rechnen!

Überschlag: 81 − 6 = 75

```
ZE,zht
 35,154
−22,3
 ‾‾‾‾‾
```

Überschlag: ____

```
ZE,zht
 64,5
−15,142
 ‾‾‾‾‾
```

Überschlag: ____

484 Subtrahiere die Zahlen. Rechne einen Überschlag als Probe.

a) 236,51 − 109,17
64,06 − 22,45
71,97 − 16,26
413,68 − 179,75

b) 60 − 15,7
99,98 − 47,2
206,5 − 74,51
500,84 − 199,77

c) 0,0212 − 0,0004
0,012 − 0,00391
0,19101 − 0,00651
0,01 − 0,00201

485 Schreibe die Aufgaben als Rechnungen in dein Heft und löse sie.

a) Berechne die Summe von 7,9 und der um ein Zehntel kleineren Zahl.

b) Die Differenz zweier Zahlen beträgt 0,57. Wie lautet die größere der beiden Zahlen, wenn die kleinere Zahl 1,2 ist?

c) Die Summe zweier Zahlen beträgt 6,34. Wie lautet die kleinere der beiden Zahlen, wenn die größere 4,86 ist?

d) Finde drei Zahlen, deren Summe 10 beträgt. Jede der drei Zahlen muss eine Dezimalzahl sein.

e) Finde zwei Zahlen, deren Differenz 0,3 beträgt.

f) Gibt es für d) bzw. e) verschiedene Lösungen? Begründe deine Entscheidungen. Suche, wenn möglich, jeweils eine weitere Lösung.

486 KNOBELAUFGABE

Finde die fehlenden Ziffern!

a)
```
  3☐5,0☐
− ☐16,☐2
  ‾‾‾‾‾
  10☐,84
```

b)
```
  ☐☐3,☐2
− 394,5☐
  ‾‾‾‾‾
  40☐,27
```

c)
```
  1☐,192
−  4,4☐3
  ‾‾‾‾‾
   7,☐0☐
```

Lernziel

⇒ Dezimalzahlen voneinander subtrahieren und das Ergebnis richtig abschätzen können

Wissen

Subtrahieren von Dezimalzahlen

8,19 − 3,67 = ?

```
  8,19
− 3,67
  ‾‾‾‾
  4,52
```

1) Schreibe die Stellenwerte richtig untereinander. Subtrahiere wie üblich.

2) Setze das Komma im Ergebnis.

Tipp

Exakt untereinander schreiben

```
  34,3        82,50
+ 23,78     − 41,29
  ‾‾‾‾        ‾‾‾‾
  58,08       41,21
```

Klare Schrift und genaues Untereinanderschreiben helfen dir, richtig zu rechnen.

→ Übungsteil, S. 76

13 Rechnen mit Dezimalzahlen – Euro und Cent
Multiplizieren mit einer Dezimalzahl

487 Multipliziere die Dezimalzahl mit der natürlichen Zahl.
Rechne die dazu passende Addition als Probe.

a) 48,7 · 3   c) 72,4 · 2   e) 21,3 · 5   g) 2 157,6 · 4
b) 8,87 · 4   d) 13,9 · 5   f) 342,56 · 3   h) 76 988,33 · 6

```
48,7 · 3        Probe:  48,7
  22                    48,7
 146,1                  48,7
                         22
                        146,1 ✓
```

*Erst multipliziere ich, als ob kein Komma da wäre.
Am Ende setze ich das Komma nach der Kommaregel.*

488 Rechne in deinem Heft.
Führe einen Überschlag als Probe aus.

a) 18,27 · 6
    5,184 · 9
    204,2 · 5
    9,702 · 8

```
18,27 · 6     Probe:  20 · 6 = 120 ✓
109,62
```

b) 9,83 · 78   c) 32,708 · 43   d) 1 083,668 · 926
   31,07 · 12   9 962,5 · 24   82 415,34 · 207
   19,3 · 25   6,7092 · 81   685,2203 · 538
   3,213 · 56   314,59 · 57   85,10067 · 469

489 Multiplizieren mit dekadischen Einheiten

a) Rechne und achte dabei auf das Komma.

| 48,72 · 10 | 48,72 · 100 | 48,72 · 1 000 |
| 487,20 | | |

48,72 · 10 = **487,2** | 48,72 · 100 = ____ | 48,72 · 1 000 = ____

b) Beschreibe, wie sich das Komma verändert, wenn man eine Dezimalzahl mit 10 multipliziert.

c) Beschreibe, wie sich das Komma verändert, wenn man eine Dezimalzahl mit einer dekadischen Einheit (10, 100, 1 000, ...) multipliziert.
Tipp: Nützliche Wörter findest du in der Spalte rechts.

490 Löse die Aufgaben durch richtiges Verschieben des Kommas.

12,15 · 10 = ____   1,98 · 100 = ____   0,2 · 100 = ____
63,4 · 100 = ____   0,04 · 1 000 = ____   1,6 · 1 000 = ____
0,083 · 10 = ____   9,27 · 100 = ____   0,038 · 10 = ____
9,04 · 1 000 = ____   50,75 · 10 = ____   0,9 · 100 = ____
19,56 · 100 = ____   0,061 · 10 = ____   0,503 · 1 000 = ____

Lernziel
⇒ Dezimalzahlen mit natürlichen Zahlen multiplizieren können

Wissen

Kommaregel
(Dezimalzahl mal natürliche Zahl)

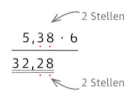

Das Ergebnis hat genauso viele Kommastellen wie die Dezimalzahl.

Tipp

Diese Begriffe helfen dir beim Beschreiben

Dezimalzahl, dekadische Einheit (Zahlen wie 1, 10, 100, 1 000, ...), multiplizieren, Komma verschieben, nach rechts, Anzahl der Nullen, Stelle, Faktor/en, Produkt

→ Übungsteil, S. 77

14 Rechnen mit Dezimalzahlen – Euro und Cent
Multiplizieren von Dezimalzahlen

491 Multipliziere die Dezimalzahlen miteinander.
Rechne einen Überschlag als Probe.

a) 7,23 · 2,6
b) 6,57 · 5,3
c) 29,5 · 8,4
d) 51,225 · 3,9
e) 728,05 · 9,4
f) 315,25 · 6,3

```
 7,23 · 2,6
 ‾‾‾‾‾‾‾‾‾‾
  1446
  4338         Ü: 7 · 3 = 21 ✓
 ‾‾‾‾‾
 18,798
```

492 Multipliziere die Dezimalzahlen miteinander.
Rechne einen Überschlag als Probe.

a) 1,25 · 8,1
    92,4 · 4,7
    16,97 · 5,2

c) 82,53 · 68,9
    754,105 · 8,24
    9,025 · 2,53

b) 45,609 · 36,4
    119,54 · 6,17
    9,551 · 7,02

d) 65,014 · 8,7
    128,99 · 3,6
    4,1017 · 9,5

e) 558,2107 · 29,4
    8 126,13 · 4,93
    3,842166 · 99,9

82,53 · 68,9 = ?
Als Überschlag rechne ich:
80 · 70 = 5 600

493 Mesut hat schon dreimal nachgerechnet, er findet aber keinen Fehler.

```
 54 · 0,5
 ‾‾‾‾‾‾‾‾
   0 0
 2 7 0
 ‾‾‾‾‾
 2 7,0
 ‾‾‾‾‾
```

*27 ist kleiner (!) als 54 ...
Kann das stimmen?
Wenn ich eine Zahl multipliziere, kann doch am Ende nicht weniger als am Anfang herauskommen, oder?*

a) Ist Mesuts Lösung richtig? Rechne die Aufgabe selbst nach.
b) Wann kann bei der Multiplikation mit Dezimalzahlen das Produkt kleiner als die Ausgangszahl sein?
Beantworte die Frage in Form einer Kurznachricht.

494 Rechne.

a) 165 · 0,2
    84 · 0,7
    118 · 0,4

b) 124 · 0,25
    112 · 0,35
    427 · 0,9

c) 7,7 · 0,7
    92,3 · 0,2
    142,8 · 0,45

d) 0,8 · 0,25
    0,7 · 0,7
    0,3 · 0,5

495 Achte auf das Komma!

a) Löse die Aufgaben.

45 · 0,01 = __0,45__   86,3 · 0,1 = _____   208,4 · 0,01 = _____

92 · 0,1 = _____   615 · 0,001 = _____   0,17 · 0,1 = _____

17 · 0,001 = _____   38,7 · 0,01 = _____   4,23 · 0,01 = _____

b) Beschreibe, wie man solche Aufgaben einfach lösen kann.

Lernziel
⇒ Dezimalzahlen miteinander multiplizieren können

Wissen

Kommaregel
(Dezimalzahl · Dezimalzahl)

```
 0,6 1 3 · 8,2
 ‾‾‾‾‾‾‾‾‾‾‾‾‾       1 Stelle
 4 9 0 4
   1 2 2 6           3 Stellen
 ‾‾‾‾‾‾‾‾‾
 5,0 2 6 6
                     4 Stellen
```

Das Ergebnis hat genauso viele Kommastellen wie beide Dezimalzahlen zusammen.

Tipp

Diese Begriffe sollte deine Kurznachricht in Aufgabe 493 unbedingt enthalten

Dezimalzahl, multipliziert, Ausgangszahl, < 1, kleiner

→ Übungsteil, S. 78
→ Cyber Homework 17

15 Rechnen mit Dezimalzahlen – Euro und Cent
Auf Kommastellen genau dividieren

496 Rechne im Heft. Dividiere, bis kein Rest mehr übrig bleibt.

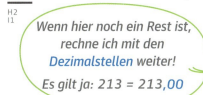

Wenn hier noch ein Rest ist, rechne ich mit den Dezimalstellen weiter! Es gilt ja: 213 = 213,00

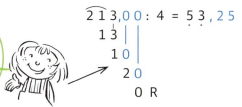

```
2̂ 1 3,0 0 : 4 = 5 3 , 2 5
  1 3 |
    1 0 |
      2 0
        0 R
```

a) 7 : 2	b) 253 : 8	c) 318 : 12	d) 2 148 : 24
15 : 6	719 : 5	913 : 25	1 494 : 15
23 : 5	2 138 : 4	3 628 : 32	13 920 : 75
62 : 8	6 905 : 8	8 250 : 60	41 063 : 16

Lernziel
⇒ Divisionen mit natürlichen Zahlen auf mehrere Kommastellen genau berechnen können

497 Deryas Rechnung geht sich nie auf Rest 0 aus.
Macht sie etwas falsch?

a) Kontrolliert Deryas Rechnung. Gebt Derya einen Tipp, was sie am besten tun soll.

b) Solche unendlichen Ergebnisse nennt man „periodische Zahlen".
Findet drei weitere Divisionen, bei denen solche Zahlen als Ergebnis herauskommen.

```
2̂ 2 1 5 : 3 = 7 3 8 , 3 3 3 ...
  1 1
    2 5
      1 0
        1 0
          1 0
```

Das hört ja nie auf!

Wissen

Auf Kommastellen genau dividieren

Beispiel: auf zwei Kommastellen genau

1) Dividiere zuerst wie üblich. Wenn ein Rest bleibt, ergänze eine Null und setze im Ergebnis das Komma:

```
3̂8 : 7 = 5,
 3 0
```

2) Rechne das Ergebnis, wenn notwendig, bis zur dritten Kommastelle aus:

```
3̂8 : 7 = 5,428
 3 0
   2 0
     6 0
       4
```

3) Runde auf zwei Nachkommastellen:
5,4**28** ≈ 5,43

4) Ergebnis:
38 : 7 ≈ **5,43**

498 Dividiere auf zwei Kommastellen genau.

a) 10 : 3	b) 218 : 3	c) 913 : 19	d) 9 055 : 43
44 : 9	600 : 7	462 : 78	5 162 : 94
73 : 4	4 193 : 6	806 : 14	35 047 : 27
95 : 7	37 255 : 9	726 : 58	62 894 : 32

499 Dividiere auf eine Kommastelle genau.

a) 218 : 7 b) 857 : 6 c) 12 518 : 9 d) 29 188 : 14 e) 35 716 : 82

500 Die Holzstäbe sollen in gleich lange Stücke geschnitten werden.
Wandle die Längen zuerst in cm um.
Dann berechne die Längen der einzelnen Stücke in cm auf eine Kommastelle genau.

a) Stab mit 2 m, 6 Stücke
b) Stab mit 1 m, 7 Stücke
c) Stab mit 2,5 m, 3 Stücke
d) Stab mit 1,5 m, 4 Stücke
e) Stab mit 1,8 m, 12 Stücke
f) Stab mit 2,5 m, 11 Stücke

```
2 m = 200 cm

2̂00 : 6 = 33,33 ≈ 33,3
 20
   20
     20

Ein Stock ist 33,3 cm lang.
```

→ Übungsteil, S. 79

16 Rechnen mit Dezimalzahlen – Euro und Cent
Dividieren von Dezimalzahlen

501 Dividiere, bis kein Rest mehr übrig bleibt.
Rechne einen Überschlag als Probe.

Komma setzen

An der Stelle, an der ich das Komma herunterschreiben würde, setze ich das Komma im Ergebnis.

a) 37,3 : 2
30,7 : 4

b) 824,1 : 5
459,9 : 8

c) 12,513 : 2
4,8204 : 5

d) 26,16 : 15
127,2 : 75

502 Dividiere auf zwei Kommastellen genau.
Rechne einen Überschlag als Probe.

a) 43,27 : 7
84,61 : 3

b) 4,98 : 9
1,44 : 6

c) 604,3 : 8
915,7 : 7

d) 724,85 : 34
821,04 : 18

503 Dividieren durch dekadische Einheiten

a) Rechne und achte auf das Komma.

1 234,5 : 10 = _____   98,7 : 10 = _____

1 234,5 : 100 = _____   98,7 : 100 = _____

1 234,5 : 1 000 = _____   98,7 : 1 000 = _____

b) Beschreibe, wie sich das Komma verändert,
wenn man eine Dezimalzahl durch 10 dividiert.

c) Beschreibe, wie sich das Komma verändert,
wenn man eine Dezimalzahl durch eine
dekadische Einheit (10, 100, 1 000, ...) dividiert.
Tipp: Nützliche Wörter findest du in der Spalte rechts.

504 Löse die Aufgaben durch richtiges Verschieben des Kommas.

64,12 : 10 = _____   8,2 : 100 = _____   7,42 : 100 = _____

91,5 : 100 = _____   19,1 : 10 = _____   154 : 100 = _____

0,7 : 10 = _____   218 : 100 = _____   0,04 : 10 = _____

6,95 : 10 = _____   342 : 1 000 = _____   56,2 : 10 = _____

505 Laura und Marie machen einen Radausflug.
Zu Mittag kaufen sie sich
eine Jause um 8,90 €.
Wie viel bezahlt jedes Mädchen, wenn
sie die Kosten gleichmäßig aufteilen?

506 Paul kauft eine 6er-Packung Mineralwasser um 2,94 €.
Sein Freund Niko kauft ihm eine Flasche ab.
Wie viel sollte Niko dafür bezahlen?
Begründe deinen Preisvorschlag.

Lernziel
⇒ Dezimalzahlen durch natürliche Zahlen dividieren können

Wissen

Dividieren von Dezimalzahlen

Dividiere wie bei natürlichen Zahlen.

Setze das Komma im Ergebnis an der Stelle, an der du die erste Kommastelle herunterschreibst.

Überschlag ist wichtig

Beim Setzen des Kommas können leicht Fehler passieren.

Ein Überschlag hilft dir, solche Fehler zu erkennen und auszubessern:

Ü: 364,89 : 4 ≈
     400   : 4 = <u>100</u>

Tipp

Diese Begriffe helfen dir beim Beschreiben

Dezimalzahl, dekadische Einheit (Zahlen wie 1, 10, 100, 1 000, ...), dividieren, Komma verschieben, nach links, Anzahl der Nullen, Stelle

→ Übungsteil, S. 80

17 Rechnen mit Dezimalzahlen – Euro und Cent
Dividieren durch Dezimalzahlen

507 Erweitere Dividend und Divisor um den angegebenen Faktor.
Löse die Aufgaben und beobachte das Ergebnis.
Hinweis: Dividend : Divisor = Quotient

a) Division: 16 : 2 = _____
erweitert um den Faktor 10:   160 : 20 = _____
erweitert um den Faktor 100:   1 600 : 200 = _____

b) Division: 12 : 3 = _____
erweitert um den Faktor 10:   _____ = _____
erweitert um den Faktor 100:   _____ = _____

508 Erweitere die Divisionen und löse sie.
Rechne auf eine Kommastelle genau.
Führe einen Überschlag als Probe aus.

a) 98,41 : 6,8
b) 15,25 : 2,1
c) 8,215 : 4,9
d) 150 : 3,6
e) 36,22 : 1,8
f) 4,77 : 4,5
g) 2 980 : 9,2

```
98,41 : 6,8 = ... erweitern mit 10

984,1 : 68 = 14,47 ≈ 14,5 ✓
 304
  321
   490        Ü: 100 : 7 ≈ 14 ✓
    14 Rest
```

509 Erweitere die Divisionen und löse sie.
Rechne auf zwei Kommastellen genau.

a) 12,5 : 1,8
    47,2 : 2,9
    35,82 : 6,5

b) 7,128 : 0,15
    508,3 : 0,81
    1,024 : 2,7

c) 1 499,5 : 0,031
    954,2 : 3,700
    0,52 : 8,3

510 Mario hat schon dreimal nachgerechnet,
er findet aber keinen Fehler.

```
26,3 : 0,1 =
erweitern mit 10 ...
263 : 1 = 263
```

Kann denn das Ergebnis größer als die Ausgangszahl sein? Das war beim Dividieren aber noch nie so!

a) Rechne die Aufgabe selbst nach.
Ist Marios Lösung richtig?

b) Schreibe für Mario einen kleinen Merkzettel,
wann bei der Division durch Dezimalzahlen
der Quotient größer als der Dividend ist.

511 Löse die Aufgaben durch richtiges Verschieben des Kommas.

15,3 : 0,1 = _____   82 : 0,1 = _____   4 : 0,001 = _____
63,2 : 0,01 = _____   400 : 0,1 = _____   0,5 : 0,01 = _____
9,54 : 0,1 = _____   3,16 : 0,01 = _____   160 : 0,01 = _____

Lernziel
⇒ Zahlen durch Dezimalzahlen dividieren können

Wissen

Division erweitern

Bevor du dividierst, musst du den Divisor in eine natürliche Zahl verwandeln.

             Dezimalzahl
12,52 : 2,9 =

125,2 : 29 =
             natürliche Zahl

Erweitern:
„Wenn man Dividend und Divisor mit der gleichen Zahl multipliziert, so ändert sich das Ergebnis (der Quotient) nicht."

Tipp

Multiplizieren und dividieren

3,8 · 10 = <u>38</u>

3,8 : 0,1 = <u>38</u>

Die Operationen
· 10 und : 0,1
bewirken das Gleiche!

→ Übungsteil, S. 81

18 Rechnen mit dem Taschenrechner

Rechnen mit Dezimalzahlen – Euro und Cent

512 Löse die Additionen mit dem Taschenrechner.
Kontrolliere die Ergebnisse jeweils mit Hilfe eines Überschlags.

`[4][2][.][5][+][3][.][9][7][=]`

a) 42,5 + 3,97 = _____ Ü: _____
b) 0,01981 + 3,144 = _____ Ü: _____
c) 16,43 + 82,8 = _____ Ü: _____
d) 1,9053 + 29,585 = _____ Ü: _____
e) 598,04 + 261,62 = _____ Ü: _____
f) 3,09001 + 4,2283 = _____ Ü: _____

513 Löse die Subtraktionen mit dem Taschenrechner.
Kontrolliere die Ergebnisse jeweils mit Hilfe eines Überschlags.

`[2][0][.][4][−][1][.][0][5][=]`

a) 20,4 − 1,05 = _____ Ü: _____
b) 395,9 − 6,0541 = _____ Ü: _____
c) 100 − 3,94 = _____ Ü: _____
d) 3 − 0,00429 = _____ Ü: _____
e) 4,31 − 0,98 = _____ Ü: _____
f) 0,55 − 0,0792 = _____ Ü: _____

514 Löse die Multiplikationen mit dem Taschenrechner.
Kontrolliere die Ergebnisse jeweils mit Hilfe eines Überschlags.

`[4][2][.][5][×][6][.][0][2][=]`

a) 42,5 · 6,02 = _____ Ü: _____
b) 95,6 · 74,04 = _____ Ü: _____
c) 3,75 · 7,83 = _____ Ü: _____
d) 289,46 · 9,09 = _____ Ü: _____
e) 234,9 · 5,12 = _____ Ü: _____
f) 692,5 · 69,23 = _____ Ü: _____

515 Löse die Divisionen mit dem Taschenrechner.
Kontrolliere die Ergebnisse jeweils mit Hilfe eines Überschlags.

`[1][1][.][9][8][÷][2][.][8][4][=]`

a) 11,98 : 2,84 = _____ Ü: _____
b) 3 786 : 3,9 = _____ Ü: _____
c) 56,88 : 7,44 = _____ Ü: _____
d) 683,25 : 5,55 = _____ Ü: _____
e) 182,8 : 8,32 = _____ Ü: _____
f) 424,78 : 8,2 = _____ Ü: _____

Lernziel

⇒ Rechnungen mit Dezimalzahlen am Taschenrechner lösen und mit Hilfe eines Überschlags kontrollieren können

Wissen

Komma als Punkt

Das Komma wird im englischen Sprachraum mit einem Punkt dargestellt:

0,57 = 0.57

Deshalb ist das Komma auch auf den meisten Taschenrechnern als Punkt dargestellt.

.5 statt 0,5

Statt 0,5 kannst du auch nur .5 (ohne Null davor) in deinen Taschenrechner eingeben.

Tipp

Handy als Taschenrechner

Fast jedes Handy hat auch eine Taschenrechnerfunktion.

→ Übungsteil, S. 82

English Corner

516
a) What number is 0.1 less than 815.96? _____
b) What number is 0.1 more than 815.96? _____
c) What number is 0.01 less than 815.96? _____
d) What number is 0.01 more than 815.96? _____

517
a) Add 3 tenths to 2.06: _____
b) Subtract 5 hundredths from 5.81: _____
c) Multiply 2 tenths by 3: _____
d) Divide 8 hundredths by 2: _____

Wörterbuch
more than ...
mehr als, größer als

less than ...
weniger als, kleiner als

tenth(s) ...
Zehntel

hundredth(s) ...
Hundertstel

Extra: Fahrradtour

518 Lies die Tagebucheinträge von Luca und löse die Aufgaben in deinem Heft.

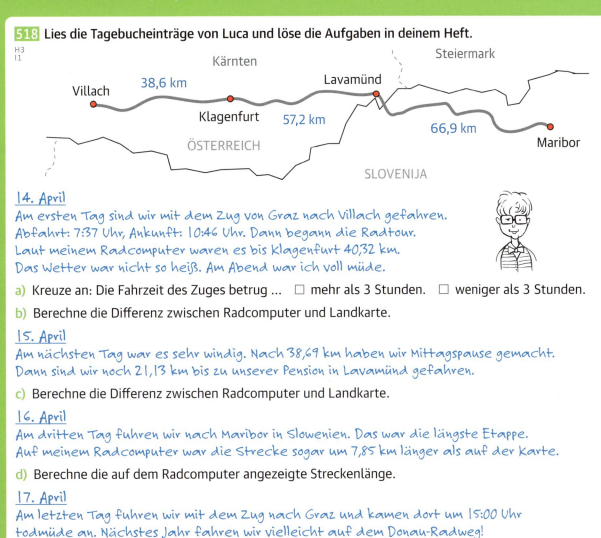

14. April
Am ersten Tag sind wir mit dem Zug von Graz nach Villach gefahren.
Abfahrt: 7:37 Uhr, Ankunft: 10:46 Uhr. Dann begann die Radtour.
Laut meinem Radcomputer waren es bis Klagenfurt 40,32 km.
Das Wetter war nicht so heiß. Am Abend war ich voll müde.

a) Kreuze an: Die Fahrzeit des Zuges betrug ... ☐ mehr als 3 Stunden. ☐ weniger als 3 Stunden.
b) Berechne die Differenz zwischen Radcomputer und Landkarte.

15. April
Am nächsten Tag war es sehr windig. Nach 38,69 km haben wir Mittagspause gemacht.
Dann sind wir noch 21,13 km bis zu unserer Pension in Lavamünd gefahren.

c) Berechne die Differenz zwischen Radcomputer und Landkarte.

16. April
Am dritten Tag fuhren wir nach Maribor in Slowenien. Das war die längste Etappe.
Auf meinem Radcomputer war die Strecke sogar um 7,85 km länger als auf der Karte.

d) Berechne die auf dem Radcomputer angezeigte Streckenlänge.

17. April
Am letzten Tag fuhren wir mit dem Zug nach Graz und kamen dort um 15:00 Uhr
todmüde an. Nächstes Jahr fahren wir vielleicht auf dem Donau-Radweg!

e) Berechne die Gesamtlänge der Strecke mit den Zahlen des Radcomputers.
f) Berechne die Gesamtlänge der Strecke mit den Zahlen auf der Landkarte.

19 Rechnen mit Dezimalzahlen – Euro und Cent
Verbindung der Grundrechnungsarten

519 Rechne in deinem Heft. Beachte dabei die Vorrangregeln.

a) 7,2 · 4 − 3,9
54,1 + 1,6 · 6
218,2 − 13,24 : 0,8

b) 8 − 2,4 : 0,3
20,6 : 2 + 1,5
0,015 : 0,004 − 1,75

c) 5 : 0,5 + 2 · 6,14
9,32 · 3,5 − 23 : 5
14,98 + 6,5 : 0,26

520 Rechne in deinem Heft. Achte dabei auf die Klammern.

a) 3,5 · (8,3 − 5,9) + 4,32
9,03 − 2,85 · (6 − 4,5)
296,1 : (16,55 − 15,8)

b) (5,16 − 0,86 + 21,3) · (4,6 − 0,9)
(0,7 + 35,9) : (9,26 − 6,3 + 0,04)
(4,31 − 0,69) · (1,58 + 6,02)

c) 124,65 · (1 822,9 − 1 756,22) + (6 915,5 · 0,024 − 16,042) : 2
87 206,16 : (12,1 − 11,8) − 264 317,01 − 18 206,185 · 1,2

521 Schreibe die Rechnungen in dein Heft und löse sie.
Rechne auf höchstens drei Kommastellen genau.

a) Dividiere die Differenz von 513,92 und 184,05 durch 3.

b) Berechne die Summe von 85,12 und dem Produkt aus 19,3 und 0,8.

c) Multipliziere den Quotienten der Zahlen 10 und 4 mit der Differenz von 90 und 16,75.

522 Rechne auf höchstens drei Kommastellen genau.
Führe einen Überschlag als Probe aus.

```
85,5 · 0,2 + 7,32 = ?

Ü:  90 · 2 = 180
   180 : 10 = 18
   18 + 7 = 25
```

Statt · 0,2 rechne ich erst · 2 und dann : 10.

a) 85,5 · 0,2 + 7,32
b) 12,7 − 1,9 · 5,3
c) 46,8 − 52,9 · 0,4
d) 6,925 : (2,3 − 0,6)
e) 2,8 + 3,97 − (1,37 + 2,88)
f) (2,87 − 0,19) · 4,7

523 Die Spielfigur soll von A nach B gehen.
Sie darf dabei keinen Punkt mehr als einmal passieren.

a) **KNOBELAUFGABE**
Additions-Rätsel
Addiere alle Zahlen, an denen deine Figur vorbeikommt.
Finde den Weg, bei dem die Summe bei der Ankunft am Punkt B
(1) am kleinsten (2) am größten ist.

b) **KNOBELAUFGABE**
Multiplikations-Rätsel
Multipliziere alle Zahlen miteinander, die auf dem Weg deiner
Figur liegen. Finde den Weg, bei dem das Produkt bei der Ankunft
am Punkt B (1) am kleinsten (2) am größten ist.

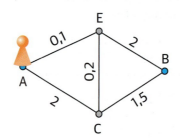

Lernziel
⇒ Rechnungen mit Dezimalzahlen und den vier Grundrechnungsarten richtig lösen können

Wissen
Vorrangregeln – Klampustri

Rechne zuerst die Ausdrücke in den Klammern, dann die Punktrechnungen und am Ende die Strichrechnungen!

Beachte:
2,4 + 2,8 · 0,5 = 3,8
aber
(2,4 + 2,8) · 0,5 = 2,6

Tipp
Rechnen in der Klammer

Auch beim Rechnen in der Klammer gelten die Vorrangregeln:

Punktrechnungen werden vor Strichrechnungen ausgeführt!

Beispiel:
(3,2 + 1,5 : 0,25) · 1,2 =
(3,2 +   6   ) · 1,2 =
9,2 · 1,2 = 11,04

→ Übungsteil, S. 83

I10 Euro und Cent

Rechnen mit Dezimalzahlen – Euro und Cent

524 Schreibe die Beträge jeweils als Dezimalzahl in Euro an.

2 € 5 c = _2,05 €_	1 € 90 c = _____	12 € 8 c = _____
54 € 10 c = _____	7 € 15 c = _____	70 c = _____
65 c = _____	2 c = _____	4 € 15 c = _____
7 € 99 c = _____	53 € 65 c = _____	8 € 1 c = _____
1 € 3 c = _____	4 € 6 c = _____	16 € 25 c = _____

525 Schreibe die Beträge jeweils in Euro und Cent an.

35,40 € = _35 € 40 c_	0,10 € = _____	140 c = _____
2,90 € = _____	20,15 € = _____	7 520 c = _____
0,09 € = _____	1,99 € = _____	3 005 c = _____
8,66 € = _____	5,20 € = _____	620 c = _____
12,78 € = _____	19,95 € = _____	9 255 c = _____

526 Rechne mit den Eurobeträgen in Kommaschreibweise.

a) 6 185,50 € + 2 499,35 €
b) 7 502,20 € − 3 624,99 €
c) 6 325,12 € · 4
d) 93,15 € · 26
e) 12 516,20 € : 5
f) 1 410,48 € : 54
g) 325,70 € + 411,05 € + 2 055,98 €
h) 8 512,10 € − 720 € − 1 866,49 €
i) 218 933,54 € · 18
j) 13 904,18 € · 415
k) 65 689,12 € : 23 (2 Stellen)
l) 2 408 319,50 € : 94 (2 Stellen)

527 Löse die Aufgaben in deinem Heft.
Runde auf sinnvolle Beträge.

a) Herr Eder tankt 45 Liter Diesel.
Er bezahlt mit einem 100-Euro-Schein.
Berechne, wie viel Euro Herr Eder zurückbekommt.

b) Andrea tankt 7,3 Liter Super für ihr Moped.
Sie kauft noch eine Flasche Mineralwasser um
1,29 € und eine Packung Kaugummi um 89 Cent.
Wie viel muss Andrea insgesamt bezahlen?

c) Toni bezahlt 56,62 € für 39 Liter Treibstoff.
Welchen Treibstoff hat er getankt?

d) Frau Siebenfeld tankt 52,6 Liter Super plus.
Wie viel Geld würde sie sparen,
wenn sie Diesel statt Super plus tanken könnte?

e) Erfinde selbst eine Textaufgabe zu den
Treibstoffpreisen rechts und löse sie.
Schreibe die Angabe auf einen Zettel.
Tausche den Zettel mit jemand anderem und löse dessen Aufgabe.

f) FORSCHE WEITER
Die Preise für Super, Diesel und Erdgas ändern sich täglich.
Finde die aktuellen Preise.

Lernziel

⇒ Dezimalzahlen beim Umwandeln von Euro und Cent einsetzen können

Wissen

Euro und Cent

Umwandlung:

1 Euro = 100 Cent
1 € = 100 c

100 Cent = 1 Euro
1 c = 0,01 €

Schreibweisen:

43,12 EUR
43,12 €
43,12 Euro

Interessant

Treibstoff-Preise

Tankstellen geben die Preise von Treibstoffen auf drei Kommastellen genau an.

1,369 Euro bedeutet:
1 € 36,9 Cent pro Liter.

Der Preis wird mit der getankten Menge multipliziert und dann an der Kassa auf volle Cent abgerundet.

→ Übungsteil, S. 84

11 Rechnen mit Dezimalzahlen — Euro und Cent
Anwendung — Im Radgeschäft

RUDI'S RAD-SHOP

Verkauf		Service	
Helm ... 47,80 €		Voll-Service ... 44,90 €	
Herrensattel ... 29,90 €	Absperrkette ... 9,99 €	Radwäsche ... 9,90 €	
Damensattel ... 39,90 €	Sicherheitsschloss ... 19,99 €	Bremsentausch ... 15,90 €	
Luftpumpe ... 14,70 €	Fahrradlichter ... 34,50 €	Kettentausch ... 21,90 €	
Radcomputer ... 27,90 €	Fahrradkorb ... 12,85 €	Schlauch kleben ... 13,90 €	

Lernziel
⇒ Wissen zum Rechnen mit Dezimalzahlen in Sachsituationen anwenden können

528 Rechne aus, wie viel Geld Rudi jeweils eingenommen hat.

a) Rudi hat diese Woche 25 Helme verkauft.

b) Am Vormittag hat Rudi 4 Damensättel verkauft, am Nachmittag nochmal um drei mehr.

c) Vor einem Monat hat Rudi 100 Sicherheitsschlösser bestellt. Jetzt hat er nur mehr 18 Stück, den Rest hat er bereits verkauft.

d) Am Dienstag war Luftpumpen-Aktion: *Alle Pumpen zum halben Preis!* An diesem Tag hat Rudi insgesamt 38 Pumpen verkauft.

e) Löse Aufgabe d) auf eine andere Art.

Wissen
Unlösbare Aufgaben
Wenn du eine Aufgabe nicht lösen kannst, weil zum Beispiel wichtige Angaben fehlen, schreibe *„Aufgabe nicht lösbar"* als Antwort.

529 Hanna kauft Fahrradlichter und hat zu wenig Geld mit.
Sie bezahlt die Hälfte jetzt, den Rest bringt sie am nächsten Tag vorbei. Wie viel muss Hanna dann noch bezahlen?

530 Der Radsportverein kauft 18 neue Helme.
Rudi macht dem Verein einen Sonderpreis: 699 €.
Wie viel Euro spart sich der Verein pro Helm / insgesamt?
Anmerkung: Rechne auf 2 Kommastellen genau!

531 Anita lässt ihre Gangschaltung nachstellen.
Sie bezahlt mit einem 20-Euro-Schein.
Berechne, wie viel Euro Anita zurückbekommt.

Interessant
Beruf: Zweiradtechniker/in

Als Zweiradtechniker/in reparierst du Mopeds, Motorräder, Fahrräder und Rollstühle. Du überprüfst ihre Sicherheit, rüstest sie aus und baust sie um.

Du musst in diesem Beruf logisch denken können, damit du auch schwierige Fehler finden und reparieren kannst.

532 Frau Grundner lässt bei drei Rädern ein Voll-Service durchführen.
Sie bezahlt mit zwei 100-Euro-Scheinen.
Wie viel Euro erhält sie zurück?

533 Bernhards Rad braucht eine neue Kette und neue Bremsen.
Wie viel muss er insgesamt bezahlen?

534 Iris kauft um 44,50 € einen Fünferblock für Radwäsche.
Wie viel Euro spart sie dabei pro Wäsche?

535 Denk dir eine Aufgabe aus, bei der mehr als 50 € zu bezahlen sind.

→ Übungsteil, S. 85
→ Cyber Homework 18

Checkpoint (1/2)

Löse die Aufgaben und kontrolliere deine Ergebnisse (Lösungen ab Seite 177).
Kreuze an, was du noch üben möchtest.

Rechnen mit Dezimalzahlen – Addieren und Subtrahieren

536 Rechne im Kopf.

a) 3,6 + 1,2 = _____   2,5 + 1,8 = _____   6,3 + _____ = 10

b) 1,5 − 0,4 = _____   4,2 − 0,6 = _____   8,5 − _____ = 6,1

537 Löse die Aufgaben in deinem Heft.
Führe einen Überschlag als Probe aus.

a) 12,61 + 3,85   c) 4,7 + 2,062   e) 5,093 + 0,12 + 9,903 + 22,06

b) 8,505 + 19,816   d) 138,54 + 52,9   f) 56,098 + 1 755,44 + 198,903

538 Löse die Aufgaben in deinem Heft.
Führe einen Überschlag als Probe aus.

a) 25,98 − 13,44   c) 182 − 55,87   e) 9 204,3702 − 815,99

b) 17,33 − 8,06   d) 19,521 − 4,6   f) 41,5 − 6,9082215

Rechnen mit Dezimalzahlen – Multiplizieren und Dividieren

539 Kreuze an: Wie viele Kommastellen hat das Ergebnis der Rechnung 504,29 · 3?

☐ 0   ☐ 1   ☐ 2   ☐ 3

540 Berechne das Produkt von 6,07 und 35.

541 Löse die Aufgaben in deinem Heft.
Führe einen Überschlag als Probe aus.

a) 7,56 · 4,1   c) 85 · 0,2   e) 4,198 · 1,84

b) 16,734 · 8,5   d) 42,7 · 0,9   f) 95,19 · 0,027

542 Dividiere, bis kein Rest mehr übrig bleibt.

a) 175 : 2   b) 432 : 5   c) 77 : 4   d) 266 : 8

543 Rechne auf zwei Kommastellen genau.

a) 3 245 : 7   c) 16,6 : 9   e) 45 908 : 93

b) 910 : 3   d) 751,88 : 4   f) 8 915 265 : 27

544 Dividiere, bis kein Rest mehr übrig bleibt.

a) 278,304 : 4,8   b) 0,92837 : 0,34   c) 0,0037368 : 0,072

Checkpoint (2/2)

Löse die Aufgaben und kontrolliere deine Ergebnisse (Lösungen ab Seite 177).
Kreuze an, was du noch üben möchtest.

Rechnen mit Dezimalzahlen – Verbindung der Grundrechnungsarten

545 Rechne. Beachte die Vorrangregeln.

H2
I1

a) 4,5 + 7,3 · 4

b) 16,44 : 2 − 1,9

c) (12,089 − 1,5) · 0,7 − 2,33

d) 439,5 · (3,3 − 12,2 : 4)

↳ I9

546 Rechne. Überprüfe die Ergebnisse mit einem Taschenrechner.

H2
I1

a) (349,22 − 0,084) · 6,12 : (9 − 8,5) − 237,412

b) 88,9 + 7,93 · 19,39 + 66,6 : (77,7 − 44,4)

↳ I8
↳ I9

Euro und Cent, Anwendung

547 Wandle in Euro um.

H2
I1

Schreibe die Beträge als Dezimalzahl an.

2 Euro 17 Cent = _____ €   1 295 c = _____ €   18 € 5 c = _____ €

24 Euro 8 Cent = _____ €   657 c = _____ €   9 € 78 c = _____ €

↳ I10

548 Andrea sagt: *„Mir fehlen genau zwölf Cent, dann hätte ich 12 Euro!"*

H1
I1

Wie viel Geld besitzt Andrea?

↳ I10

549 Ludwig hat 35,65 € in seinem Sparschwein.

H1
I1

Das sind um 4,20 Euro mehr, als sein Freund Sabit hat.
Wie viel Geld besitzt Sabit?

↳ I10

550 Ronnie und ihre zwei Kolleginnen essen in einem Gasthaus zu Mittag.

H1
I1

Die Gesamtrechnung beträgt 47,25 €.
Wie viel bezahlt jede, wenn sie die Rechnung zu gleichen Teilen aufteilen?

↳ I11

551 Hans kauft drei T-Shirts um je 9,90 €, zwei Hosen um je 24,75 €
und einen Gürtel um 8,49 €.

H1
I1

Er bezahlt mit einem 100-Euro-Schein.
Berechne, wie viel Euro Hans zurückbekommt.

↳ I11

552 Stefan hat von seiner Tante 20 Euro bekommen.

H1
I1

Beim Bäcker kauft er ein Wasser (1,90 €) und ein belegtes Brot (2,85 €).
Dann kommt er bei „Susis Süßwaren" vorbei.
Dort ist Abverkauf: *„Alle Bonbons um den halben Preis!"*
Stefans Lieblingsbonbons kosten normalerweise 1,70 € pro Packung.
Für wie viele Packungen reicht sein Geld noch?

↳ I11

J Rechteck und Quadrat
Umfang und Flächeninhalt

Inhalt

Warm-up	122
J1 Eigenschaften und Konstruktion	123
J2 Berechnungen am Rechteck	124
J3 Berechnungen am Quadrat	125
Extra: Zäune aufstellen	126
J4 Flächenmaße	127
J5 Große Flächenmaße	128
J6 Zusammengesetzte Flächen	129
English Corner	130
Technik-Labor	130
J7 Anwendung – Böden verlegen	131
Checkpoint	132

553 Schaut euch den Comic an.
Dann löst die Aufgaben.

a) Beschreibt mit eigenen Worten, worum es in diesem Comic geht.

b) Findet Gemeinsamkeiten von Rechtecken und Quadraten.

c) Findet Unterschiede zwischen Rechtecken und Quadraten.

d) Zeichnet ein Viereck, das weder ein Rechteck noch ein Quadrat ist. Begründet, warum das von euch gezeichnete Viereck kein Rechteck/kein Quadrat ist.

e) **FORSCHE WEITER**
Sucht nach einer Definition für das Rechteck im Internet. Begründet damit, ob das Quadrat nun zum Club der Rechtecke gehört oder nicht.

Warm-up
Zeig, was du bereits kannst.

Längenmaße in Dezimalschreibweise

554 Wandle in die angegebene Einheit um.
H2 I1

129 cm = _____ m

7 mm = _____ cm

21 dm = _____ mm

555 Wandle in eine Einheit um, bei der du kein Komma brauchst.
H2 I1

0,15 m = _____

0,8 cm = _____

0,23 dm = _____

Rechnen mit Dezimalzahlen

556 Rechne in deinem Heft.
H2 I1

a) 51,84 + 6,52   b) 510,2 − 66,4   c) 806,77 · 3   d) 214,6 : 2

557 Rechne in deinem Heft.
H2 I1

a) 238,25 · 0,26   b) 21,05 · 3,9   c) 648 : 15   d) 2,55 : 0,85

Umfang und Flächeninhalt

558 Bestimme den Umfang (u) und den Flächeninhalt (A) der folgenden Figuren.
H1 I3

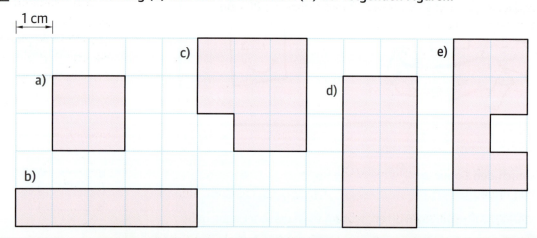

Flächenmaße

559 Schreibe die angegebenen Flächenmaße zu den Bildern.
H3 I1

[1 mm²] [1 cm²] [1 m²]

 ← Daumennagel
A ≈ _____

• ← dicker Punkt
A ≈ _____

 ← Tischplatte
A ≈ _____

J1 Rechteck und Quadrat – Umfang und Flächeninhalt
Eigenschaften und Konstruktion

560 Geometrische Eigenschaften von Rechtecken und Quadraten

Kreuze an, welche dieser Eigenschaften auf Rechtecke und welche auf Quadrate zutreffen.

Eigenschaft	Rechteck	Quadrat
Die Figur hat vier Ecken und vier Seiten.	☐	☐
Gegenüberliegende Seiten sind parallel.	☐	☐
Alle Seiten sind gleich lang.	☐	☐
Gegenüberliegende Seiten sind gleich lang.	☐	☐
Alle vier Innenwinkel sind 90° groß.	☐	☐

561 Zeichne die folgenden Rechtecke und Quadrate in dein Heft und beschrifte sie.

a) a = 38 mm
   b = 20 mm

b) a = 2,5 cm
   b = 56 mm

c) Quadrat:
   a = 45 mm

d) Quadrat: a = 5,2 cm

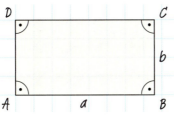

Üblicherweise beschriftet man die Ecken und Seiten entgegen dem Uhrzeigersinn!

562 Konstruiere die folgenden Rechtecke und Quadrate. Zeichne die Diagonalen e (Strecke AC) und f (Strecke BD) ein und bestimme ihre Längen in mm.

a) a = 4 cm
   b = 1,5 cm

b) a = 0,58 dm
   b = 0,5 dm

c) Quadrat:
   a = 50 mm

d) Quadrat:
   a = 3,2 cm

e = 43 mm   f = 43 mm

e) Was hast du beobachtet? Setze die richtigen Wörter ein.

- Die Diagonalen eines Rechtecks/Quadrats sind immer _____ (gleich/verschieden) lang.

- Die Diagonalen eines Rechtecks/Quadrats sind immer _____ (kürzer/länger) als ihre Seiten.

563 KNOBELAUFGABE

Wahr oder falsch?

Gillian behauptet, dass der Schnittpunkt der beiden Diagonalen im Rechteck/Quadrat jede Diagonale genau halbiert. Was meinst du dazu?
Begründe deine Aussagen mit Skizzen im Heft.

564 Konstruiere bei den Rechtecken/Quadraten aus Aufgabe 562 jeweils den Umkreis.

Gib Radius und Durchmesser der Umkreise an.

Lernziele

⇒ Eigenschaften von Rechtecken und Quadraten beschreiben können

⇒ Rechteck und Quadrat nach Vorgaben zeichnen können

Wissen

Konstruktion

1) Seite a zeichnen

2) links und rechts Seite b normal auf a konstruieren

3) C und D verbinden, beschriften

Diagonalen
(griechisch für „von einer Ecke zur anderen")
verbinden die zwei **gegenüberliegenden** Punkte eines Vierecks.

Interessant

Umkreis

Mit dem Schnittpunkt der Diagonalen als Mittelpunkt kannst du den Umkreis zeichnen.

Der Umkreis berührt jeden Eckpunkt deines Rechtecks/Quadrats.

→ Übungsteil, S. 87

J2 Rechteck und Quadrat – Umfang und Flächeninhalt
Berechnungen am Rechteck

565 Berechne den Umfang der abgebildeten Rechtecke.
Beschreibe deinen Lösungsweg und vergleiche ihn mit anderen.

a)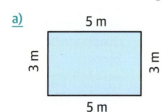

b)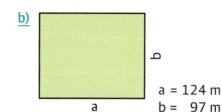

Lernziel
⇒ Umfang und Flächeninhalt von Rechtecken berechnen können

Wissen

Umfang
Der **Umfang u** einer Figur gibt an, **wie lang** ihr Rand ist.
Er wird in **Längenmaßen** angegeben (mm, cm, …).

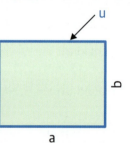

566 Mit welchen Formeln kannst du den Umfang eines Rechtecks berechnen? Streiche falsche Formeln durch.

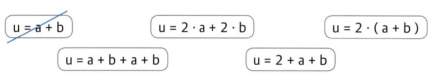

567 Berechne den Umfang der angegebenen Rechtecke.
Hinweis: a = Länge des Rechtecks, b = Breite des Rechtecks

a) a = 12 cm, b = 20 cm
b) a = 814 m, b = 309 m
c) a = 53 mm, b = 9 mm
d) a = 15,3 m, b = 65 dm
e) a = 8 214 m, b = 7,42 km
f) Länge = 13,2 cm, Breite = 4,9 cm

568 Berechne den Flächeninhalt der abgebildeten Rechtecke.
Beschreibe deinen Lösungsweg und vergleiche ihn mit anderen.

a)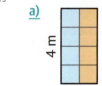
b)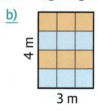
c)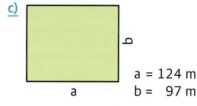

Flächeninhalt
Der **Flächeninhalt A** gibt die **Größe der Fläche** einer Figur an.
Er wird in **Flächenmaßen** angegeben (mm², cm², …).

Die Abkürzung A kommt vom lateinischen Wort „area" (Fläche).

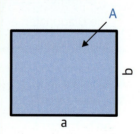

569 Mit welchen Formeln kannst du den Flächeninhalt eines Rechtecks berechnen? Streiche falsche Formeln durch.

(A = a · b)   (A = a + b)   (A = b · a)   (A = b – a)

570 Berechne Umfang und Flächeninhalt der angegebenen Rechtecke.
Hinweis: a = Länge des Rechtecks, b = Breite des Rechtecks

a) a = 8 mm, b = 3 mm
b) a = 53 cm, b = 8 cm
c) a = 115 m, b = 74 m
d) a = 16,2 m, b = 700 cm
e) a = 3,2 km, b = 800 m
f) Länge = 17,5 m, Breite = 9,6 cm

571 Der Flächeninhalt eines Rechtecks beträgt 48 m².
Gib die Länge und die Breite des Rechtecks an.
Gibt es mehrere Lösungen?
Schreibe sie auf und vergleiche deine Ergebnisse mit anderen.

→ Übungsteil, S. 88

J3 Rechteck und Quadrat – Umfang und Flächeninhalt
Berechnungen am Quadrat

572 Berechne Umfang und Flächeninhalt der folgenden Quadrate.
Beschreibe deinen Lösungsweg und vergleiche ihn mit anderen.

a) 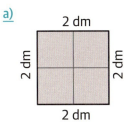   b) 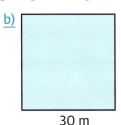   c)

d) Stelle die Formeln für den Umfang und den Flächeninhalt eines Quadrats mit Seitenlänge a auf.

Quadrat: u = _____   A = _____

573 Berechne Umfang und Flächeninhalt der angegebenen Quadrate.

a) a = 7 cm   c) Seitenlänge = 48 cm   e) a = 5,9 m
b) a = 3 km   d) Seitenlänge = 16,2 m   f) a = 69,24 m

574 Ergänze die fehlenden Zahlen der Quadrate in der Tabelle.

	a)	b)	c)	d)	e)
a	6 mm		10 cm		
u		28 m		36 dm	
A					64 m²

575 Berechne den Flächeninhalt der folgenden Quadrate.

a) u = 12 cm   b) u = 20 cm   c) u = 10 m   d) u = 153 m   e) u = 8,2 m

576 Anita hat zwei Quadrate aus Papier gebastelt.

Das erste Quadrat hat eine Seitenlänge von 1,7 cm, das zweite Quadrat hat doppelt so lange Seiten.

a) Zeichne die beiden Quadrate und vergleiche sie miteinander.
b) Berechne Umfang und Flächeninhalt der beiden Quadrate. Was fällt dir auf?

577 Gegeben ist ein Rechteck (Länge = 17 cm, Breite = 12 cm).

a) Welche Seitenlänge muss ein Quadrat haben, damit es den gleichen Umfang wie das obige Rechteck hat?
b) Kreuze an: Welche Figur aus a) hat den größeren Flächeninhalt?
  ☐ das Rechteck   ☐ das Quadrat

578 Die Seitenlänge eines Quadrats beträgt 35 mm.

Finde ein Rechteck mit gleich großem Flächeninhalt.
Gibt es verschiedene Lösungen? Wenn ja, schreibe drei weitere auf.

Lernziel
⇒ Umfang und Flächeninhalt von Quadraten berechnen können

Wissen

Umfang und Flächeninhalt

Die Formeln des Rechtecks gelten auch für das Quadrat.
Weil die **Seiten a und b beim Quadrat gleich lang** sind, werden die Formeln aber einfacher:

Umfang Rechteck

u = a + b + a + b = 2 · a + 2 · b = **2 · (a + b)**

Umfang Quadrat

u = a + a + a + a = **4 · a**

Flächeninhalt Rechteck

A = a · b

Flächeninhalt Quadrat

A = a · a

Tipp

Flächeninhalt aus gegebenem Umfang berechnen

1) Berechne die Seite a:

u = 36 cm, a = u : 4
→ a = 36 : 4 = <u>9 cm</u>

2) Berechne den Flächeninhalt:

a = 9 cm, A = a · a
→ A = 9 · 9 = <u>81 cm²</u>

→ Übungsteil, S. 89

Extra: Zäune aufstellen

579 Felder einzäunen

Erstelle zu jedem Beispiel ...

- eine Skizze, in der du auch die Zaunpfähle einzeichnest.
- eine Einkaufsliste mit der Anzahl der benötigten Zaunpfähle, Maschendrahtrollen und Spanndrahtrollen.
  Achtung: Es können nur ganze Rollen gekauft werden!
- eine Aufstellung der Kosten.

a) Gregorij baut einen Zaun rund um ein rechteckiges Feld mit 6 mal 12 Metern. Direkt an einer Ecke lässt er zwei Meter für den Eingang frei (siehe Skizze rechts).

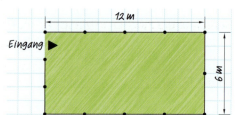

b) Lotta stellt einen Zaun um ein quadratisches Feld mit 9 mal 9 Metern auf. Direkt an einer Ecke lässt sie 1 Meter für den Eingang frei.

c) Dunja errichtet einen Zaun um ein rechteckiges Feld mit 8 mal 16 Metern. Der zwei Meter breite Eingang liegt mitten in der Längsseite.

d) wie Aufgabe b), nur dass es sich nicht um ein quadratisches Feld, sondern um ein Rechteck mit 8 mal 10 Metern handelt. Gibt es hier unterschiedliche Lösungen? Rechne nach und begründe deine Entscheidung.

e) Erfinde und löse eine Aufgabe, bei der die Kosten zwischen 400 € und 500 € liegen.

580 KNOBELAUFGABE

Spielplatz einzäunen

Der Spielplatz in der Kantstraße wird neu eingezäunt.
Er ist 27 m breit und 45 m lang.
Der Eingang an der Nordseite ist 2 m breit.
Der Eingang an der Ostseite ist 4,5 m breit.

a) Erstelle eine Skizze, in der du auch die Zaunpfähle einzeichnest.

b) Schreibe eine Einkaufsliste.

c) Berechne die Gesamtkosten für den Zaun.

J4 Rechteck und Quadrat – Umfang und Flächeninhalt
Flächenmaße

581 Tina und Stefan rechnen mit verschiedenen Einheiten.

a) Wer hat richtig gerechnet?
Sind beide Ergebnisse richtig?
Begründet eure Entscheidung.

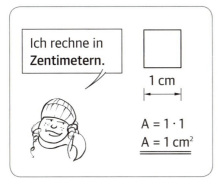

Ich rechne in Zentimetern.
1 cm
$A = 1 \cdot 1$
$A = 1\ cm^2$

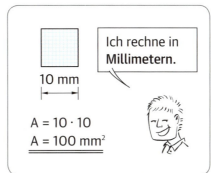

Ich rechne in Millimetern.
10 mm
$A = 10 \cdot 10$
$A = 100\ mm^2$

b) Zeichnet selbst ein Quadrat mit 2 cm Seitenlänge.
Berechnet den Flächeninhalt einmal in cm² und einmal in mm².
Vergleicht eure Ergebnisse.

c) Ein Quadrat hat eine Seitenlänge von 30 cm.
Berechnet den Flächeninhalt einmal in cm² und einmal in dm².

582 Berechne die Flächen in verschiedenen Einheiten.

	in mm	in cm	in dm
1 dm²	= 100 · 100 = 10 000 mm²	= 10 · 10 = _____ cm²	= _____ = _____ dm²
1 cm²	= 10 · 10 = _____ mm²	= _____ = _____ cm²	= 0,1 · 0,1 = _____ dm²
1 mm²	= _____ = _____ mm²	= _____ = _____ cm²	= _____ = _____ dm²

583 Ergänze die Stellenwerttabelle.

mehrnamig	m²	dm²	cm²	mm²	in einer Einheit	
2 m² 4 dm²	2	4			2,04	m²
1 m² 59 dm²						dm²
6 cm² 12 mm²						cm²
35 dm²						m²
280 mm²						cm²

584 Schreibe die Ausdrücke in gemischten Einheiten an.

a) 150 cm²
b) 3,64 cm²
c) 4,8 m²
d) 0,865 m²
e) 750 mm²
f) 0,021 dm²
g) 695 cm²
h) 9 950 mm²
i) 2 245,19 cm²
j) 102,349 dm²
k) 90,793 m²
l) 20 060 367 mm²

Lernziel
⇒ Flächenmaße in Dezimalschreibweise angeben und damit rechnen können

Wissen

Flächenmaße
$1\ m^2 = 100\ dm^2$
$1\ dm^2 = 100\ cm^2$
$1\ cm^2 = 100\ mm^2$

Flächenmaße umwandeln

Willst du einen Flächeninhalt in der nächstkleineren oder nächstgrößeren Einheit angeben, rechnest du mal oder durch 100.

0,007 dm²
↑ : 100
0,7 cm²
↓ · 100
70 mm²

Tipp
Gemischte Einheiten
2er-Bögen helfen beim Umwandeln:

4 5 1, 1 8 c m² =
 dm² cm² mm²

4 dm² 51 cm² 18 mm²

→ Übungsteil, S. 90
→ Cyber Homework 19

English Corner

595 The side of a square is 21 m.

a) Find the perimeter of the square.   b) Find the area of the square.

596 The rectangle and the square have the same perimeter.

a) Find the length of the rectangle.
b) Find the areas of both figures.
c) What is the difference between the areas?

597 Find two different rectangles with an area of 24 cm².

Try to draw these rectangles.

598 Try to draw this picture.

Wörterbuch

square ... Quadrat

rectangle ... Rechteck

side ... Seite

length ... Länge

(same) perimeter ... (gleicher) Umfang

area ... Flächeninhalt

both ... beide

try to ... versuchen

these ... diese

draw ... zeichnen

picture ... Bild

Technik-Labor

599 GeoGebra-Aufgabe

a) Berechnet Umfang und Flächeninhalt des abgebildeten Rechtecks. Vergleicht eure Ergebnisse mit den Werten, die GeoGebra anzeigt.

b) Ändert die Längen der Seiten a und b. Der Flächeninhalt soll jedoch gleich bleiben. Findet verschiedene Lösungen und vergleicht sie mit anderen.

c) Welches der Rechtecke aus b) hat den kleinsten Umfang?

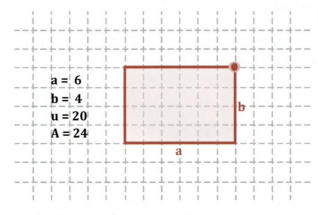

⇒ Dieses GeoGebra-Arbeitsblatt und weitere Aufgaben dazu findet ihr in der e-zone, Klasse 1 – J.

J7 Rechteck und Quadrat – Umfang und Flächeninhalt
Anwendung – Böden verlegen

600 Lore bekommt einen neuen Parkettboden für ihr Zimmer (siehe Skizze).

a) Zeichne einen Plan des Zimmers im Maßstab 1 : 100, wenn die Tür 1 m breit ist.

b) Berechne den Flächeninhalt des Zimmers.

c) Wie viel muss Lore für ihren neuen Boden bezahlen, wenn 1 Quadratmeter 24,90 € kostet?

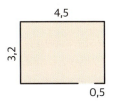
(Maßangaben in m)

601 Siegfried bekommt einen neuen Laminatboden um 21,50 € pro Quadratmeter (siehe Skizze).

a) Zeichne einen Plan des Zimmers im Maßstab 1 : 50, wenn die Tür 80 cm breit ist.

b) Berechne die Kosten für den neuen Boden.

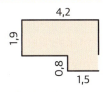
(Maßangaben in m)

602 Der Plan des Wohnzimmers ist im Maßstab 1 : 100 gezeichnet.

a) Bestimme die Abmessungen durch Messen und Umrechnen.

b) Berechne den Flächeninhalt des Wohnzimmers.

c) Berechne die Länge der Sesselleiste (= Umfang minus Türbreite).

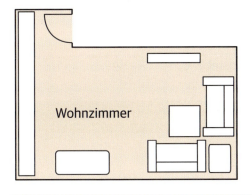

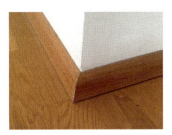
Sesselleiste

603 Hilf dem Bodenleger beim Erstellen der Angebote. Verwende die Preise aus der Preisliste.

Böden (Preise pro m²)		**Arbeit** (Preise pro m²)	
Parkettboden:	39 €	Boden verlegen:	23 €
Laminatboden:	28 €	alten Boden entfernen:	7 €
Landhausdiele:	47 €	Sesselleiste:	
		Arbeit & Material pro m:	6 €

a) quadratisches Zimmer (Länge: 3,4 m): Laminatboden und Sesselleiste liefern und verlegen.

b) rechteckiges Zimmer (4 mal 5 m): alten Boden entfernen, Parkettboden und Sesselleiste liefern und verlegen.

c) rechteckiges Zimmer (3,1 mal 4 m): Landhausdiele und Sesselleiste liefern und verlegen.

d) Erfinde selbst eine Aufgabe und löse sie.

Lernziel

⇒ Wissen über Rechtecke und Quadrate in Sachsituationen anwenden können

Wissen

Wiederholung Maßstab

„Maßstab 1 : 100" bedeutet:
1 cm im Plan entspricht 100 cm (= 1 m) in der Wirklichkeit.

Beispiel (Maßstab 1 : 100):

: 100

3,5 m = 350 cm → 3,5 cm
 (Wirklichkeit)   (Plan)

Interessant

Beruf: Bodenleger/in

Als **Bodenleger/in** verlegst du neue Böden oder reparierst alte.

Bodenleger/innen erstellen Angebote, damit ein Kunde weiß, wie viel Geld ein neuer Boden kosten wird.

Dafür musst du

– Pläne lesen / erstellen
– Flächen berechnen
– mit Euro / Cent rechnen

können.

→ Übungsteil, S. 93
→ Cyber Homework 20

Checkpoint

Löse die Aufgaben und kontrolliere deine Ergebnisse (Lösungen ab Seite 177).
Kreuze an, was du noch üben möchtest.

Eigenschaften und Konstruktion

604 Konstruiere die Figuren und beschrifte sie.
H2 I3 Zeichne die Diagonalen ein und gib ihre Längen in mm an.

a) Rechteck: a = 4,5 cm, b = 2,8 cm   b) Quadrat: a = 2,3 cm

↳ J1

605 Kreuze die zutreffende(n) Aussage(n) an.
H3 I3
Beim Rechteck sind gegenüberliegende Seiten immer gleich lang. ☐
Quadrate sind immer kleiner als Rechtecke. ☐
Die Diagonalen eines Rechtecks sind immer länger als seine Seiten. ☐

↳ J1

Umfang berechnen

606 Berechne den Umfang der folgenden Gegenstände.
H2 I3
a) quadratisches Bild: a = 18 cm   b) rechteckiger Tisch: a = 1,3 m, b = 0,8 m

↳ J2
↳ J3

607 Der Umfang eines rechteckigen Feldes beträgt 124 m, die Breite 25 m.
H2 I3 Berechne die Länge des Rechtecks.

↳ J2

608 Die Seitenlänge eines quadratischen Ackers beträgt 75 m.
H2 I3
Die Besitzerin will das Gelände einzäunen. 1 Meter Zaun kostet 8 €.
Berechne die Gesamtkosten für den Zaun.

↳ J3

Flächenmaße umwandeln

609 Wandle in die angegebene Einheit um.
H2 I1
1 m² 4 dm² = _____ m²   2 ha 8 520 m² = _____ ha

67 km² 7 ha = _____ ha   1 ha 78 m² = _____ a

↳ J4
↳ J5

610 Schreibe die Flächen in gemischten Einheiten an.
H2 I1
1,45 m² = _____   9,3 cm² = _____   4,83 km² = _____

↳ J4

Flächeninhalt berechnen

611 Ein 5 ha großes Feld wird in vier gleich große Bereiche eingeteilt.
H2 I3 Gib die Größe eines Bereiches in Hektar und Ar an.

↳ J5

612 Ein rechteckiges Haus mit 12 mal 8 Metern steht auf einem quadratischen Grundstück
H1 H2 I3 mit Seitenlänge 28 m. Der Rest des Grundstücks ist Gartenfläche.

a) Erstelle eine Skizze. Suche selbst aus, wo auf dem Grundstück das Haus steht.
b) Berechne die Grundfläche des Hauses.
c) Berechne den Flächeninhalt des Gartens.

↳ J6
↳ J7

K | Gleichungen und Proportionalität
Variablen, Verhältnisse, Massenmaße

613 Schaut euch den Comic 👥
mit Stefan und seinem Vater an.
Dann löst die Aufgaben.

H1
H2
H3
H4
I1

a) Fasst in fünf Sätzen schriftlich zusammen, worum es in diesem Comic geht.

b) Folgt der Idee von Stefans Vater und setzt die Zahl 10 statt dem x in die Gleichung ein.
Was steht dann da?
Ergibt das einen Sinn?
Begründet eure Ergebnisse.

c) Welche Zahl müsst ihr für x einsetzen, damit die Gleichung stimmt?

d) x ist in dieser Gleichung ein „Platzhalter".
Was bedeutet dieses Wort?
Kennt ihr noch andere Bezeichnungen, die das Gleiche meinen?

e) Gebt ein weiteres Beispiel an, bei dem Herr Zonks Idee mit den römischen Zahlen ebenfalls nicht funktioniert.
Löst die Aufgabe richtig.

f) Gebt ein Beispiel an, bei dem Herr Zonks Idee mit den römischen Zahlen wirklich funktioniert.
Begründet, warum gerade dieses Beispiel funktioniert.

Inhalt

	Warm-up	134
K1	Platzhalter und Variablen	135
K2	Gleichungen	136
K3	Gleichungen und Balkenmodelle	137
K4	Ungleichungen	138
	English Corner	139
	Extra: Summenrätsel	139
	Technik-Labor	139
K5	Direktes Verhältnis	140
K6	Direktes Verhältnis im Alltag	141
K7	Massenmaße	142
K8	Anwendung – Küche	143
K9	Formeln im Alltag	144
K10	Anwendung – Werkhalle	145
	Checkpoint	146

Warm-up

Zeig, was du bereits kannst.

Kopfrechnen (Dezimalzahlen/große Zahlen)

614 Rechne.

1 900 + 4 300 = _____ 5 800 + 2 700 = _____ 2 100 − 1 600 = _____

6 500 + 8 400 = _____ 9 000 − 1 200 = _____ 8 400 − 3 900 = _____

615 Rechne.

4,5 + 3,2 = _____ 0,27 + 0,24 = _____ 10,0 − 8,5 = _____ 7,8 − 0,3 = _____

1,6 + 5,9 = _____ 6,3 + 0,2 = _____ 0,52 − 0,43 = _____ 9,1 − 6,5 = _____

616 Rechne.

600 · 4 = _____ 9 000 · 3 = _____ 400 : 8 = _____ 360 : 9 = _____

800 · 7 = _____ 2 000 · 8 = _____ 1 500 : 5 = _____ 12 000 : 4 = _____

617 Rechne.

8 · 3,1 = _____ 7 · 1,2 = _____ 3,5 : 7 = _____ 6,3 : 9 = _____

4 · 2,5 = _____ 5 · 5,5 = _____ 4,2 : 6 = _____ 3,2 : 4 = _____

Vergleichen

618 Setze <, > oder = ein.

1,120 ◯ 1,12		3 + 17 ◯ 14		200 − 45 ◯ 150 − 15	
0,982 ◯ 0,39289		5 · 9 ◯ 52,62		50 · 4 ◯ 400 : 2	
6,15 ◯ 7,1		18 : 4 ◯ 1,08		49,5 − 1,5 ◯ 7 · 7	
92,4 ◯ 92,400		8,5 − 1,5 ◯ 6,0		13,5 + 4,5 ◯ 16 − 9,2	
0,05 ◯ 0,4		23 · 0,1 ◯ 230		20 : 5 ◯ 3,9 + 0,10	

Textverständnis

619 Ein neues Handy

Viktor möchte sich ein neues Handy kaufen.
Er hat von seiner Oma 80 € bekommen.
Das Handy, das ihm gefällt, kostet aber doppelt so viel.

Wie viel Geld fehlt ihm? _____

620 Murmeln herausnehmen

In einem Sack befinden sich 100 Murmeln.
Hans nimmt zuerst 20, dann 30 und zuletzt noch 40 Murmeln heraus.

Wie viele Murmeln befinden sich noch im Sack? _____

K1 Platzhalter und Variablen

Gleichungen und Proportionalität — Variablen, Verhältnisse, Massenmaße

621 Ergänze die Zahlen in den Kästchen.

4 + [6] = 10
☐ + 15 = 27
☐ − 2 = 65
105 − 40 = ☐

14 + 8 = ☐ − 3
☐ + 10 = 4 · 10
200 − ☐ = 300 : 2
40 · 8 = 400 − ☐

Die Kästchen sind Platzhalter für Zahlen!

622 Bestimme den Wert der Platzhalter.
Tipp: Lies die Rechnungen laut und sprich „wie viel" für ■/▲/☻.

a) 35 + ■ = 40
   ■ = 5
b) 120 − ▲ = 90
   ▲ = ___
c) 5 · ☻ = 45
   ☻ = ___
d) 24 : ■ = 3
   ■ = ___

e) ▲ + 16 = 66
   ▲ = ___
f) ☻ − 23 = 19
   ☻ = ___
g) ■ · 7 = 42
   ■ = ___
h) ▲ : 9 = 8
   ▲ = ___

i) 10 + ☻ − 5 = 12
   ☻ = ___
j) ■ + 2 · 5 = 85
   ■ = ___
k) 6 · ▲ − 1 = 29
   ▲ = ___
l) ☻ − 4 − 3 = 0
   ☻ = ___

623 Bestimme den Wert der Variablen.

a) 10 + x = 22
   x = 12
b) 57 − z = 10
   z = ___
c) 3 · c = 18
   c = ___
d) 40 : d = 5
   d = ___

e) y + 8 = 103
   y = ___
f) a − 30 = 1
   a = ___
g) b · 10 = 240
   b = ___
h) x : 7 = 2
   x = ___

Mit Buchstaben kann ich genauso rechnen wie mit Kästchen!

624 Bestimme den Wert der Unbekannten.
Kontrolliere dein Ergebnis mit Hilfe einer Probe.

a) 30 − x = 26
b) 100 − y = 75
c) a + 32 = 60
d) 10 · b = 20
e) 48 : c = 8
f) x + 62 = 92
g) 150 − y = 105
h) m : 9 = 11
i) 2 · z = 24
j) u + 17 = 100
k) 4 − t = 0
l) s · 9 = 27
m) 13 : x = 1
n) 24 · p = 96
o) v · 5 = 5

30 − x = 26
x = 4   Probe:
         30 − 4 = 26 ✓

Lernziel

⇒ die Begriffe Platzhalter und Variable kennen und ihren Wert in einfachen Rechenaufgaben bestimmen können

Wissen

Variable
(„Veränderliche")
Du schreibst **Variablen** statt Zahlen in Rechnungen, wenn du den **Wert der Zahl** noch **nicht kennst**:

15 + x = 43

Variablen haben **dieselbe Funktion wie Platzhalter**:

64 + ■ = 74 → ■ = 10
64 + z = 74 → z = 10

Tipp

Verschiedene Wörter
Die folgenden Wörter bedeuten das Gleiche:
— Platzhalter
— Variable
— Unbekannte
— Veränderliche

→ Übungsteil, S. 95

K2 Gleichungen und Proportionalität – Variablen, Verhältnisse, Massenmaße
Gleichungen

625 Die unten abgebildeten Waagen befinden sich im Gleichgewicht.
Hinweis: Jedes blaue Kästchen hat den Wert 1.

a) Kreuze die Gleichungen an, die zu den Waagen passen.

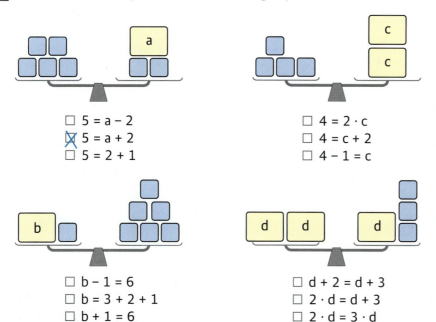

☐ 5 = a − 2
☒ 5 = a + 2
☐ 5 = 2 + 1

☐ 4 = 2 · c
☐ 4 = c + 2
☐ 4 − 1 = c

☐ b − 1 = 6
☐ b = 3 + 2 + 1
☐ b + 1 = 6

☐ d + 2 = d + 3
☐ 2 · d = d + 3
☐ 2 · d = 3 · d

b) Bestimme den Wert der Variablen a, b, c und d.

c) Beschreibe, wie du beim Lösen vorgegangen bist.
Vergleiche deine Vorgangsweise und deine Ergebnisse mit anderen.

---

626 Fiona will ihre Katzen abwiegen.
Weil die Katzen immer von der Waage springen,
stellt sich Fiona auf die Waage und nimmt
die Katzen auf den Arm.

a) Stelle zu jeder Katze eine Gleichung auf.
Berechne daraus, wie schwer jede Katze ist.

Name Katze	Gewicht Fiona (in kg)	Gewicht Katze (in kg)	Anzeige Waage	Gleichung	Lösung
Alana	65	a	68,3	65 + a = 68,3	a = 3,3 kg
Bandit	65	b	69,1		
Cara	65	c	67,8		
Damon	65	d	68		
Edmondo	65	e	69,5		
Fancy	65	f	68,8		

b) Erstelle eine Tabelle und ordne die Katzen nach ihrem Körpergewicht.
Beginne mit der leichtesten Katze.

c) Fionas Tochter Anna und die Katze Fancy wiegen zusammen 46,3 kg.
Stelle eine passende Gleichung auf und
berechne Annas Körpergewicht.

Lernziel

⇒ einfache Gleichungen aufstellen und durch Probieren lösen können

Wissen

Gleichungen

Eine Gleichung besteht aus drei Teilen:

linke Seite | rechte Seite
„ist gleich"

Der Wert **links** und der Wert **rechts** müssen **gleich groß** sein.
Sonst stimmt die Gleichung nicht!

Interessant

Die Waage als Symbol

Die Waage steht seit jeher für Gleichheit.

Die römische Göttin der Gerechtigkeit, Justitia, wurde daher immer mit einer Waage dargestellt. Außerdem waren ihre Augen verbunden. Ihr Urteil sollte nicht von der Person abhängen, die vor ihr stand.

Justitia

→ Übungsteil, S. 96

K3 Gleichungen und Balkenmodelle

Gleichungen und Proportionalität – Variablen, Verhältnisse, Massenmaße

Lernziel
⇒ einfache Gleichungen mit Balkenmodellen darstellen können

627 Finde zu jedem Balkenmodell zuerst zwei Gleichungen. Dann bestimme den Wert der Variablen.

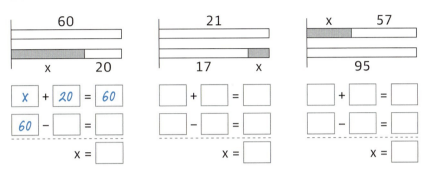

Wissen

Gleichungen und Balkenmodelle

Eine Seite der Gleichung wird oben, die andere unten dargestellt:

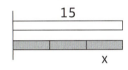

Wichtig ist dabei, dass der obere Balken **genau gleich lang** wie der untere Balken ist.

628 Zeichne passende Balkenmodelle zu den folgenden Gleichungen.

a) $x + 8 = 20$ b) $50 - x = 13$ c) $110 = 90 + x$ d) $x = 26 + 82$

629 Finde zu jedem Balkenmodell zuerst zwei Gleichungen. Dann bestimme den Wert der Unbekannten.

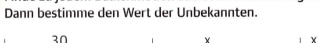

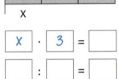

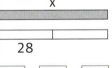
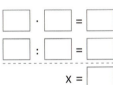
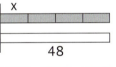
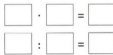

Interessant

Warum immer x?

Der iranische Mathematiker al-Chwarizmi schrieb im Jahr 830 ein bedeutendes Mathematikbuch. Platzhalter bezeichnete er darin als šai' („Sache").

Er setzte dafür einen Buchstaben ein, der bei der Übersetzung ins Spanische als x geschrieben wurde.

630 Zeichne passende Balkenmodelle zu den folgenden Gleichungen.

a) $x \cdot 2 = 62$ b) $19 \cdot 4 = x$ c) $72 = 3 \cdot x$ d) $x \cdot 5 = 20$

631 Denke dir selbst Gleichungen aus. Stelle sie mit Hilfe von Balkenmodellen dar und löse sie.

a) Erstelle drei Aufgaben, bei denen Additionen oder Subtraktionen vorkommen.

b) Erstelle drei Aufgaben, bei denen Multiplikationen oder Divisionen vorkommen.

632 KNOBELAUFGABE

Gleichungen finden

Finde zu jedem Balkenmodell zuerst eine Gleichung. Dann bestimme den Wert der Variablen.

a)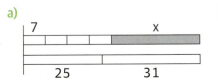
b)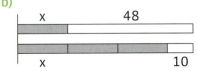

al-Chwarizmi auf einer sowjetischen Briefmarke

(Quelle: Wikipedia)

→ Übungsteil, S. 97

K4 Ungleichungen

Gleichungen und Proportionalität — Variablen, Verhältnisse, Massenmaße

Lernziel
⇒ einfache Ungleichungen lösen und ihre Lösungsmenge angeben können

633 Die unten abgebildeten Waagen sind nicht im Gleichgewicht.

Hinweis: Jedes blaue Kästchen hat den Wert 1.

Formuliere zu jeder Waage eine Ungleichung.
Bestimme jeweils die Lösungsmenge für x.
Überprüfe deine Lösung mit einem konkreten Beispielwert für x.
Achtung: Nur natürliche Zahlen sind erlaubt!

a)

Ungleichung: $x + 1 < 5$

Lösungsmenge: $L = \{0, 1, 2, 3\}$

Beispiellösung: $x = 3$
$3 + 1 < 5$

b)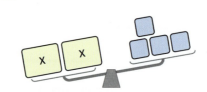

Ungleichung: ____ ○ ____

Lösungsmenge: ____

Beispiellösung: $x = $ ____

c)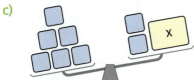

Ungleichung: ____ ○ ____

Lösungsmenge: ____

Beispiellösung: $x = $ ____

d)

Ungleichung: ____ ○ ____

Lösungsmenge: ____

Beispiellösung: $x = $ ____

Wissen

Ungleichungen

Wenn eine Variable in einer Ungleichung vorkommt, gibt es meistens viele Lösungen:

$$x - 3 > 6$$

→ $x = 10$, $x = 11$ oder jede größere Zahl ist richtig!

Deshalb wird statt einer Lösung eine **Lösungsmenge** angegeben:

$$L = \{10, 11, 12, \ldots\}$$

Tipp
Keine Lösung

Es kann vorkommen, dass eine Ungleichung keine Lösung hat.

In diesem Fall bleibt die **Lösungsmenge leer**:

$$x + 12 < 6$$
$$\rightarrow L = \{\}$$

634 Bestimme jeweils die Lösungsmenge für x.
Überprüfe deine Lösung mit einem konkreten Beispielwert für x.
Achtung: Nur natürliche Zahlen sind erlaubt!

a) $x + 2 > 10$

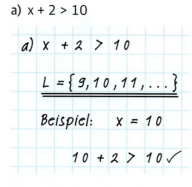

b) $x - 2 > 4$
c) $x > 20 - 13$
d) $x - 1 > 2$
e) $8 + x < 7$
f) $10 - x < 5$
g) $9 - 2 > x + 3$
h) $20 > 3 \cdot x$

i) $2 \cdot x < 5$
j) $12 : x > 3$
k) $15 < 5 \cdot x$
l) $x + 9 > 3 \cdot 12$
m) $14 > 2 \cdot x + 2$
n) $25 : 5 < 4 \cdot x - 1$
o) $81 : 9 < 10 \cdot x$

→ Übungsteil, S. 98
→ Cyber Homework 21

English Corner

635 Find the value of x.

a) 310 + x = 369   b) x : 10 = 15   c) 8 · x = 48

x = _____   x = _____   x = _____

636 Write as an equation and find the value of x.

a) The sum of x and 5 is 12.
b) The sum of 24 and x is 53.
c) The difference between 40 and x is 17.
d) The difference between x and 15 is 64.

Wörterbuch

value ...
Wert

equation ...
Gleichung

sum ...
Summe

difference ...
Differenz

Extra: Summenrätsel

637 KNOBELAUFGABE

Summenrätsel (von John Mason)

a) Schreibe vier aufeinanderfolgende natürliche Zahlen auf. Berechne die Summe dieser vier Zahlen.

b) Wiederhole a) mit anderen Zahlen.

c) Noch einmal! Wiederhole a) mit wieder anderen Zahlen.

d) Stelle gemeinsam mit anderen Kindern Vermutungen zur Summe von vier aufeinanderfolgenden natürlichen Zahlen auf:

– Ist es möglich, eine ungerade Summe zu erhalten?
– Sind solche Summen immer/manchmal/nie durch 4 teilbar?

e) Willi hat als Summe die Zahl 42 erhalten. Welche vier Zahlen hat er aufgeschrieben? Beschreibe deinen Lösungsweg.

f) Irene behauptet, dass sie die Summe viel schneller mit dieser Gleichung berechnen kann: **x · 4 + 6**

Was meint sie damit? Funktioniert das immer?

13, 14, 15, 16
→ Summe: 58

200, 201, 202, 203
→ Summe: 806

John Mason
englischer Buchautor
und Mathematiklehrer

Technik-Labor

638 Tabellenkalkulation

Die blauen Zahlen wurden aus den Zahlen B1 und B2 berechnet. Findet die Formeln.

B4 = _B1 + B2_

C4 = _____   D4 = _____   E4 = _____

	A	B	C	D	E
1	Zahl B1:	20			
2	Zahl B2:	5			
3					
4	Berechnet:	25	4	15	100

⇒ Diese Datei und weitere Aufgaben dazu findest du in der e-zone, Klasse 1 – K.

K5 Direktes Verhältnis

Gleichungen und Proportionalität – Variablen, Verhältnisse, Massenmaße

639 Je mehr Fernseher Murat in seinen Lieferwagen packt, umso schwerer ist seine Ladung. Ein Fernseher wiegt 9,5 kg.

a) Ergänze die Tabelle.

Fernseher	1	2	3	5	10	x
Masse	9,5 kg	19 kg				

b) Wie lautet das Verhältnis der Anzahl der Fernseher zu ihrem Gewicht? Kreuze an.
☐ 1 : 5   ☐ 1 : 9,5   ☐ 9,5 : 1

640 Peter hat drei Waschmaschinen in seinem Lieferwagen. Zusammen wiegen sie 219 kg.

Wie schwer ...

a) ... ist 1 Waschmaschine?
b) ... sind 2 Waschmaschinen?
c) ... sind x Waschmaschinen?

Bei solchen Aufgaben zeichne ich ein Balkenmodell!

641 Hanna bezahlt für vier Kilogramm Erdbeeren 25,80 €.

Wie viel kosten a) 1 kg   b) 2 kg   c) 0,5 kg   d) x kg?

642 Drei Kilogramm Bananen kosten 8,70 €.

Wie viel kosten a) 1 kg   b) 2 kg   c) 0,8 kg   d) x kg?

643 Fred und Toni kaufen in einem Jonglier-Geschäft ein. Zeichne Balkenmodelle und berechne, wie viel Toni bezahlt.

a) Fred bezahlt 20,70 € für 3 Bälle. Toni kauft 5 Bälle.
b) Fred bezahlt 37,50 € für 5 Ringe. Toni kauft 3 Ringe.
c) Fred bezahlt 59,10 € für 3 Keulen. Toni kauft 4 Keulen.
d) Fred bezahlt 96 € für 3 Feuerbälle. Toni kauft 7 Feuerbälle.

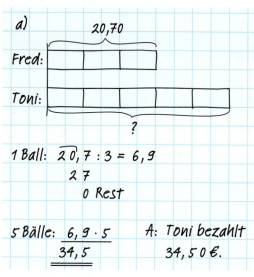

Lernziel

⇒ direktes Verhältnis erkennen und Aufgaben dazu lösen können

Wissen

Direktes Verhältnis

Immer wenn man

„Je mehr ... desto mehr ..."

oder

„Je weniger ... desto weniger ..."

sagen kann, handelt es sich um ein **direktes Verhältnis**.

Man spricht:
Verhältnis 1 : 4
„Verhältnis 1 zu 4"

Interessant

In Singapur ...

wurden die Balkenmodelle erfunden. Die Kinder dort erreichen die weltweit besten Leistungen in Mathematik.

Schüler/innen in Singapur

→ Übungsteil, S. 99

K6 Direktes Verhältnis im Alltag

Gleichungen und Proportionalität – Variablen, Verhältnisse, Massenmaße

644 Sieh dir das Preisschild des Obsthändlers an.

Frische Marillen		
1 kg	...	2,90 €
2 kg	...	5,80 €
10 kg	...	27,00 €

a) Hat er sich bei den Preisen verrechnet? Besprich deine Überlegungen mit anderen.

b) Kreuze die zutreffende(n) Aussage(n) an.

Wenn man mehr Marillen kauft, muss man auch mehr bezahlen.	☐
10 kg Marillen kosten fünfmal so viel wie 2 kg Marillen.	☐
Das Verhältnis zwischen Menge und Preis ist nicht immer gleich.	☐

c) Frau Urman kauft 15 kg Marillen. Was glaubst du: Wie viel wird sie bezahlen? Schreibe deine Überlegungen im Heft auf. Einigt euch in der Klasse auf einen Verkaufspreis.

645 Gestalte ein Preisschild für Birnen.

a) Der übliche Preis für 1 kg Birnen beträgt 2,50 €. Erstelle auch Angebote für größere Mengen.

b) Berechne anhand deines Preisschilds den Preis für ...

(1) 2 kg Birnen (2) 5 kg Birnen (3) 12 kg Birnen (4) 20 kg Birnen

646 FORSCHE WEITER

Nenne drei Beispiele aus deiner Umwelt, bei denen 100 Stück nicht 100-mal so viel kosten wie 1 Stück.

647 Gregor braucht für einen Liegestütz eine Sekunde. In zwei Sekunden schafft er zwei Liegestütze.

a) Wie viele Liegestütze schafft Gregor in 3 Sekunden?

b) Wie viele Liegestütze schafft Gregor in 20 Minuten (das sind 1 200 Sekunden)? Besprich dich mit anderen. Begründet eure Überlegungen.

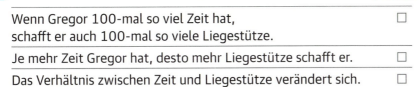

c) Kreuze die zutreffende(n) Aussage(n) an.

Wenn Gregor 100-mal so viel Zeit hat, schafft er auch 100-mal so viele Liegestütze.	☐
Je mehr Zeit Gregor hat, desto mehr Liegestütze schafft er.	☐
Das Verhältnis zwischen Zeit und Liegestütze verändert sich.	☐

d) **FORSCHE WEITER**

Liegestütze: Probiert es selbst

Zählt, wie viele Liegestütze ihr in 10/30/60 Sekunden schafft. Notiert eure Ergebnisse und vergleicht sie in der Klasse. Schätzt, wie viele Liegestütze ihr in 120 Sekunden schaffen werdet.

Lernziel

⇒ Alltagssituationen nennen können, in denen das direkte Verhältnis gilt bzw. nicht gilt

Wissen

Probleme mit dem direkten Verhältnis im Alltag

Im Alltag stehen Dinge nicht immer in direktem Verhältnis zueinander.

Beispiel 1: Mengenrabatt

Oft werden Dinge billiger, je mehr man davon kauft.

Beispiel 2: Ermüdung

Menschen und Tiere können nicht stundenlang im gleichen Tempo laufen oder arbeiten.

→ Übungsteil, S. 100

K7 Massenmaße

Gleichungen und Proportionalität — Variablen, Verhältnisse, Massenmaße

648 Setze die passenden Einheiten ein.

| g | kg | dag | t | kg |

Eine Milchpackung mit einem Liter ist etwa 1 _____ schwer.

Eine Fliege wiegt etwa 2 _____ .

Autos wiegen mehr als 1 _____ .

Lisas Hund ist 8 _____ schwer.

Ein dünnes A4-Heft wiegt rund 12 _____ .

649 Schreibe die angegebenen Massen in die Tabelle.
Dann schreibe die Massen in gemischten Einheiten an.

	t	kg	kg	kg	dag	dag	g	
591 g =					5	9	1	= 59 dag 1 g
6 370 g =								
8 005 g =								
7 200 dag =								
442 dag =								
9 040 kg =								
56 kg =								
5 000 kg =								

650 Schreibe die Massen in gemischten Einheiten an.

0,28 kg = _____   1,01 t = _____

0,043 kg = _____   0,85 t = _____

0,4 kg = _____   92,403 t = _____

651 Ergänze jeweils auf ein Kilogramm.

75 dag + _25 dag_ = 1 kg   5 g + _____ = 1 kg

60 dag + _____ = 1 kg   490 g + _____ = 1 kg

_____ + 10 dag = 1 kg   _____ + 200 g = 1 kg

652 Wandle in Kilogramm um.

2 dag = _0,02 kg_   940 g = _____

7 dag = _____   42 g = _____

75 dag = _____   1 560 g = _____

4 kg 25 dag = _____   0,7 t = _____

2 kg 7 dag = _____   1,95 t = _____

6 kg 12 dag = _____   0,255 t = _____

Lernziel

⇒ Massenmaße kennen und zwischen den Einheiten umrechnen können

Wissen

Massenmaße

t   … Tonne
kg   … Kilogramm
dag … Dekagramm
g   … Gramm

Umrechnung zwischen Massenmaßen

1 t = 1 000 kg

1 kg = 100 dag

1 kg = 1 000 g

1 dag = 10 g

Tipp

Modellvorstellungen

Um Massen gut abschätzen zu können, helfen dir Modellvorstellungen:

1 g … Marienkäfer
1 dag … Scheibe Wurst
1 kg … Packung Milch
100 kg … großer Mann
1 t … kleines Auto
10 t … Lastkraftwagen

Fahrrad: 10 bis 20 kg

→ Übungsteil, S. 101

K8 Anwendung – Küche
Gleichungen und Proportionalität – Variablen, Verhältnisse, Massenmaße

653 Ivo öffnet eine neue 1-kg-Packung Mehl und nimmt 35 dag heraus.
Wie viel Dekagramm Mehl sind noch in der Packung?

654 Bettina nimmt 4,2 kg Reis aus einem 20-kg-Sack.
Wie viel Kilogramm Reis sind noch im Sack?

655 Im Rezept findest du die Zutaten für einen Marmorkuchen.
Anmerkung: EL bedeutet Esslöffel!

Berechne die Mengen für ...
a) 2 b) 5 c) n Marmorkuchen.

Marmorkuchen
300 g	Butter
270 g	Zucker
375 g	Mehl
12 g	Backpulver
20 g	Kakaopulver
1 Pkg	Vanillezucker
5 Stk	Eier
3 EL	Milch
1 Prise	Salz

656 Hilde bäckt 15 Marmorkuchen.
a) Berechne die benötigten Mengen.
b) Berechne, wie viele Packungen Hilde jeweils benötigt.
 (1) Butter (je 25 dag)
 (2) Kakaopulver (je $\frac{1}{2}$ kg)
 (3) Eier (je 12 Stück)

657 Andreas teilt ein Stück Fleisch (0,84 kg) in drei gleiche Teile.
Wie viel Kilogramm wiegt jedes Stück?

658 In einem 2-kg-Sack sind 16 ungefähr gleich große Kartoffeln.
Wie schwer ist eine Kartoffel?

659 Auf einer Packung Grießnockerl steht:
500 g, 20 Stück, 12 g Fett pro 100 g

a) Wie viel Dekagramm wiegt ein Grießnockerl?
b) Wie viel Gramm Fett enthält die gesamte Packung?
c) Wie viel Gramm Fett enthält ein Grießnockerl?

660 Auf einer Packung Fischstäbchen steht:
300 g, 10 Stück, 8 g Fett pro 100 g

a) Wie viel Dekagramm wiegt ein Fischstäbchen?
b) Wie viel Gramm Fett enthält ein Fischstäbchen?
c) Das Zubereiten verdoppelt den Fettgehalt der Fischstäbchen. Wie viel Gramm Fett haben vier so zubereitete Fischstäbchen?

661 Gianni kocht Spaghetti für 35 Personen. Er rechnet mit 115 Gramm pro Portion.
a) Wie viel Kilogramm Nudeln braucht er?
b) Wie viele Packungen Nudeln braucht er, wenn eine Packung 500 g wiegt?

Lernziel
⇒ mit Massenmaßen in Alltagssituationen umgehen können

Wissen
Textaufgaben lösen
1) Lies genau!
2) Beschreibe die Aufgabe in eigenen Worten!
3) Löse die Aufgabe!
4) Schreibe eine passende Antwort!

Interessant
Beruf: Köchin/Koch

Köchinnen/Köche lernen in ihren drei Lehrjahren neben dem Kochen auch, wie man eine Küche organisiert und die Kosten im Auge behält.

Dazu müssen sie sicher kopfrechnen können und mit den Massenmaßen gut vertraut sein.

→ Übungsteil, S. 102

K9 Gleichungen und Proportionalität – Variablen, Verhältnisse, Massenmaße
Formeln im Alltag

662 Udo liefert jeden Tag x Kartons Schulmilch.
In einem Karton sind 18 Milchpackungen.

a) Wie viele Milchpackungen liefert Udo?
Kreuze die passende Formel an.
☐ x + 18   ☐ x · 18   ☐ 18 − x

b) Kreuze an, was es bedeutet, wenn x = 6 ist.
☐ Udo bringt 6 Kartons.   ☐ Udo bringt 6 Packungen Milch.

c) Löse die Aufgabe für x = 6.

d) Wähle x so, dass mehr als 150 Milchpackungen gebracht werden.

663 In der 1b-Klasse mit 25 Schüler/innen bekommen k Kinder jeden Tag eine Packung Kakao, die anderen bekommen Milch.

a) Wie viele Kinder bekommen Milch?
Kreuze die passende Formel an.
☐ k   ☐ k − 25   ☐ 25 − k

b) Kreuze an, was es bedeutet, wenn k = 16 ist.
☐ 16 Kinder trinken Milch.   ☐ 16 Kinder trinken Kakao.

c) Löse die Aufgabe für k = 16.

d) Umbestellung: v Kinder in der Klasse trinken nun Vanillemilch.
Löse die Aufgabe für k = 12 und v = 7.

664 Hanna bestellt für den Monat Juni Kakao um 57 Cent pro Packung.
Der Juni hat dieses Jahr t Schultage.

a) Wie viel bezahlt Hanna?
Kreuze die passende Formel an.
☐ 0,57 · t   ☐ t + 57   ☐ 0,57 : t

b) Kreuze an, was es bedeutet, wenn t = 17 ist.
☐ Hanna bezahlt 17 Euro.   ☐ Hanna erhält 17 Packungen Kakao.

c) Löse die Aufgabe für t = 17.

665 Wie viel bezahlt Loretta für sieben Paar Socken, wenn ein Paar x Euro kostet?

a) Stelle eine Formel auf.

b) Löse die Aufgabe für x = 1,95 €.

c) Löse die Aufgabe für x = 2,35 €.

666 Ein Fußballtrainer will 16 Bälle um 39,90 € pro Ball kaufen.
Der Verkäufer gibt ihm einen Preisnachlass von x € pro Ball.

a) Stelle eine Formel für den Gesamtpreis auf.

b) Löse die Aufgabe für x = 5 €.

667 Erfinde selbst Textaufgaben zu den angegebenen Formeln.

a) 15 · x   b) 218 + y   c) 1000 − z

Lernziel

⇒ Formeln zum Lösen von Sachaufgaben nutzen können

Wissen

Formeln im Alltag

Wenn sich **Berechnungen** ständig **wiederholen**, ist es am besten, sich dafür eine Formel zu überlegen.

Eine **Formel** ist eine **Rechenvorschrift**.

Beispiel:

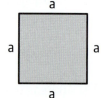

Umfang Quadrat = 4 · a
→ Diese Formel gilt für alle Quadrate!

Will man den Umfang eines bestimmten Quadrats wissen, setzt man **für a einfach die entsprechende Länge** ein.

Interessant

Schulmilchaktion

Seit 80 Jahren gibt es in Österreich diese Aktion. Im Jahr 2011 wurden mehr als 3 000 Schulen beliefert.

(Quelle: AgrarMarkt Austria)

→ Übungsteil, S. 103

K10 Anwendung – Werkhalle

Gleichungen und Proportionalität – Variablen, Verhältnisse, Massenmaße

668 Ein Arbeiter arbeitet in einer Werkhalle jede Woche x Stunden.
Wie viele Stunden arbeitet der Mann in 4 Wochen?

a) Stelle eine Formel auf.　　b) Löse die Aufgabe für x = 38.

669 Eine Maschine produziert jeden Tag n Schrauben.
Wie viele Schrauben produziert die Maschine in einer Woche?

a) Kreuze die passende Formel an.
☐ 7 · n　　☐ n · n　　☐ n − 7

b) Kreuze an, was es bedeutet, wenn n = 6 250 ist.
☐ Die Maschine arbeitet 6 250 Tage lang.
☐ Die Maschine produziert 6 250 Schrauben am Tag.

c) Löse die Aufgabe für n = 6 250.

670 Pia arbeitet jeden Tag an einer CNC-Maschine und fertigt dort Sonderteile für einen LKW.
Pro Tag erzeugt sie 12 Teile.
Wie viele Teile schafft sie in t Tagen?

CNC-Maschine

a) Ergänze zuerst die Tabelle.
Stelle dann eine passende Formel auf.

Zeit	1 Tag	2 Tage	3 Tage	12 Tage	35 Tage	n Tage
Teile	12					

b) Kreuze an: „Das Verhältnis der Anzahl der Tage zur Anzahl der erzeugten Sonderteile ist …"
☐ 1 : 6　　☐ 2 : 1　　☐ 1 : 12

671 Herr Meier bestellt 15 neue Schiebelehren für die Werkstatt.
Eine Schiebelehre kostet p Euro.
Wie viel macht die gesamte Bestellung aus?

a) Stelle eine Formel auf.
b) Löse die Aufgabe für p = 29 €.
c) Löse die Aufgabe für p = 23,50 €.

Schiebelehre
(sehr genaues Messgerät)

672 Bernhard hat heute 48 Stück Blech gestanzt.
Sein Kollege Ivan hat um x Stück mehr gestanzt.

a) Wie viele Stück Blech hat Ivan gestanzt?
Stelle eine Formel auf und löse die Aufgabe für x = 4.

b) Wie viele Stück Blech haben beide gemeinsam gestanzt?
Stelle eine Formel auf und löse die Aufgabe für x = 7.

673 Ingrid soll neue Schutzhelme um je 37,90 € bestellen.
Sie darf aber insgesamt nicht mehr als 200 € ausgeben.

Kreuze an: Welche Ungleichung passt, wenn n die Anzahl der Helme ist?
☐ 200 − n > 37,90　　☐ 37,90 · n < 200　　☐ 37,90 · n > 200

Lernziel

⇒ mit Gleichungen, Ungleichungen und Verhältnissen in Sachsituationen arbeiten können

Wissen

Wahl der Buchstaben

Oft verwendet man anstatt x auch einen anderen Buchstaben, damit man sich dabei leichter etwas vorstellen kann.

Beispiele:

p … Preis
t … Tage

Interessant

Beruf: Werkzeugmechaniker/in

Werkzeugmechanikerinnen und Werkzeugmechaniker bohren, schneiden und fräsen Metallteile und arbeiten dabei meist in größeren Werkstätten oder Fabriken.

Dabei müssen sie sehr exakt arbeiten und genau messen.

→ Übungsteil, S. 104
→ Cyber Homework 22

Checkpoint

Löse die Aufgaben und kontrolliere deine Ergebnisse (Lösungen ab Seite 177).
Kreuze an, was du noch üben möchtest.

Platzhalter und Variablen

674 Ergänze die Zahlen in den Kästchen.

a) $65 - \square = 40$ b) $\square : 5 = 9$ c) $\square + 180 = 1\,000$

↺ K1

675 Bestimme den Wert der Variablen.

a) $15 + x = 35$ b) $y \cdot 4 = 28$ c) $z - 220 = 360$

x = _____   y = _____   z = _____

↺ K1
↺ K2

Gleichungen und Ungleichungen – Massenmaße

676 Finde zu jedem Bild eine Gleichung und bestimme den Wert der Variablen.

a) 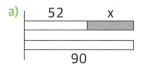   b) 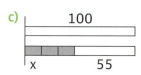   c)

```
  100
┌────────────┐
│▓▓▓│  55   │
└────────────┘
  x
```

↺ K3

677 Gib die Lösungsmenge für x an (nur natürliche Zahlen).

a) $x + 3 < 7$ b) $2 \cdot x > 10$ c) $15 - x > 12$ d) $352 < x \cdot 7$

↺ K4

678 Schreibe in Kilogramm an.

25 dag 8 g = _____   4 569 g = _____   1,21 t = _____

4 dag 9 g = _____   6 g = _____   0,087 t = _____

↺ K7

Direktes Verhältnis – Formeln im Alltag

679 Aus einer Tonne Äpfel kann man 670 Liter Saft pressen.

Wie viel Liter Saft erhält man aus …

a) … 2 Tonnen Äpfeln?   b) … 3,5 Tonnen Äpfeln?   c) … x Tonnen Äpfeln?

↺ K5
↺ K8

680 Ein Kunstwerk besteht aus sieben gleich großen Eisenkugeln.
Drei Kugeln wiegen zusammen 25,8 kg.
Die übrigen Teile des Kunstwerks wiegen 11,3 kg.

Berechne das Gesamtgewicht des Kunstwerks.

↺ K5
↺ K6

681 Die Firma Hanson möchte 20 Autos kaufen. Ein Auto kostet 15 900 €.
Der Verkäufer gibt der Firma einen Preisnachlass von x € pro Auto.

Stelle eine Formel für die Gesamtkosten auf und löse die Aufgabe für x = 1 300.

↺ K9
↺ K10

682 In einer Klasse sind 25 Kinder. Davon sind b Buben.
Wie viele Mädchen befinden sich in der Klasse?

a) Stelle eine Formel auf.   b) Löse die Aufgabe für b = 11.

↺ K9
↺ K10

L | Quader und Würfel
Oberfläche und Volumen

Inhalt

	Warm-up	148
L1	Eigenschaften	149
L2	Schrägrisse	150
L3	Netz und Oberfläche eines Würfels	151
L4	Netz und Oberfläche eines Quaders	152
L5	Raummaße	153
L6	Volumen	154
	English Corner	155
	Technik-Labor	155
L7	Zusammengesetzte Körper	156
L8	Anwendung – Aquarium	157
	Checkpoint	158

683 Schaut euch den Comic an.
Dann löst die Aufgaben.

H1
H2
H3
I3

a) Begründet: Warum ist Franz, der Möbelpacker, mit den 5 Euro nicht einverstanden?

b) Franz ist ungefähr 170 cm groß.
Überschlagt: Wie hoch ist das Paket?

c) Ein typischer Umzugskarton misst 60 mal 30 mal 50 cm.
Wie viele solcher Umzugskartons braucht man, um den Inhalt des Riesenpakets einzupacken?
Schätzt, so gut ihr könnt.
Stellt eure Überlegungen schriftlich dar.

d) Wie viel kostet der Umzug in Wirklichkeit?
Nehmt eure Ergebnisse aus c) und erstellt ein Angebot.
Vergleicht eure Ergebnisse mit anderen.

e) **FORSCHE WEITER**
Was bedeuten die Zeichen auf den Paketen?
Welche Zeichen, die auf Paketen stehen können, gibt es noch?

Warm-up

Zeig, was du bereits kannst.

Längenmaße in Dezimalschreibweise

684 Schreibe in gemischten Einheiten an.
H2 I1

4,66 m = _____

0,8 km = _____

19,3 cm = _____

685 Wandle in die angegebene Einheit um.
H2 I1

72 cm = _____ m

45 mm = _____ cm

8 413 m = _____ km

Flächenmaße in Dezimalschreibweise

686 Schreibe in gemischten Einheiten an.
H2 I1

6 905 m² = _____

1,4 km² = _____

0,016 dm² = _____

203,435 ha = _____

687 Wandle in die angegebene Einheit um.
H2 I1

200 mm² = _____ cm²

5 m² = _____ dm²

6,3 a = _____ m²

21,7 ha = _____ m²

Rechteck und Quadrat – Umfang und Flächeninhalt

688 Ein Rechteck ist 17 cm lang und 0,5 dm breit.
H2 I3

a) Berechne den Umfang des Rechtecks.

b) Berechne den Flächeninhalt des Rechtecks.

689 Der Umfang eines Quadrats beträgt 1,60 Meter.
H2 I3

a) Berechne die Seitenlänge des Quadrats.

b) Berechne den Flächeninhalt des Quadrats.

Körperformen benennen

690 Schreibe die richtigen Bezeichnungen zu den Körpern.
H1 I3

Würfel | Quader | Pyramide | Kegel | Zylinder | Kugel

L1 Quader und Würfel – Oberfläche und Volumen
Eigenschaften

691 Beschrifte die abgebildeten Körper mit den folgenden Begriffen.

[Grundfläche] [Deckfläche] [Seitenfläche] [Ecke] [Kante]

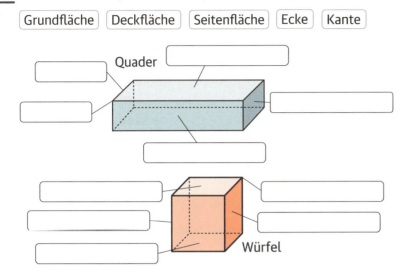

692 Beantworte die Fragen mit Hilfe der Quader- und Würfelabbildungen oben.

a) Wie viele Ecken hat ein Würfel?
b) Wie viele Ecken hat ein Quader?
c) Wie viele Kanten hat ein Würfel?
d) Hat ein Quader mehr Kanten als ein Würfel?
e) Wie viele Flächen hat ein Würfel?
f) Wie viele Flächen hat ein Quader?
g) Welche Form haben die Flächen eines Würfels?
h) Welche Form haben die Flächen eines Quaders?
i) Sind alle Flächen eines Quaders immer gleich groß?
j) Sind die gegenüberliegenden Flächen eines Quaders gleich groß?
k) Man sagt auch, dass der Würfel eine Sonderform des Quaders ist. Wie ist das gemeint?

693 Körperformen entdecken

a) Welche Körperformen entdeckst du in den Bildern?

b) **FORSCHE WEITER**
Finde selbst Würfel und Quader in deiner Umwelt.
Mach mit deiner Kamera oder deinem Handy Fotos davon.

Lernziele

⇒ Eigenschaften von Würfel und Quader kennen
⇒ richtige Begriffe zum Beschreiben von Körpern verwenden

Wissen

Begriffe

Seitenflächen ...
befinden sich links, rechts, vorne und hinten.

Grundfläche ...
ist die Fläche, die unten am Boden ist.

Deckfläche ...
ist die Fläche oben. Sie „deckt" den Körper zu.

Kanten ...
sind die Linien, an denen sich zwei Flächen berühren.

Ecken ...
sind die Punkte, an denen sich drei Flächen berühren.

Interessant

Körperformen in unserer Umwelt

Viele Körperformen, die du kennst, kannst du auch in deiner Umgebung finden.

→ Übungsteil, S. 106

L2 Quader und Würfel – Oberfläche und Volumen
Schrägrisse

694 Zeichne drei verschieden große Würfel ohne Lineal in dein Heft.

 Beginne mit einem einfachen Quadrat!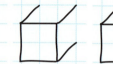

695 Aus wie vielen Würfeln bestehen die folgenden Bauwerke?

696 Erfinde selbst drei Würfelbauwerke. Zeichne sie ohne Lineal in dein Heft.

697 Übertrage die folgenden Würfel in dein Heft.

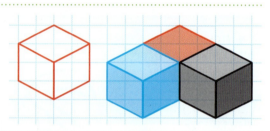

698 Zeichne die folgenden Quader ohne Lineal in dein Heft.

 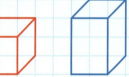 

699 Erfinde selbst vier Quader. Zeichne sie ohne Lineal in dein Heft.

700 Konstruiere den Schrägriss des Würfels.
- Seitenlänge: s = 30 mm
- Verzerrungswinkel: α = 30°
- verkürzt dargestellte Kante: s' = 18 mm

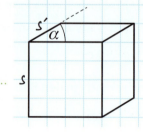

701 Konstruiere den Schrägriss des Würfels.
- Seitenlänge: s = 50 mm
- Verzerrungswinkel: α = 30°
- verkürzt dargestellte Kante: s' = 30 mm

702 Berechne zuerst die verkürzt darzustellende Kante s' mit Hilfe der folgenden Formel: s' = s · v (v ... Verkürzungsfaktor)
Dann konstruiere den Schrägriss des Würfels.

a) s = 45 mm, α = 30°, v = 0,6
b) s = 36 mm, α = 50°, v = 0,5
c) s = 25 mm, α = 60°, v = 0,6
d) s = 70 mm, α = 45°, v = 0,5

Lernziele

⇒ Schrägrisse ohne Lineal zeichnen können

⇒ Schrägrisse mit dem Geodreieck konstruieren können

Wissen

Schrägrisse konstruieren

Je nachdem, ob wir einen Körper von oben, unten, links oder rechts ansehen, erscheint er anders.

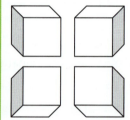

Für eine genaue Konstruktion müssen die **Seitenlänge s,** der **Verzerrungswinkel** α sowie die Länge der **verkürzt dargestellten Kante s'** angegeben werden.

Tipp

Hilfslinien

Die Kästchen in deinem Heft helfen dir beim Zeichnen.

→ Übungsteil, S. 107

L3 Quader und Würfel – Oberfläche und Volumen
Netz und Oberfläche eines Würfels

703 Bemale die unterschiedlichen Flächen des Würfelnetzes.

H1 I3

Grund- und Deckfläche ... rot   Mantel ... blau

Würfel   ... auffalten ...   Würfelnetz

 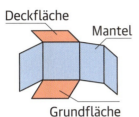 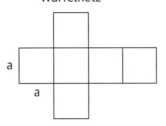

Lernziele

⇒ Würfelnetze zeichnen

⇒ die Oberfläche von Würfeln berechnen

Wissen

Oberfläche eines Würfels

Die **Oberfläche O** gibt den Flächeninhalt aller Begrenzungsflächen eines Würfels an.

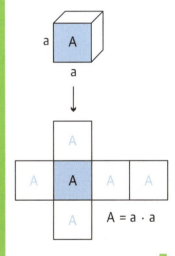

$A = a \cdot a$

704 Zeichne die Netze der folgenden Würfel.
Bemale die Flächen wie im vorigen Beispiel.

H1 I3

a) $a = 1$ cm   b) $a = 5$ mm   c) $a = 2,5$ cm   d) $a = 0,17$ dm

705 Berechne die Oberflächen der Würfel.

H2 I3

Beschreibe, wie du gerechnet hast.
Vergleiche deinen
Lösungsweg mit anderen.

a) $a = 2$ cm

b) $a = 5$ cm

c) $a = 4,8$ m   d) $a = 3,75$ dm

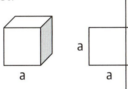 

e) Berechne die Oberflächen der Würfel aus dem vorigen Beispiel.

706 Finde eine Berechnungsformel für die Oberfläche eines Würfels.
Bringe dafür die Karten in die richtige Reihenfolge.

H1 I3

Formel: _____

707 Berechne die Oberfläche der Würfel bei gegebener Kantenlänge a.

H2 I3

a) $a = 1,8$ cm   c) $a = 2,4$ cm   e) $a = 3,9$ cm

b) $a = 6$ cm   d) $a = 12$ cm   f) $a = 21$ cm

708 Berechne die Kantenlänge der Würfel bei gegebener Oberfläche O.

H2 I3

a) $O = 96$ dm²   b) $O = 216$ cm²   c) $O = 0,24$ a

709 KNOBELAUFGABE

H2 H4 I3

Ein Prinz hat zwei Würfel mit vergoldeten Oberflächen.

Der kleinere Würfel hat eine Kantenlänge von 7 mm,
die Kantenlänge des größeren Würfels ist doppelt so lang.
Ist auf dem größeren Würfel doppelt so viel Gold?
Rechne nach und begründe deine Antwort.

Interessant

Würfel in der Natur

Minerale (hier ein „Pyrit") sind die „Bausteine" der Erde. Fast alle Minerale bilden Kristalle.
Der Würfel ist dabei eine der einfachsten Kristallformen.

→ Übungsteil, S. 108

L4 Quader und Würfel – Oberfläche und Volumen
Netz und Oberfläche eines Quaders

710 Gib jeweils eine Formel zur Berechnung der roten, der blauen und der grünen Fläche an.

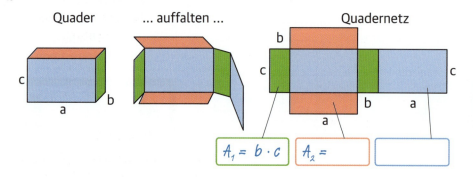

$A_1 = b \cdot c$ $A_2 =$

711 Zeichne die Netze der folgenden Quader. Bemale gleich große Flächen mit gleicher Farbe.

a) a = 3 cm, b = 1 cm, c = 2 cm
b) a = 2 cm, b = 3,5 cm, c = 1 cm
c) a = 4 cm, b = 3 cm, c = 3 cm
d) a = b = 2,5 cm, c = 17 mm
e) a = c = 21 mm, b = 3,1 cm
f) a = b = c = 0,35 dm

712 Berechne die Oberfläche der abgebildeten Quader.
Beschreibe, wie du gerechnet hast.
Vergleiche deinen Lösungsweg mit anderen.

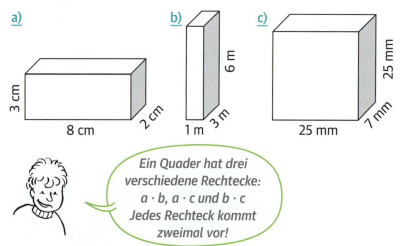

Ein Quader hat drei verschiedene Rechtecke: $a \cdot b$, $a \cdot c$ und $b \cdot c$. Jedes Rechteck kommt zweimal vor!

713 Ergänze die Berechnungsformel für die Oberfläche eines Quaders.

O = (a · b + a · _____ + _____) · 2

714 Berechne die Oberfläche der folgenden Quader.

a) a = 3 cm, b = 2 cm, c = 6 cm
b) a = 2 cm, b = 3,5 cm, c = 1,5 cm
c) a = 82 mm, b = 55 mm, c = 64 mm
d) Berechne die Oberfläche der Quader aus Beispiel 711.

Lernziele
⇒ Quadernetze zeichnen
⇒ die Oberfläche von Quadern berechnen

Wissen

Oberfläche eines Quaders

Gegenüberliegende **Flächen** in einem Quader sind **gleich groß**.

Die **Oberfläche eines Quaders** besteht demnach aus **drei Rechteck-Paaren**:

2-mal a · b
2-mal a · c
2-mal b · c

Die **Summe** dieser Rechteck-Paare ergibt die Oberfläche des Quaders.

Tipp

Vorstellungen zu Flächen

Die Oberfläche eines Körpers setzt sich aus den Flächen zusammen, die ihn umgeben.

Sie wird in **Flächenmaßen** (cm², dm², m², ...) angegeben.

→ Übungsteil, S. 109
→ Cyber Homework 23

L5 Quader und Würfel – Oberfläche und Volumen
Raummaße

715 Bestimme den Rauminhalt der Bauwerke.
Jeder Würfel misst genau 1 cm³.

1 cm

V = 1 cm³   V = _____   _____

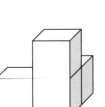

_____   _____

1 cm³ ist der Rauminhalt eines Würfels mit 1 cm Kantenlänge.

Lernziel
⇒ die wichtigsten Raummaße kennen und mit ihnen rechnen können

Wissen

Volumen V
bedeutet „Rauminhalt" und beschreibt, wie viel Platz ein Körper braucht.

Es gibt folgende Maße:

Raummaße

Kubikmeter:
1 m³ = 1 000 dm³

Kubikdezimeter:
1 dm³ = 1 000 cm³

Kubikzentimeter:
1 cm³ = 1 000 mm³

Das Wort „Kubik" bedeutet „Würfel".

Hohlmaße

Bei Flüssigkeiten und Gasen verwendet man meist Liter (l) als Maßeinheit.

1 l (Liter) = 1 dm³

716 Welche Ausdrücke passen zusammen? Verbinde sie miteinander.

| Kubikmillimeter (mm³) | Kubikzentimeter (cm³) | Kubikdezimeter (dm³) | Kubikmeter (m³) |

Spielwürfel   Schrank   Mohnkorn   Milchkarton

717 Trage die angegebenen Raummaße zuerst in die Tabelle ein.
Dann wandle sie in die angegebene Einheit um.

	m³	dm³	cm³	mm³	
a) 12 dm³ 39 cm³ =					= _____ cm³
b) 9 m³ 17 dm³ =					= _____ dm³
c) 263 cm³ =					= _____ dm³
d) 5 dm³ 96 mm³ =					= _____ mm³

718 Wandle in Liter um.

52 dm³ = _____   8 m³ = _____   230 cm³ = _____

6 dm³ = _____   0,04 m³ = _____   3 000 cm³ = _____

8,3 dm³ = _____   0,012 m³ = _____   1 500 cm³ = _____

0,25 dm³ = _____   0,7 m³ = _____   40 cm³ = _____

→ Übungsteil, S. 110

L6 Volumen

Quader und Würfel – Oberfläche und Volumen

719 Bestimme Länge (a), Breite (b), Höhe (h) und Volumen (V) der abgebildeten Körper. Jeder Würfel hat eine Kantenlänge von 1 cm.

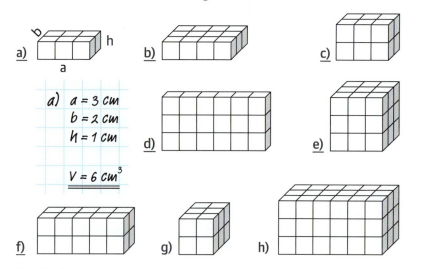

a) $a = 3\,cm$
$b = 2\,cm$
$h = 1\,cm$

$V = 6\,cm^3$

720 Berechne das Volumen der abgebildeten Körper.

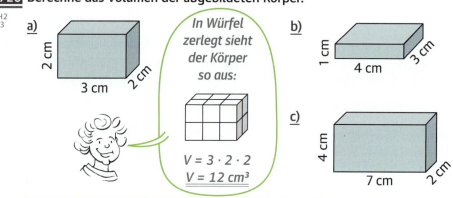

In Würfel zerlegt sieht der Körper so aus:

$V = 3 \cdot 2 \cdot 2$
$V = 12\,cm^3$

721 Berechne zuerst die Grundfläche der abgebildeten Körper. Dann bestimme das Volumen.

a)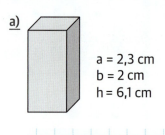
$a = 2{,}3\,cm$
$b = 2\,cm$
$h = 6{,}1\,cm$

b)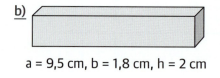
$a = 9{,}5\,cm,\ b = 1{,}8\,cm,\ h = 2\,cm$

c)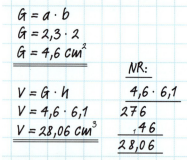
$a = 12\,m$

d)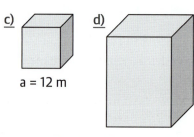
$a = 15\,m,\ b = 12\,m,\ h = 18{,}3\,m$

$G = a \cdot b$
$G = 2{,}3 \cdot 2$
$G = 4{,}6\,cm^2$

$V = G \cdot h$
$V = 4{,}6 \cdot 6{,}1$
$V = 28{,}06\,cm^3$

NR:
$4{,}6 \cdot 6{,}1$
276
46
$28{,}06$

Lernziel

⇒ Volumen von Würfeln und Quadern berechnen können

Wissen

Volumen eines Quaders

Mit diesen Formeln kann man das Volumen von Quadern berechnen:

$V = a \cdot b \cdot h$

oder

$V = G \cdot h$

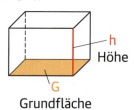

h = Höhe
G = Grundfläche

Volumen eines Würfels

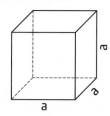

Alle Kanten sind **gleich lang**, daher gilt:

$V = a \cdot a \cdot a$

oder

$V = G \cdot a$

→ Übungsteil, S. 111

English Corner

722 Find the surface area and the volume of each cube.

a) b) c)

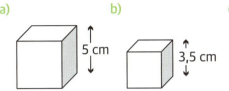

723 The surface area of a cube is 294 cm².

a) Find the area of one face.

b) Find the length of an edge.

c) Find the volume of the cube.

724 The edge of a cube is 4 inches (1 inch = 2,54 cm).

a) Find the surface area of the cube in cm².

b) Find the volume of the cube in cm³.

Wörterbuch

surface area ... Oberfläche

volume ... Volumen

cube ... Würfel

edge ... Kante

face ... Fläche (einer Seite)

inch ... Zoll (alte englische Längeneinheit)

Technik-Labor

725 GeoGebra: Experimente mit Würfel und Quader

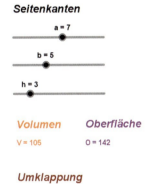

Netz eines Quaders

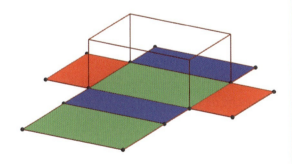

a) Gebt die Längen a, b und c des abgebildeten Quaders an.

b) Berechnet die Oberfläche des abgebildeten Quaders. Beschreibt, wie ihr vorgegangen seid.

c) Berechnet das Volumen des abgebildeten Quaders. Beschreibt, wie ihr vorgegangen seid.

⇒ Diese Datei und weitere Aufgaben dazu findest du in der e-zone, Klasse 1 – L.

L7 Quader und Würfel — Oberfläche und Volumen
Zusammengesetzte Körper

726 Bestimme das Volumen und die Oberfläche der abgebildeten Körper.

a)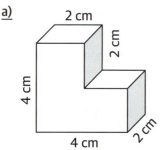

b)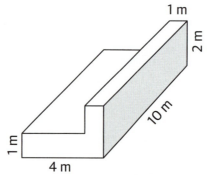

c)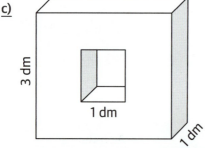

d)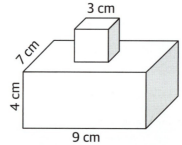

727 Bestimme das Volumen und die Oberfläche des abgebildeten Körpers. Beschreibe deinen Lösungsweg.

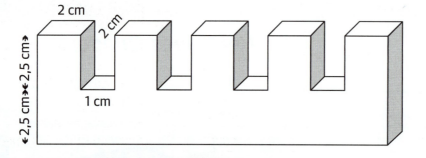

728 Bestimme das Volumen der abgebildeten Körper. Vergleiche deine Lösung mit anderen Kindern.

a)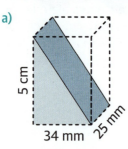

b)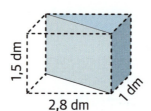

c) **KNOBELAUFGABE**
Schätze ab, wie groß die Oberfläche der Körper ungefähr sein wird. Schreibe deinen Lösungsweg auf.

Lernziel
⇒ Volumen und Oberfläche von zusammengesetzten Körpern berechnen können

Wissen

Volumen

Das **Volumen** lässt sich bei zusammengesetzten Körpern meist einfach durch **Zerlegen oder Ergänzen** berechnen:

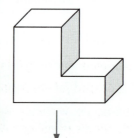

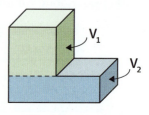

$V = V_1 + V_2$

Oberfläche

Vorsicht ist bei der Berechnung der Oberfläche geboten. Sie ist kleiner als die Summe der Oberflächen der Teilkörper:

$O < O_1 + O_2$

→ Übungsteil, S. 112

L8 Quader und Würfel – Oberfläche und Volumen
Anwendung – Aquarium

729 Wie viel Liter fassen die folgenden Aquarien?

Berechne das Volumen der angegebenen Aquarien.
Die Maße der Aquarien sind durch Breite mal Höhe mal Tiefe (B × H × T) in Millimetern angegeben.
Tipp: Rechne mit Dezimetern als Maßeinheit!

a) Modell „Starter": 350 × 250 × 200

b) Modell „Standard": 400 × 250 × 200

c) Modell „Grande": 700 × 450 × 320

730 Berechne die Glasfläche der Aquarien aus Aufgabe 729.
Hinweis: Beachte, dass der Deckel nicht aus Glas ist!

731 Wie viel Pflanzendünger brauchen die Aquarien?

Auf einer Packung Pflanzendünger steht:

„1 Messlöffel pro 5 Liter"

Berechne, wie viele Messlöffel Pflanzendünger du für die jeweiligen Aquarien benötigst.
Hinweis: Runde auf ganze Messlöffel!

a) Aquarium „Sardinien": B = 30 cm, H = 38 cm, T = 20 cm

b) Aquarium „Kreta": B = 45 cm, H = 24 cm, T = 25 cm

c) Aquarium „Korsika": B = 36 cm, H = 30 cm, T = 24 cm

732 Berechne die fehlenden Angaben.

	B	H	T	Volumen
a)	3,8 dm	2,5 dm		19 dm³
b)		3,4 dm	2,5 dm	42,5 dm³
c)	5 dm		2,2 dm	33 dm³
d)		80 cm	0,5 m	600 dm³

733 Wie schwer sind die Aquarien?

Berechne das ungefähre Gewicht der gefüllten Aquarien aus Aufgabe 731.
Rechne einen Überschlag mit dieser Formel:

Gesamtgewicht = Gewicht Wasser + Gewicht Glas + Kies

Richtwerte: Gewicht Wasser: 1 l Wasser wiegt 1 kg
Gewicht Glas: 1 dm² Glas wiegt 2 dag
Kies: auf 1 dm² Grundfläche kommen 0,5 kg Kies

Lernziel

⇒ Raumgeometrie in Sachsituationen anwenden können

Wissen

B x H x T
(„Breite mal Höhe mal Tiefe")

Der Platzbedarf von Möbeln, Haushaltsgeräten oder auch Aquarien wird in B x H x T angegeben.

Interessant

Aquarium

In einem Aquarium kann man Pflanzen, Krebse, Schnecken und Fische halten.

Ein wichtiges Maß bei Aquarien ist das Volumen.

Je mehr Liter Wasser in ein Aquarium passen, umso leichter stellt sich ein gutes biologisches Gleichgewicht im Becken ein und umso leichter ist folglich die Pflege.

→ Übungsteil, S. 113
→ Cyber Homework 24

Checkpoint

Löse die Aufgaben und kontrolliere deine Ergebnisse (Lösungen ab Seite 177).
Kreuze an, was du noch üben möchtest.

Eigenschaften und Schrägriss

734 Wie viele Ecken, Kanten und Flächen hat ein Quader?
H3 I3 ↺L1

735 Skizziere einen Würfel und einen Quader.
H1 I3 Verwende dafür kein Lineal. ↺L2

736 Konstruiere den Schrägriss des angegebenen Würfels.
H2 I3 Verzerrungswinkel: α = 35°, Seitenlänge: s = 4 cm, verkürzte Seitenlänge: s' = 25 mm ↺L2

Netz und Oberfläche

737 Berechne die Oberfläche der folgenden Würfel.
H1 H2 I3 Zeichne die passenden Würfelnetze dazu.

a) s = 2,3 cm   b) s = 16 mm ↺L3

738 Berechne die Oberfläche der folgenden Quader.
H2 I3
a) a = 4 m, b = 1 m, h = 3 m   b) a = 16,5 cm, b = 22 cm, h = 7,3 cm ↺L4

Raummaße und Volumen

739 Wandle in die angegebene Einheit um.
H2 I1

35 cm³ = _____ dm³   9 m³ = _____ dm³

158 dm³ = _____ l   600 mm³ = _____ cm³ ↺L5

740 Berechne das Volumen der folgenden Quader.
H2 I3
a) a = 2 cm, b = 8 cm, h = 10 cm   b) a = 34 cm, b = 12,5 cm, h = 1,5 cm ↺L6

741 Berechne das Volumen der folgenden Würfel.
H2 I3
a) s = 7 mm   b) s = 3,4 m ↺L6

Anwendung

742 Ein Benzinkanister hat die Form eines Quaders.
H2 I3 Er ist 35 cm lang, 16 cm breit und 30 cm hoch.

Wie viel Liter Benzin kann man höchstens in den Kanister füllen? ↺L8

743 Luisa baut eine quadratische Sandkiste mit 1,2 m Seitenlänge.
H2 I3 Sie füllt 1 m³ Sand hinein.

Wie hoch steht der Sand nun in der Kiste? ↺L8

M Diagramme und Mittelwert
Arbeiten mit Daten

Inhalt

Warm-up	160
M1 Daten sammeln	161
M2 Mittelwert	162
M3 Säulendiagramme ablesen	163
M4 Säulendiagramme zeichnen	164
M5 Kreis- und Liniendiagramme	165
English Corner	166
Extra: Würfel-Experiment	166
Technik-Labor	166
M6 Anwendung – Ernährung	167
Checkpoint	168

744 Schaut euch den Comic mit Natascha und ihrer Mutter an.
Dann löst die Aufgaben.

H1
H3
H4
I4

a) Wann muss Natascha schlafen gehen?

b) Möchte Natascha lieber früher oder lieber später schlafen gehen? Schreibe ihre Argumente auf.

c) Natascha liest aus der Zeitung vor:

„Schulkinder in Österreich gehen im Durchschnitt um 21:00 Uhr schlafen."

Was bedeutet der Satz?

d) Woher kann die Zeitung wissen, wann Schulkinder im Durchschnitt schlafen gehen?

e) **FORSCHE WEITER**
Macht eine Klassenstatistik mit den Zubettgehzeiten im Halbstunden-Takt:

19:00 Uhr / 19:30 Uhr / 20:00 / 20:30 Uhr / …

Um welche Zeit gehen die meisten Kinder eurer Klasse zu Bett?

Warm-up
Zeig, was du bereits kannst.

Strichliste

745 Streiche die Formen durch und mach für jede Form einen Strich in der Liste.
Schreibe die Anzahl der Striche in das Kästchen.

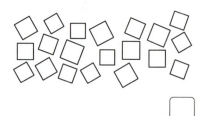

Zahlen eintragen und ordnen

746 Ordne die folgenden Zahlen von der kleinsten bis zur größten.

a) 12 822 / 855 / 299 / 9 000

b) 15,22 / 0,9878 / 14 / 0,05

c) 0,8 / 1,032 / 0,12 / 1,7232

d) 258 / 933,02 / 0,95282 / 1,5

747 Markiere die Zahlen 7,5 / 8 / 1,5 / 3 auf dem abgebildeten Zahlenstrahl.

Rechnen mit Dezimalzahlen

748 Berechne jeweils die Summe der angegebenen Zahlen.

a) 325,7 / 410,5 / 255,2 / 392,1

b) 24,18 / 16,39 / 22,002 / 28,7

749 Dividiere auf zwei Kommastellen genau.

a) 15 : 4

b) 54 : 7

c) 225,8 : 3

d) 1 216,53 : 9

e) 11 224,5 : 15

f) 32 816,22 : 42

Rechnen mit Größen

750 Berechne jeweils die Summe der angegebenen Massen.

a) 125 g / 0,8 kg / 35 dag

b) 2,6 kg / 350 dag / 700 g

c) 3 865 g / 1,7 kg / 109 dag

d) 74,9 dag / 0,05 kg / 69 g

751 Berechne jeweils die Summe der angegebenen Längen.

a) 12,5 cm / 0,2 m / 68 mm

b) 135 mm / 12 cm / 0,98 m

c) 3,5 dm / 17,2 cm / 1 496 mm

d) 0,9 m / 215 cm / 34 mm

M1 Diagramme und Mittelwert – Arbeiten mit Daten
Daten sammeln

752 Lies zuerst die Schlüsselfragen unter dem Flugzeug.
H1 I4 Wähle dann die Farben nach deinen Antworten aus.
Bemale das Flugzeug-Schlüsselbild mit den ausgewählten Farben.
Hinweis: Die Farben, die du verwendest, sagen etwas über dich aus!

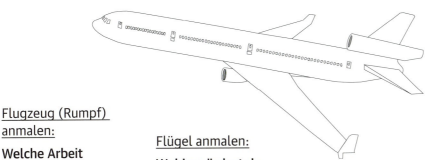

Flugzeug (Rumpf) anmalen:

Welche Arbeit interessiert dich am meisten?

Pilot/Pilotin: **gelb**

Fluglotse/Fluglotsin im Kontrollturm: **grau**

Flugzeuge bauen oder reparieren: **rot**

Flügel anmalen:

Wohin würdest du gerne reisen?

Europa: **rot**
Amerika: **blau**
Afrika: **braun**
Asien: **gelb**
Australien: **grün**
Antarktis: **grau**

Düsen anmalen:

Warst du schon einmal auf einem Flughafen?

ja: **grau**
nein: **weiß**

Lernziel
⇒ Daten in Listen und Tabellen sammeln und die Ergebnisse interpretieren können

Wissen

Daten sammeln

Daten sind Zahlen oder Fakten, die man kennt.

Manche Daten kann man **messen,** wie die Körpergröße oder das Gewicht von Äpfeln.

Andere Daten muss man **erfragen,** wie die Lieblingsfarbe eines Menschen.

Sammelt man viele Daten, muss man sie übersichtlich darstellen, damit man damit arbeiten kann.
Hier helfen **Strichlisten, Tabellen** und **Diagramme.**

Europa:	⫽⫽ ⫽⫽ ‖
Amerika:	⫽⫽ ‖
Afrika:	‖‖
Asien:	‖‖
Australien:	‖‖‖

Strichliste

---

753 Schau dir die Flugzeuge von Ulrike und Oswald an.
H3 I4 Was kannst du über die Kinder sagen?

Ulrike will nach Amerika fliegen. Was siehst du noch?

 Ulrike    Oswald

---

754 Schau dir die Flugzeuge von anderen Kindern in deiner Klasse an.
H3 I4 Was sagen ihre jeweiligen Schlüsselbilder über sie aus?

---

755 FORSCHE WEITER
H1 H3 I4
Was könnt ihr über eure Klasse sagen? 👥

a) Sammelt die Daten eurer Mitschüler. Macht eine Strichliste.

b) Schreibt die Ergebnisse in drei Tabellen an: „Beruf", „Reiseziel", „War schon am Flughafen?"

c) Welches Berufsfeld ist am interessantesten?

d) Welcher Kontinent ist am beliebtesten?

e) Waren schon viele Kinder eurer Klasse auf einem Flughafen?

f) Erstellt gemeinsam ein Schlüsselbild zum Thema „Schulweg". Führt die Umfrage in eurer Klasse durch und wertet sie aus.

→ Übungsteil, S. 115

M2 Mittelwert

Diagramme und Mittelwert – Arbeiten mit Daten

756 Wie schwer ist ein Apfel?

a) Schätze einen Wert, der dem Gewicht der vier Äpfel nahe liegt. Vergleiche deine Zahl und deine Überlegungen mit anderen.

b) Berechne den Mittelwert des Gewichts der vier Äpfel. Vergleiche ihn mit deinen Überlegungen aus a).

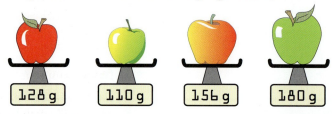

757 Wie lang sind Ringelnattern?

Astrid hat im letzten Jahr Ringelnattern beobachtet und abgemessen.
Die Liste zeigt die Längen der Schlangen:

62 cm / 89 cm / 101 cm / 53 cm / 95 cm / 89 cm / 115 cm /
57 cm / 72 cm / 80 cm / 65 cm / 91 cm / 48 cm / 60 cm

a) Wie lang war die längste Schlange?

b) Wie viele Schlangen waren kürzer als 0,6 Meter?

c) Berechne den Mittelwert und ergänze die Aussage:

„Ringelnattern werden durchschnittlich _____ lang."

758 Die Kinder haben Papierflieger gebaut und getestet.

Gruppe 1	1. Versuch	2. Versuch	3. Versuch
Derya	2,6 m	3,8 m	3,5 m
Laura	4,5 m	0,5 m	5,1 m
Luca	3,9 m	4,0 m	4,2 m
Emma	4,2 m	3,7 m	3,5 m
Felix	4,1 m	4,2 m	4,3 m
Gruppe 2	1. Versuch	2. Versuch	3. Versuch
Jakob	3,6 m	3,2 m	3,8 m
Yoko	0,1 m	6,2 m	1,3 m
Anna	4,3 m	4,0 m	4,4 m
Mia	2,4 m	2,9 m	2,9 m
Mesut	3,8 m	4,6 m	2,5 m

a) Berechne für jedes Kind die mittlere Flugweite seines Fliegers (Mittelwert).

b) Berechne die mittlere Flugweite (Mittelwert) für jede Gruppe beim 1., 2. und 3. Versuch.
Welche Gruppe hat jeweils die Runde gewonnen?

c) Beim Finale wählt jede Mannschaft ein Kind aus, das antritt. Dieses Kind hat aber nur einen Versuch.
Welches Kind würdest du als Teamchef von Gruppe 1 auswählen? Welches von Gruppe 2? Begründe deine Entscheidung.

Lernziel

⇒ den Mittelwert mehrerer Zahlen berechnen

Wissen

Mittelwert (arithmetisches Mittel)

Der **Mittelwert** gibt den **Durchschnitt** mehrerer Zahlen an:

Mittelwert = Summe : Anzahl

Beispiel:
Mittelwert von 8 / 9 / 4:
(8 + 9 + 4) : 3 =
21 : 3 = 7

Interessant

Papierflieger-WM

Bei der „**Red Bull Paper Wings**" treten alle drei Jahre tausende Papierflugzeug-begeisterte aus aller Welt gegeneinander an.

Es gibt drei Wertungen:
- weitester Flug
- längste Flugdauer
- schönstes Flugzeug

→ Übungsteil, S. 116
→ Cyber Homework 25

M3 Diagramme und Mittelwert – Arbeiten mit Daten
Säulendiagramme ablesen

759 Die Diagramme zeigen die durchschnittliche Tagestemperatur der Städte Wien, London und Rom.

a) Übertrage die Werte aus den Klimadiagrammen in eine Tabelle.

b) Berechne für jede Stadt den Mittelwert der Jahrestemperatur.

c) Zeichne in jedes Diagramm Maximum, Minimum und Mittelwert ein.

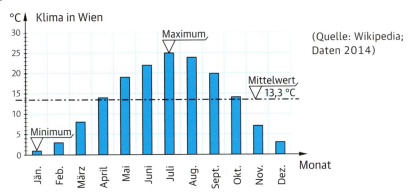

(Quelle: Wikipedia; Daten 2014)

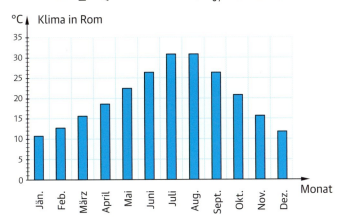

760 Beantworte die Fragen zu den Angaben aus der vorigen Aufgabe.

a) Wie groß ist der durchschnittliche Temperaturunterschied zwischen London und Wien im Juli?

b) Gib Minimum und Maximum aller drei Diagramme an.

c) In welchen Monaten ist der durchschnittliche Temperaturunterschied zwischen Wien und Rom am geringsten?

d) Finde zwei weitere Fragen zu den Diagrammen und beantworte sie.

Lernziele

⇒ Werte aus Säulendiagrammen ablesen können

⇒ die Kenngrößen Maximum, Minimum und Mittelwert bestimmen können

Wissen

Minimum

Der kleinste Wert einer Datenreihe heißt Minimum.

Maximum

Der größte Wert einer Datenreihe heißt Maximum.

Interessant

Klima

Das Klima beschreibt den Verlauf des Wetters über einen längeren Zeitraum.

Im Laufe der letzten Jahrmillionen hat sich das Klima immer wieder geändert (Eiszeiten, Wärmeperioden, …).

Wissenschaftler auf der ganzen Welt erforschen die Ursachen von Erwärmung und Abkühlung.

→ Übungsteil, S. 117

Diagramme und Mittelwert – Arbeiten mit Daten
M4 Säulendiagramme zeichnen

761 Das Diagramm zeigt die Anzahl der Übernachtungen in Hotels und Pensionen großer europäischer Städte.
Hinweis: Mio. steht für Millionen.

a) Schreibe die folgenden Begriffe richtig in die Kästchen:

Diagrammtitel | Säule | waagrechte Achse
senkrechte Achse | Hilfslinien

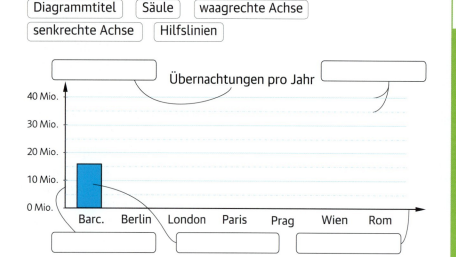

b) Ergänze die Säulen im Diagramm. Verwende die Zahlen aus der Tabelle.

Barcelona	Berlin	London	Paris	Prag	Wien	Rom
16 Mio.	25 Mio.	40 Mio.	37 Mio.	14 Mio.	13 Mio.	23 Mio.

(Quelle: Wikipedia; Daten 2014)

c) Finde drei mathematische Aufgaben zu den Daten und löse sie. Gib deine Aufgaben auch anderen zum Lösen.

762 Die Liste zeigt die Übernachtungszahlen des Hotels Alpenblick im vergangenen Jahr.

Jänner: 78 | April: 80 | Juli: 110 | Oktober: 74
Februar: 90 | Mai: 42 | August: 102 | November: 45
März: 56 | Juni: 36 | September: 85 | Dezember: 75

a) Zeichne ein Säulendiagramm.
Titel: *„Übernachtungen im Hotel Alpenblick"*
Tipp: Zeichne die senkrechte Achse 6 cm hoch (1 cm entspricht 20 Nächtigungen) und zeichne in der waagrechten Achse nur in jedem 2. Kästchen eine Säule ein.

b) Gib Maximum und Minimum an.
c) Wie viele Nächtigungen hatte das Hotel im ganzen Jahr?
d) Berechne den Mittelwert der Nächtigungen pro Monat.

Lernziel
⇒ unterschiedliche Daten mit Hilfe von Säulendiagrammen grafisch darstellen

Wissen

Säulendiagramme – Begriffe

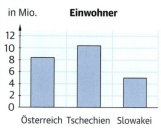

(Quelle: Wikipedia)

Säule
Balken, die von unten nach oben gehen, nennt man Säulen.
Das Beispieldiagramm hat drei blaue Säulen.

Diagrammtitel
Der Titel steht über dem Diagramm und sagt aus, was das Diagramm zeigt.
Im Beispiel: *„Einwohner"*

Achsen
Im Beispiel:
senkrechte Achse: Einwohnerzahlen in Mio.: 0, 2, 4, 6, …
waagrechte Achse: Länder: Österreich, Tschechien, Slowakei

→ Übungsteil, S. 118

M5 Diagramme und Mittelwert – Arbeiten mit Daten
Kreis- und Liniendiagramme

763 Das Kreisdiagramm zeigt, woher die Touristen kommen, die in Österreich Urlaub machen.

Kreuze an, ob die Aussagen richtig oder falsch sind.

a) Die meisten Urlauber kommen aus der Schweiz.
   ☐ richtig ☐ falsch

b) Mehr als die Hälfte aller Urlauber kommt aus Deutschland.
   ☐ richtig ☐ falsch

c) Es kommen mehr Urlauber aus den Niederlanden als aus Belgien.
   ☐ richtig ☐ falsch

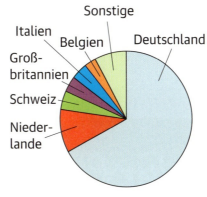

Quelle: Statistik Austria

764 Das Kreisdiagramm zeigt, wo Österreicher gerne Urlaub machen.

Lies den Text und beschrifte mit Hilfe der Aussagen das Diagramm mit den unterstrichenen Wörtern.

Mehr als ein Viertel der Österreicher macht Urlaub in Österreich.

Die meisten machen Urlaub in Europa (ohne Österreich).

Die dritte Gruppe der Urlauber fährt im Urlaub weiter weg, vor allem nach Afrika und Asien.

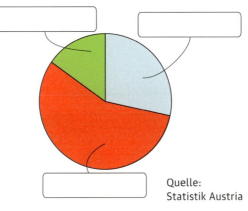

Quelle: Statistik Austria

765 Das Liniendiagramm zeigt den Temperaturverlauf für die nächsten 12 Stunden an.

a) Gib die Temperatur zum momentanen Zeitpunkt an.
b) Gib die Tageshöchsttemperatur (Maximum) an.
c) Gib die Temperatur um 15 Uhr an.
d) Erfinde eine Aufgabe, bei der 15° C als Ergebnis herauskommt.

Lernziel
⇒ Werte aus Kreis- und Liniendiagrammen richtig ablesen können

Wissen

Kreisdiagramme

Die Größe des Kreissektors zeigt die Größe eines Anteils an.

Kreisdiagramme eignen sich, um Anteile verschiedener Merkmale an einem Ganzen darzustellen.

Wie ich den Tag vor einer Schularbeit verbringe

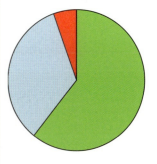

■ Faulenzen
■ schlechtes Gewissen
■ Lernen

Liniendiagramme

Bei Liniendiagrammen werden die Werte mit einer Linie verbunden. Sie sind gut geeignet, um Entwicklungen und Verläufe (Wetter, Temperatur, …) zu zeigen.

→ Übungsteil, S. 119

English Corner

766 Find the maximum and the minimum values of these numbers.

a) 16 / 8 / 9 / 25 / 17   b) 0,58 / 0,05 / 0,12005 / 0,8

767 Find the mean value of these numbers.

a) 4 / 8 / 6 / 2 / 9 / 10   b) 15,9 / 22,4 / 9,23 / 12,8

Wörterbuch

maximum value ... Maximum

minimum value ... Minimum

mean value ... Mittelwert

Extra: Würfel-Experiment

768 Wirf zwei Würfel und berechne jeweils die Summe.

Beispiel: Würfelzahlen 4 und 5, Ergebnis = 9

Mach für jedes Ergebnis einen Strich in der Tabelle.
Spiele so lange, bis du ein Ergebnis 5-mal gewürfelt hast.

2	3	4	5	6	7	8	9	10	11	12

Welche Ergebnisse sind oft/selten vorgekommen?
Vergleiche deine Beobachtungen mit anderen.

Technik-Labor

769 Die Tabelle beinhaltet 60 zufällige Würfelergebnisse.
In der rechten Spalte wurden Mittelwerte berechnet.

a) Berechne den Mittelwert der Würfelergebnisse 1 bis 10. Vergleiche dein Ergebnis mit dem Ergebnis in der Tabelle.

b) Vergleiche die Mittelwerte. Warum sind sie unterschiedlich?

c) Berechne die Summe der Würfelergebnisse 41 bis 50, ohne die 10 Zahlen zu addieren.

	A	B	C	D	E	F	G	H	I	J	K	L	M
1		Würfelergebnisse:											Mittelwerte:
2	# 1 bis 10:	4	5	1	3	5	1	1	1	5	4		3
3	# 11 bis 20:	5	2	5	3	3	5	5	4	3	4		3,9
4	# 21 bis 30:	4	2	2	3	1	3	4	4	2	6		3,1
5	# 31 bis 40:	5	2	4	2	6	4	5	4	5			4,3
6	# 41 bis 50:	3	5	5	4	6	3	3	5	3	4		4,1
7	# 51 bis 60:	4	4	5	6	2	1	3	1	2	3		3,1
8		Mittelwert aller Würfel:											3,58
9		Summe aller Würfelzahlen:											215

⇒ Diese Datei und weitere Aufgaben dazu findest du in der e-zone, Klasse 1 – M.

M6 Anwendung – Ernährung
Diagramme und Mittelwert – Arbeiten mit Daten

770 Die Tabelle zeigt die Nährwerte verschiedener Lebensmittel.

a) Beschrifte die Säulen im unten stehenden Säulendiagramm. Verwende die Nährwerte der Speisen im linken Feld.

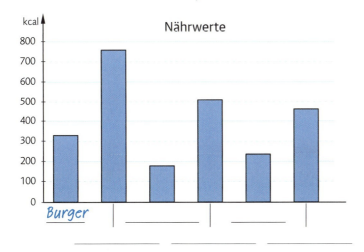

b) Erstelle selbst ein Säulendiagramm zum rechten Feld der Kalorientabelle.

c) **FORSCHE WEITER**
Burger-Restaurants

Welche Burger-Restaurantketten kennst du?
Suche nach Nährwerttabellen dieser Restaurants im Internet.
Finde heraus, wie viele Kalorien deine Lieblingsspeisen und -getränke haben.

771 Wie viele Kalorien haben die folgenden Bestellungen?

Verwende die Kalorientabelle aus der vorigen Aufgabe.

a) Sandra bestellt einen Hühnersalat, ein Mineralwasser und einen Eisbecher.

b) Leo bestellt einen Doppel-Burger, große Pommes und ein großes Cola.

c) Ivan kauft einen Burger, kleine Pommes, ein Mineralwasser und einmal Frozen Yogurt.

d) Denk dir selbst eine Bestellung aus und berechne ihren Nährwert.

Lernziele

⇒ Tabellen und Diagramme in Alltagssituationen verwenden können

⇒ Nährwertangaben ablesen und berechnen können

Wissen

Kalorien (kcal)

Kalorien geben den Energiegehalt von Lebensmitteln an. Die Abkürzung kcal bedeutet „Kilokalorien". In der Alltagssprache wird das „Kilo" aber meist weggelassen.

Joule (J)

In der Wissenschaft rechnet man meist mit Joule (sprich: „Dschuul") anstatt mit Kalorien.

Es gilt: **1 kcal ≈ 4 kJ**

Interessant

Wie viele Kalorien brauche ich am Tag?

10- bis 14-jährige Mädchen brauchen etwa 2 200 kcal, Buben rund 2 500 kcal.

Je mehr Sport du treibst, umso mehr Kalorien verbraucht dein Körper.

→ Übungsteil, S. 120
→ Cyber Homework 26

Checkpoint

Löse die Aufgaben und kontrolliere deine Ergebnisse (Lösungen ab Seite 177).
Kreuze an, was du noch üben möchtest.

Mittelwert

772 Die Tabelle zeigt die Anzahl der Schüler/innen in der jeweiligen Klasse.

H2
H3
I4

1a	1b	2a	2b	3a	3b	4a	4b
23	20	25	24	21	18	17	20

a) Wie viele Klassen hat die Schule?

b) Wie viele Kinder gehen insgesamt in die Schule?

c) Berechne, wie viele Kinder durchschnittlich in einer Klasse sind.

↺ M2

773 Bernd trainiert dreimal täglich für den 100-Meter-Lauf.

H2
I4

Heute hat er diese Zeiten erreicht: 12,8 s / 13,05 s / 12,75 s

Berechne den Mittelwert. Rechne auf Hundertstel genau.

↺ M2

774 In welcher Klasse ist der Geographie-Test besser ausgefallen?

H2
H3
I4

Berechne den Notendurchschnitt für jede Klasse und vergleiche die Ergebnisse.

1a-Klasse: 4-mal „1", 12-mal „2", 5-mal „3", 3-mal „4"
1b-Klasse: 2-mal „1", 15-mal „2", 8-mal „3"

↺ M2

775 Finde vier verschiedene Zahlen, deren Mittelwert 10 ergibt.

H4
I4

Sind verschiedene Lösungen möglich? Begründe.

↺ M2

776 Alex hat drei Zahlen aufgeschrieben: 6, 2 und eine Geheimzahl.

H2
I4

Der Mittelwert dieser drei Zahlen ist 5. Wie lautet die Geheimzahl?

↺ M2

Diagramme

777 Betrachte das Diagramm und beantworte die Fragen.

H1
I4

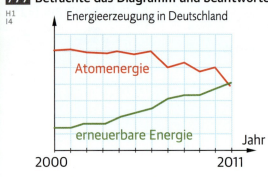

a) Wurde im Jahr 2000 mehr Atomenergie oder mehr erneuerbare Energie produziert?

b) In welchem Jahr hat die erneuerbare Energie die Atomenergie überholt?

c) Finde Argumente für die Entwicklung im abgebildeten Diagramm.

(Quelle: ContrAtom.de – www.contratom.de/2011/12/09/erneuerbare-energien-holen-atomkraft-ein/)

↺ M5

778 Hanna hat eine Liste mit den Regentagen in ihrem Heimatort Maissau (NÖ) erstellt.

H3
I4

Mai: 12 Juni: 7 Juli: 5 August: 6 September: 10 Oktober: 15

Gestalte zu Hannas Liste ein Säulendiagramm.

↺ M4

N Rechnen mit der Zeit
Zeitmaße, Zeitpunkt und Zeitdauer

Inhalt

Warm-up	170
N1 Tage, Wochen, Monate und Jahre	171
English Corner	172
Extra: Zeitmaße und Astronomie	172
N2 Stunden, Minuten und Sekunden	173
N3 Rechnen mit Zeitmaßen	174
N4 Rechnen mit Zeitpunkt und Zeitdauer	175
Checkpoint	176

779 Schaut euch den Comic an.
Dann beantwortet die Fragen.

a) Wie viele Striche sind an der Wand im 2. Bild? Wie hast du sie gezählt?

b) Wie lange sitzen die Verbrecher schon in der Zelle?

c) Wie viele Tage müssen die Häftlinge noch absitzen?

d) Wie viele Striche werden am Tag der Entlassung in der Zelle sein, wenn der Gefangene so weitermacht?

e) Stell dir vor, du müsstest für 4 Monate ins Gefängnis. In welchen Zeitabständen würdest du Striche zeichnen? Wie wäre es, wenn du für 12 Jahre ins Gefängnis müsstest?

f) Welche Straftat könnten die beiden verübt haben? Zeichne 1 bis 2 Bilder, die dieses Verbrechen darstellen.

Warm-up
Zeig, was du bereits kannst.

Uhr ablesen

780 Welche Zeiten zeigen die folgenden Uhren an?

Schreibe die zwei möglichen Uhrzeiten in die Kästchen.
Tipp: Beachte die 24-Stunden-Schreibweise!

8:05 Uhr					
oder	oder	oder	oder	oder	oder
20:05 Uhr					

781 Zeichne die angegebenen Zeiten mit Hilfe des Stunden- und Minutenzeigers ein.

6:00 Uhr   10:10 Uhr   17:30 Uhr   13:15 Uhr   11:45 Uhr   19:05 Uhr

Namen der Wochentage und Monate

782 Schreibe die Namen der Wochentage der Reihe nach auf.

Montag, _____

783 Schreibe die Namen der Monate der Reihe nach auf.

Jänner, _____

Zeitpunkt und Zeitdauer

784 Kreuze an: Geben die Zeitangaben einen Zeitpunkt oder eine Zeitdauer an?

a) vier Uhr am Nachmittag
  ☐ Zeitpunkt ☐ Zeitdauer

b) drei Wochen und vier Tage
  ☐ Zeitpunkt ☐ Zeitdauer

c) 5 Sekunden
  ☐ Zeitpunkt ☐ Zeitdauer

d) 17:56 Uhr
  ☐ Zeitpunkt ☐ Zeitdauer

N1 Tage, Wochen, Monate und Jahre

Rechnen mit der Zeit – Zeitmaße, Zeitpunkt und Zeitdauer

785 Wandle in Tage um.

3 W = _____ d   2 W 3 d = _____ d   8 W 6 d = _____ d

1 W = _____ d   5 W 1 d = _____ d   3 W 3 d = _____ d

6 W = _____ d   1 W 4 d = _____ d   6 W 4 d = _____ d

786 Schreibe in gemischten Einheiten an.

15 d = _2 W 1 d_   50 d = _____

10 d = _____   22 d = _____

30 d = _____   74 d = _____

787 Hanna muss für vier Wochen und fünf Tage einen Gips tragen. Wie viele Tage sind das?

788 Die Sommerferien dauern in Bayern fünf, in Österreich neun Wochen. Wie groß ist dieser Unterschied in Tagen?

789 Wie viele Tage haben die folgenden Monate?

Jänner: _31 d_   August: _____   November: _____

April: _____   Mai: _____   Dezember: _____

Juli: _____   März: _____   September: _____

790 Wandle die Jahre (J) in Monate (M) um.

2 J = _____ M $\frac{1}{2}$ J = _____ M $2\frac{1}{2}$ J = _____ M

5 J = _____ M $\frac{1}{4}$ J = _____ M $5\frac{1}{4}$ J = _____ M

1 J = _____ M $1\frac{1}{2}$ J = _____ M $1\frac{1}{4}$ J = _____ M

791 Schreibe in gemischten Einheiten an.

16 M = _1 J 4 M_   30 M = _____

14 M = _____   38 M = _____

20 M = _____   27 M = _____

792 Eine Elefantenkuh trägt ihr Junges 21 Monate, bevor es geboren wird.

Gib diese Zeit in Jahren und Monaten an.

793 Hans war drei Monate in Tansania (Afrika).

a) Wie viele Tage waren das ungefähr? Überschlage.

b) Ändere die Aufgabe so, dass du sie genau beantworten kannst.

794 Wann sind die nächsten drei Schaltjahre?

Erkläre, wie du gerechnet hast.

Lernziel

⇒ Zeitmaße Tag, Woche, Monat und Jahr kennen und umwandeln können

Wissen

Große Zeitmaße

1 Woche (W) = 7 Tage (d)

1 Monat (M) = 28 bis 31 Tage

1 Jahr (J) = 12 Monate
    ≈ 52 Wochen
    = 365 bzw. 366 Tage

Schaltjahr

Alle vier Jahre hat das Jahr nicht 365, sondern 366 Tage.

Als zusätzlicher Tag wird der 29. Februar angehängt.

Tipp

Die Knöchelregel

... sagt dir, wie viele Tage ein Monat hat:

- Knöchel = 31 Tage
- dazwischen = 30 Tage (Februar: 28/29 Tage)

Jänner, Februar, März, ...

→ Übungsteil, S. 122

English Corner

795 What time is it?

Draw a line from the clock to the correct text.

three o´clock | half past nine | twelve o´clock | half past four

796 How many hours are there from 8.00 a.m. to 8.00 p.m.?

Wörterbuch

time ... Zeit

draw a line ... Zeichne eine Linie

clock ... Uhr

hour ... Stunde

a.m./p.m. ... Zeit von Mitternacht bis Mittag / von Mittag bis Mitternacht

Extra: Zeitmaße und Astronomie

797 Ein Jahr nennt man die Zeit, die die Erde für den Umlauf um die Sonne braucht.
Das sind etwa 365 Tage und 6 Stunden.
Der Planet Merkur braucht für einen Umlauf nur 88 Tage, da er sehr viel näher zur Sonne liegt.

a) Wie oft umläuft die Erde die Sonne in einem Jahr?

b) Wie oft umläuft der Merkur die Sonne in einem Jahr?

c) Erkläre, wozu es alle vier Jahre ein Schaltjahr gibt.

798 Ein Monat nennt man die Zeit, die der Mond für einen Umlauf um die Erde braucht.
Sie dauert von einem Vollmond zum nächsten etwa 29 Tage.

a) Wie oft umläuft der Mond die Erde in einem Jahr?

b) In einem Film sagt der Häuptling:
„Wir treffen uns in drei Monden wieder."
In wie vielen Tagen ist das?

799 Die Woche kommt von der Unterteilung eines Monats in vier Phasen:
Neumond, zunehmender Mond, Vollmond und abnehmender Mond.

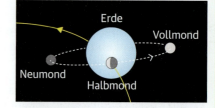

a) Wie viele Wochen hat ein Monat?

b) Wie viele Tage haben unsere Monate?
Geht sich das mit den Mondphasen genau aus?

800 Die Erde dreht sich auch um ihre eigene Achse.
Für eine volle Umdrehung braucht sie 24 Stunden.

a) Wie viele Stunden dauert eine halbe Erdumdrehung?

b) **FORSCHE WEITER**
An welchen Tagen im Jahr sind Tag und Nacht genau gleich lang? Nutze für die Beantwortung der Frage das Internet.

N2 Rechnen mit der Zeit – Zeitmaße, Zeitpunkt und Zeitdauer
Stunden, Minuten und Sekunden

801 Wandle in Sekunden um.

3 min = _____ s   4 min = _____ s   10 min = _____ s
                   6 min = _____ s   20 min = _____ s
$3 \cdot 60 = 180$ 9 min = _____ s   15 min = _____ s
                   7 min = _____ s   50 min = _____ s
                   2 min = _____ s   30 min = _____ s

802 Schreibe in gemischten Einheiten an.

a) 125 s   d) 218 s
b) 350 s   e) 75 s
c) 410 s   f) 836 s

a) $\overline{125} : 60 = 2$
   5 Rest

   125 s = <u>2 min 5 s</u>

803 Wandle die Zeitangaben in Minuten um.

a) 4 h   c) 12 h   e) 16 h 10 min   g) $\frac{1}{2}$ h
b) 7 h   d) 20 h   f) 2 h 25 min   h) $1\frac{1}{4}$ h

804 Schreibe in gemischten Einheiten an.

a) 215 min   c) 315 min   e) 4 440 s   g) 5 218 s
b) 300 min   d) 1 714 min   f) 9 000 s   h) 13 423 s

805 Wandle die Zeitangaben in Stunden um.

a) 1 d   c) 5 d 10 h   e) 1 W   g) 1 J
b) 2 d   d) 3 d 8 h   f) 2 W 4 d   h) 11 J

806 Schreibe in gemischten Einheiten an.

a) 210 h   c) 630 h   e) 4 803 h
b) 100 h   d) 1 520 h   f) 3 722 h

$\overline{210} : 24 = 8$
18 Rest

210 h = <u>8 d 18 h</u>

807 Puck, die Eintagsfliege, lebt schon seit 3 Tagen und 14 Stunden.

a) Gib Pucks Lebenszeit in Stunden an.
b) Gib Pucks Lebenszeit in Minuten an.
c) Gib Pucks Lebenszeit in Sekunden an.
d) Puck wird voraussichtlich im Alter von 4 Tagen sterben. Wie viele Minuten bleiben ihr noch?

Eintagsfliege (vergrößert)

808 KNOBELAUFGABE

Wie alt bist du?

Gib deine Lebenszeit in (1) Stunden, (2) Minuten, (3) Sekunden an. Beschreibe deinen Rechenweg.

Lernziel
→ Zeitmaße Sekunde, Minute und Stunde kennen und umwandeln können

Wissen
Kleine Zeitmaße

1 Tag (d)
= 24 Stunden (h)

1 Stunde (h)
= 60 Minuten (min)
= 3 600 Sekunden (s)

1 Minute (min)
= 60 Sekunden (s)

Interessant
Warum hat ein Tag 24 Stunden?

Diese Einteilung ist mehr als 3 000 Jahre alt. Man teilte den Tag und die Nacht damals in jeweils 12 Stunden ein, weil die Zahl 12 eine heilige Zahl war.

Sonnenuhren gibt es seit 1 500 v. Chr.

→ Übungsteil, S. 123
→ Cyber Homework 27

N3 Rechnen mit Zeitmaßen

Rechnen mit der Zeit – Zeitmaße, Zeitpunkt und Zeitdauer

Lernziel
⇒ mit Zeitmaßen rechnen können

Wissen

Zeitangaben addieren

Im Ergebnis können auch 60 oder mehr Minuten vorkommen. Dann musst du sie in **Stunden umwandeln.**

Zeitangaben subtrahieren

Bei Bedarf musst du dir Stunden „ausborgen".

---

809 Addiere die folgenden Zeitangaben.

a) 1 h 44 min + 35 min
b) 2 h 36 min + 55 min
c) 4 h 53 min + 27 min
d) 2 h 32 min + 1 h 35 min
e) 1 h 15 min + 5 h 4 min
f) 3 h 22 min + 1 h 54 min
g) 6 h 10 min + 3 h 28 min
h) 2 h 49 min + 84 min
i) 1 h 57 min + 106 min
j) 5 h 20 min + 248 min
k) 4 h 35 min + 193 min

Ich addiere Stunden und Minuten getrennt. Dann kümmere ich mich um den Übertrag.

810 Beim Duathlon wird gelaufen und Fahrrad gefahren. Für das Endergebnis werden die beiden Zeitangaben addiert.

a) Berechne die Gesamtzeiten der einzelnen Sportler/innen.
b) Erstelle eine Rangliste. Beginne mit der schnellsten Zeit.

	Laufen h:min:s	Radfahren min:s
H. Meier	1:12:22	49:16
T. Winkler	1:05:57	38:24
G. Tomitsch	59:34	35:48
H. Eder	1:15:41	45:28
L. Wenger	1:05:23	33:57

Duathlon

811 Subtrahiere die folgenden Zeitangaben.

a) 5 h 50 min – 3 h 25 min
b) 3 h 42 min – 1 h 38 min
c) 4 h 5 min – 2 h 20 min
d) 6 h 17 min – 1 h 45 min
e) 3 h 20 min – 1 h 35 min
f) 6 h – 3 h 15 min
g) 5 h 15 min – 235 min
h) 4 h 12 min – 108 min

812 Was ist schneller – Auto oder Bahn?

Die Tabelle zeigt die Fahrzeiten zwischen verschiedenen Städten. Bestimme, mit welchem Fahrzeug du jeweils schneller bist. Gib an, wie viel Zeit du im Vergleich zum anderen Verkehrsmittel sparst.

		Auto	Bahn
a)	Wien – Graz	1 h 55 min	2 h 30 min
b)	Linz – Wien	1 h 53 min	1 h 15 min
c)	Bregenz – Linz	4 h 19 min	5 h 33 min
d)	Innsbruck – Graz	4 h 14 min	5 h 51 min
e)	Eisenstadt – Klagenfurt	2 h 40 min	4 h 31 min

→ Übungsteil, S. 124

N4 Rechnen mit Zeitpunkt und Zeitdauer

Rechnen mit der Zeit – Zeitmaße, Zeitpunkt und Zeitdauer

813 Wie lange dauern die folgenden Schifffahrten?

a) Bregenz – Friedrichshafen (D)
   Abfahrt: 10:10 Uhr, Ankunft: 12:05 Uhr

b) Bregenz – Konstanz (D)
   Abfahrt: 15:10 Uhr, Ankunft: 18:50 Uhr

c) Klagenfurt – Velden
   Abfahrt: 13:40 Uhr, Ankunft: 15:20 Uhr

d) Passau (D) – Linz
   Abfahrt: 14:50 Uhr, Ankunft: 17:05 Uhr

e) FORSCHE WEITER
   Auf welchen Gewässern fahren die Schiffe in a) bis d)?

Schiff am Wörthersee, Kärnten

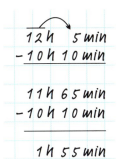

```
 12 h   5 min
-10 h  10 min

 11 h  65 min
-10 h  10 min
 ─────────────
  1 h  55 min
```

Mit Zeitpunkten kann man genauso rechnen wie mit Zeitdauern!

Lernziel
⇒ Alltagsprobleme mit Zeitpunkt und Zeitdauer lösen können

Wissen

Rechnen mit Zeitpunkt und Zeitdauer

Beispiel:
Ein 45 Minuten langer Spielfilm beginnt um 18:30 Uhr.
Wann endet er?

So kannst du vorgehen:

1) Du kannst die Zeitdauer (45 Minuten) einfach zum Zeitpunkt (18:30 Uhr) addieren. Als Ergebnis erhältst du den Zeitpunkt, wann der Film endet (Filmende).

2) Umgekehrt kannst du auch die Länge des Spielfilms vom Filmende subtrahieren und erhältst so wieder die Beginnzeit.

---

814 Ergänze die fehlenden Zeitangaben im Fahrplan.

Tipp: Nutze dein Heft für Nebenrechnungen.

Abfahrt	Ziel	Ankunft	Fahrzeit
10:15	Unkdorf	11:00	45 min
11:30	Panberg	12:00	
11:50	Odostetten		1 h
12:32	Unkdorf		1 h 15 min
	Lutbach	14:20	1 h 20 min
13:15	Odostetten		58 min
13:54	Meckfeld	16:31	
	Panberg	14:22	33 min
14:48	Tulburg		2 h 45 min
16:05	Trekberg	18:00	
	Lutbach	17:35	1 h 18 min
18:15	Mangleitn	22:03	
	Zogwald	21:35	4 h 15 min

---

815 Mittagspause

Um 13:20 Uhr sagt Elias:

Jetzt bin ich schon seit zweieinhalb Stunden unterwegs. Langsam bekomme ich Hunger!

Wann ist Elias losgegangen?

→ Übungsteil, S. 125
→ Cyber Homework 28

Checkpoint

Löse die Aufgaben und kontrolliere deine Ergebnisse (Lösungen ab Seite 177).
Kreuze an, was du noch üben möchtest.

Zeitmaße umwandeln

816 Ein Raumschiff braucht von der Erde bis zum Mars etwa 250 Tage.

a) Gib diese Zeit in Wochen und Tagen an.

b) Gib diese Zeit in Monaten, Wochen und Tagen an.
Ist das exakt möglich? Begründe deine Entscheidung.

↻ N1

817 Die erste Batman-Verfilmung „Batman und Robin" erschien im Jahr 1943.
Dieser Film dauerte 260 Minuten.

Gib diese Zeit in Stunden und Minuten an.

↻ N2

818 Am 14. April 1912 stieß die Titanic auf einen Eisberg.
2 Stunden und 40 Minuten nach dem Aufprall sank das Schiff.

Gib diese Zeitdauer in Sekunden an.

↻ N2

Rechnen mit Zeitmaßen

819 Addiere die folgenden Zeiten.

a) 5 min 16 s + 3 min 35 s

b) 3 min 55 s + 24 s

c) 1 min 48 s + 5 min 56 s

d) 3 h 12 min 24 s + 1 h 29 min 15 s

e) 4 h 50 min 34 s + 2 h 26 min 8 s

f) 1 h 19 min 59 s + 6 h 45 min 30 s

↻ N3

820 Subtrahiere die folgenden Zeiten.

a) 3 min 47 s – 1 min 10 s

b) 18 min 20 s – 5 min 38 s

c) 4 min – 2 min 13 s

d) 2 h 34 min 16 s – 1 h 12 min 9 s

e) 6 h 52 min 10 s – 2 h 15 min 51 s

f) 4 h 13 min 2 s – 3 h 28 min 35 s

↻ N3

Rechnen mit Zeitpunkt und Zeitdauer

821 Ein 94 Minuten langer Film beginnt um 20:15 Uhr.

Wann wird der Film enden?

↻ N4

822 Lisa geht jeden Tag joggen. Heute verlässt sie um 6:15 Uhr das Haus und kehrt um 7:04 Uhr zurück.

Wie lange ist Lisa heute gelaufen? Kreuze an.

☐ 1 h 49 min ☐ 1 h 9 min ☐ 49 min ☐ 1 h 19 min

↻ N4

823 Ronald fährt mit dem Zug zu seinem Onkel. Der Zug fährt um 15:29 Uhr ab.
Die planmäßige Fahrzeit beträgt 3 Stunden 15 Minuten.
Wegen einer Baustelle verlängert sich die Fahrzeit um 32 Minuten.

Wann kommt Ronald an seinem Zielbahnhof an?

↻ N4

Lösungen
zu den Checkpoints

Kapitel A
41) 18 000; 592 518; 81 000; 7 001; **42)** Subtrahend; Differenz; **43)** 1 204; 171 412; 333; 493 638;
44) 1 109 **45) a)** 1 484 **b)** 89 782 **c)** 405 352 **46) a)** 154 R 2 **b)** 17 042 **c)** 39 157 R 6 **47)** falsch; richtig; falsch; **48)** Ludwig bleiben 5 701 € übrig. **49)** Er benötigt 315 Minuten (= 5 Stunden und 15 Minuten).

Kapitel B
103) a) 40 300; 800 020; 3 700 000; **b)** 10 000 000; 3 000 000; 1 350 000;
104) 600 000 000 **105)** 400 **106) a)** 40 000 **b)**
107 a) 5 919 940; 5 920 220;
b)

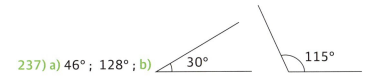

108)

109) a) 0; 100; 200; **b)** 10 Meter **110) a)** 2 160; 67 100; **b)** 95 000; 6 220 000; **111)** <; <; >;
112) 6 000 000 > 512 000 > 69 000 **113)** wahr; falsch; falsch; wahr; **114)** T(20) = {1, 2, 4, 5, 10, 20}
115) V(5) = {5, 10, 15, ...} **116)** 8 005 317 663 $ **117)** nicht ankreuzen; ankreuzen; nicht ankreuzen;

Kapitel C
173) 3 006 487 **174)** 5 017 633 **175) a)** 4 019 990 **b)** 470 955 **176) a)** 580 146 **b)** 36 550
c) 3 655 168 **d)** 1 702 911 **e)** 158 503 338 **f)** 255 762 108 **177) a)** 21 827 R 1 **b)** 172 R 11
c) 357 732 R 1 **d)** 1 310 R 18 **e)** 102 216 598 **f)** 241 697 R 33 **178)** (nur genaue Ergebnisse) **a)** 838 **b)** 341
c) 172 642 **d)** 335 139 **e)** 225 **f)** 238 **g)** 35 **h)** 53 R 4 **i)** 35 780 **j)** 412 344 **k)** 5 637 R 1 **l)** 5 694 R 2
179) a) 55 155 **b)** 445 475 **c)** 193 499 **d)** 416 **180)** 114; 330; 990;

Kapitel D
235) a) g, h; i; **b)** B, C **c)** e **d)** 42 mm **236) a)** c **b)** e **c)** 21 mm **d)** z. B.:

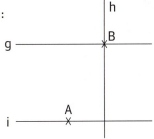

237) a) 46° ; 128° ; **b)** 30° 115°

c) 265° 310°   **238) a)** 25 mm **b)** 700 m

Kapitel E
278) a) 3 **b)** 25 **c)** 1 **d)** 4 **e)** 35 **f)** 26 **279) a)** 16 207 **b)** 13 303 018 **c)** 185 345
280) (52 − 3) · (6 + 160 : (8 − 6)) **281)** Addition und Multiplikation **282)** (5 + 8) + 6 ; 6 · (23 · 10) ;
283) Kommutativgesetz **284)** 2 · 4 + 2 · 8 = 24 ; 10 · 45 − 3 · 45 = 315
285) 7 · (64 + 89) = 1 071 ; 9 · (1 232 + 405) = 14 733 ;

PLUS! Mathematik für die Sekundarstufe – Band 1 Erarbeitungsteil

286) (1) 48 · (152 − 3) + 127 · 48 = 48 · (152 − 3 + 127) = 13 248 ;
(2) 48 · (152 − 3) + 127 · 48 = 48 · 149 + 127 · 48 = 13 248 ;
287) z. B.: Bei einem Schilift kostet ein Tages-Pass 40 €, ein Zweitages-Pass 65 €. Um wie viel Euro ist der Zweitages-Pass billiger als der Tages-Pass, wenn man für zwei Tage Schi fahren gehen will?

Kapitel F
327) Radius < Durchmesser < Kreislinie 328) Kreissektor; Kreisring; Kreissegment;
330) a)   b)

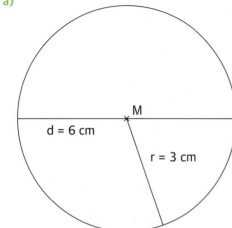
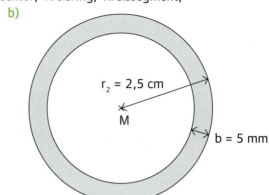

c)   d)   e)

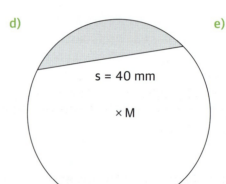
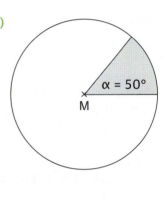

331) 3 cm 332) 45 mm 333) 11 Stücke

Kapitel G
383) a)  b) 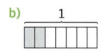 c)  d)

384) a) $\frac{7}{4} = 1\frac{3}{4}$ b) $1\frac{1}{4} = \frac{5}{4}$ c) $2\frac{3}{8} = \frac{19}{8}$ 385) a) > b) < c) = d) < e) <

386)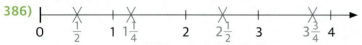

387) a) $\frac{5}{8}$ b) $\frac{6}{10}$ c) $\frac{11}{8} = 1\frac{3}{8}$ d) $1\frac{2}{3}$ 388) a) $\frac{2}{10} \cdot 3 = \frac{6}{10}$ b) $\frac{12}{20} : 4 = \frac{3}{20}$ c) $\frac{5}{6} \cdot 3 = \frac{15}{6} = 2\frac{3}{6}$

389) Drei Kinder tragen eine Brille. 390) Sie legt 8 180 € auf ihr Sparbuch. 391) a) 56 Leute b) 35 Personen

Kapitel H
454) neun Komma zwei sieben

455)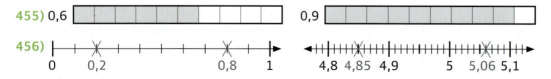

456)

457) 40,15; 0,003; 458) <; =; >; 459) 16,1; 175,1; 460) 16,15; 175,05; 461) 8 + 3 = 11; 45 − 10 = 35;
462) a) 5 m 18 cm b) 4,045 km

Kapitel I

536) a) 4,8; 4,3; 3,7; b) 1,1; 3,6; 2,4; 537) a) 16,46 b) 28,321 c) 6,762 d) 191,44
e) 37,176 f) 2 010,441 538) a) 12,54 b) 9,27 c) 126,13 d) 14,921 e) 8 388,3802 f) 34,5917785
539) 2 540) 212,45 541) a) 30,996 b) 142,239 c) 17 d) 38,43 e) 7,72432 f) 2,57013
542) a) 87,5 b) 86,4 c) 19,25 d) 33,25 543) a) 463,57 b) 303,33 c) 1,84 d) 187,97 e) 493,63 f) 330 195
544) a) 57,98 b) 2,7305 c) 0,0519 545) a) 33,7 b) 6,32 c) 5,0823 d) 109,875
546) a) 4 036,01264 b) 244,6627 547) 2,17 €; 24,08 €; 12,95 €; 6,57 €; 18,05 €; 9,78 €;
548) Andrea besitzt 11,88 €. 549) Sabit besitzt 31,45 €. 550) Jede bezahlt 15,75 €.
551) Hans erhält 12,31 € zurück. 552) Sein Geld reicht für 17 Packungen.

Kapitel J

604) a) 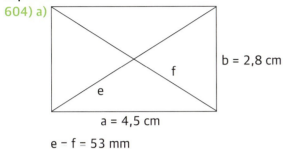 b) 605) zutreffend; nicht zutreffend; zutreffend;
606) a) 72 cm b) 4,2 m
607) 37 m 608) 2 400 €
609) 1,04 m²; 6 707 ha; 2,852 ha; 100,78 a;
610) 1 m² 45 dm²; 9 cm² 30 mm²; 4 km² 83 ha; 611) 1 ha 25 a
612) b) 96 m² c) 688 m²

Kapitel K

674) a) 25 b) 45 c) 820 675) a) 20 b) 7 c) 580
676) a) z.B.: 52 + x = 90 → x = 38 b) z.B.: 2 · x = 4 500 → x = 2 250 c) z.B.: 3 · x + 55 = 100 → x = 15
677) a) L = {0, 1, 2, 3} b) L = {6, 7, 8, …} c) L = {0, 1, 2} d) L = {51, 52, 53, …}
678) 0,258 kg; 0,049 kg; 4,569 kg; 0,006 kg; 1 210 kg; 87 kg; 679) a) 1 340 Liter b) 2 345 Liter
c) 670 · x Liter 680) 71,5 kg 681) z.B.: Formel: (15 900 − x) · 20, Lösung für x = 1 300: 292 000 €
682) a) z.B.: m = 25 − b b) 14 Mädchen

Kapitel L

734) Ein Quader besitzt 8 Ecken, 12 Kanten und 6 Flächen. 736)
737) a) O = 31,74 cm² b) O = 1 536 mm²
738) a) O = 38 m² b) O = 1 288,1 cm²
739) 0,035 dm³; 158 l; 9 000 dm³; 0,6 cm³;
740) a) 160 cm³ b) 637,5 cm³
741) a) 343 mm³ b) 39,304 m³
742) 16,8 Liter 743) 0,694… m ≈ 69 cm

Kapitel M

772) a) 8 Klassen b) 168 Kinder c) 21 Kinder
773) 12,87 s 774) 1a-Klasse: 2,291…; 1b-Klasse: 2,24;
775) z. B.: (2, 6, 14, 18) — jedes Quartett aus Zahlen, deren Summe 40 ergibt, ist eine richtige Lösung 776) 7
777) a) mehr Atomenergie b) 2011 c) z. B.: mehr Umweltbewusstsein, …
778)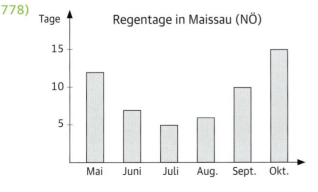

Kapitel N

816) a) 35 W 5 d b) ca. 8 M 1 W 3 d, exakte Angabe ist nicht möglich, da nicht jeder Monat gleich viele Tage hat 817) 4 h 20 min 818) 9 600 s
819) a) 8 min 51 s b) 4 min 19 s c) 7 min 44 s
d) 4 h 41 min 39 s e) 7 h 16 min 42 s
f) 8 h 5 min 29 s 820) a) 2 min 37 s
b) 12 min 42 s c) 1 min 47 s d) 1 h 22 min 7 s
e) 4 h 36 min 19 s f) 44 min 27 s
821) 21:49 Uhr 822) 49 min 823) 19:16 Uhr

Das PLUS! – Wörterbuch
Fachbegriffe kennen und richtig verwenden

A Los geht's – Wiederholung der Grundrechnungsarten

Begriff	Beispiel	Erklärung	Verweis
Addition	4 + 3 = 7 Summand + Summand = Summe	*Die Summe von 4 und 3 ist 7.* *Addiere die Zahlen 4 und 3.*	↻ A2
Subtraktion	9 − 6 = 3 Minuend − Subtrahend = Differenz	*Die Differenz von 9 und 6 ist 3.* *Subtrahiere 6 von 9.*	↻ A3
Multiplikation	5 · 8 = 40 Faktor · Faktor = Produkt	*Das Produkt aus 5 und 8 ist 40.* *Multipliziere 5 mit 8.*	↻ A4
Division	12 : 3 = 4 Dividend : Divisor = Quotient	*Der Quotient aus 12 und 3 ist 4.* *Dividiere 12 durch 3.*	↻ A5

B Natürliche Zahlen – Teiler und Vielfache

Begriff	Beispiel	Erklärung	Verweis
Runden	3̲ 725 ≈ 4 000 aufrunden, abrunden	*3 725 ergibt gerundet 4 000,* *wenn man auf Tausender rundet.*	↻ B5
Menge	L = {5, 8, 9} 8 ∈ L	*Die Menge L besteht aus den Elementen* *5, 8 und 9. 8 ist Element von L.*	↻ B6
Teiler	T(8) = {1, 2, 4, 8}	*Die Teiler von 8 sind 1, 2, 4 und 8.*	↻ B7
Vielfache	V(8) = {8, 16, 24, …}	*Die Vielfachen von 8 sind 8, 16, 24, …*	↻ B7

C Rechnen mit großen Zahlen – Mehrstellige Operationen und Überschlag

Begriff	Beispiel	Erklärung	Verweis
Überschlag	567 + 219 ≈ 600 + 200 = 800	*Rechnung mit grob gerundeten Zahlen*	↻ C1
Schranken	567 + 219 = ? obere: 600 + 300 = 900 untere: 500 + 200 = 700	*Die obere Schranke gibt an, wie groß ein Wert* *höchstens sein kann, die untere, wie groß er* *mindestens sein muss.*	↻ C5
Umkehroperation	Operation: 5 + 3 = 8 Umkehrung: 8 − 3 = 5	*Umkehroperationen können für Proben* *verwendet werden.*	↻ C6
Fermi-Aufgabe	Beispiel: Wie viele Haare hat ein Mensch?	*Aufgaben, die nur mit geschätzten Zahlen* *gelöst werden können.*	↻ C Extra
astronomisch große Zahlen	unvorstellbar große Zahlen	*Die Verkaufszahlen des neuen Films* *waren astronomisch.*	↻ C10

D Strich, Maß und Winkel – Zeichnen mit dem Geodreieck

Begriff	Beispiel	Erklärung	Verweis
Strecke	AB … gerade Linie mit Anfangspunkt A und Endpunkt B	*Die Strecke AB verbindet die Punkte A und B.*	↻ D1
Länge einer Strecke	$\overline{AB}$ = 3 cm	*Die Strecke AB ist 3 cm lang.*	↻ D2
Streckenzug	ABCD … Verbindung mehrerer Strecken	*Der Streckenzug ABCD verbindet* *die Punkte A, B, C und D.*	↻ D2
Strahl	gerade Linie mit Anfangspunkt, aber ohne Endpunkt	*Der Strahl beginnt im Punkt A und* *geht unendlich weiter.*	↻ D1
Gerade	gerade Linie ohne Anfangspunkt und Endpunkt	*Geraden werden meist mit den Buchstaben* *g, h, i, … bezeichnet.*	↻ D1
Maßstab	M 1 : 500	*Der Plan ist im Maßstab 1 zu 500 gezeichnet.*	↻ D3
parallel	g ∥ h	*Die Gerade g liegt parallel zur Geraden h.*	↻ D5
normal	g ⊥ h	*Die Gerade g steht normal auf die Gerade h.*	↻ D5
Symmetrie	gespiegelte Punkte haben den gleichen Normalabstand zur Spiegelachse	*Die Flügel eines Schmetterlings sind symmetrisch.*	↻ D6
Winkelarten	spitz, rechtwinkelig, stumpf, gestreckt, erhaben, voll	*Der Winkel α ist stumpf.*	↻ D7
Winkel	Schenkel, Scheitel	*Schenkel berühren sich im Scheitel und* *schließen einen Winkel ein.*	↻ D8

E Rechenregeln – Verbindung der vier Grundrechnungsarten

Verbindungsgesetz Assoziativgesetz	6 + (3 + 2) = (6 + 3) + 2	Bei der Addition gilt das Verbindungsgesetz.	↻ E3
Vertauschungsgesetz Kommutativgesetz	5 · 8 = 8 · 5	Bei der Multiplikation gilt das Kommutativgesetz.	↻ E3
Verteilungsgesetz Distributivgesetz	(2 + 4) · 3 = 2 · 3 + 4 · 3	Mit Hilfe des Verteilungsgesetzes kann man Klammern auf verschiedene Arten auflösen.	↻ E4
Herausheben	6 : 2 + 14 : 2 = (6 + 14) : 2	Das Herausheben ist die Umkehrung des Verteilungsgesetzes.	↻ E4

F Kreis und Kreisteile – Zeichnen mit dem Zirkel

Kreis	Mittelpunkt M, Kreislinie k	Alle Punkte auf der Kreislinie k haben den gleichen Abstand zum Mittelpunkt M.	↻ F1
Radius	r = 5 cm	Der Radius ist der Abstand vom Mittelpunkt zur Kreislinie. Der Radius des Kreises beträgt 5 cm.	↻ F1
Durchmesser	d = 10 cm	Der Durchmesser ist doppelt so lang wie der Radius eines Kreises. Der Durchmesser des Kreises beträgt 10 cm.	↻ F1
Kreisring	r_1 = 4 cm, r_2 = 3 cm b = 1 cm	Je größer der Unterschied von Außen- und Innenradius, desto breiter ist der Kreisring.	↻ F3
konzentrisch	gleicher Mittelpunkt	Die Kreise eines Kreisringes sind konzentrisch.	↻ F3
Passante	vorbeigehende Gerade	Eine Gerade, die an einem Kreis vorbeigeht, ohne ihn zu berühren, nennt man Passante.	↻ F4
Tangente	berührende Gerade	Die Tangente berührt den Kreis in genau einem Punkt.	↻ F4
Sekante	schneidende Gerade	Eine Sekante verläuft durch den Kreis. Sie schneidet die Kreislinie in zwei Punkten.	↻ F4
Kreissegment	Kreisabschnitt	Ein Kreissegment wird von einem Kreisbogen b und einer Kreissehne s begrenzt.	↻ F5
Kreissektor	Kreisausschnitt	Ein Kreissektor wird von zwei Radien und einem Kreisbogen begrenzt.	↻ F6
Zentriwinkel	α = 50°	Der Zentriwinkel des Kreissektors beträgt 50°.	↻ F6

G Bruchzahlen – Darstellen, Vergleichen und Rechnen

Bruchzahl	$\frac{3}{4}$	Die Zahl oben nennt man Zähler. Der Bruchstrich steht zwischen den beiden Zahlen. Die Zahl unter dem Bruchstrich heißt Nenner.	↻ G1
Arten von Brüchen	echter Bruch	Brüche, die kleiner als 1 sind (z.B.: $\frac{3}{4}$)	↻ G2
	unechter Bruch	Brüche, die gleich groß wie 1 oder größer als 1 sind (z.B.: $\frac{7}{4}$)	
	gemischte Zahl	besteht aus Ganzen und Bruchzahlen (z.B.: $2\frac{1}{4}$)	
gleicher Nenner	gleichnamig	Brüche, deren Nenner gleich sind (z.B.: $\frac{1}{4}$ und $\frac{3}{4}$)	↻ G3
	ungleichnamig	Brüche, deren Nenner ungleich sind (z.B.: $\frac{1}{3}, \frac{5}{4}$)	

H Dezimalzahlen – Vergleichen, Runden, Längenmaße

Dezimalzahl	8,02	Acht Komma null zwei ist eine Dezimalzahl.	↻ H1
Dezimalbruch	$0{,}15 = \frac{15}{100}$	Bruchzahlen, die im Nenner 10, 100, 1000, ... stehen haben	↻ H4
Ziffer, Zahl	716	Die Zahl 716 besteht aus den Ziffern 7, 1 und 6.	↻ H6

I Rechnen mit Dezimalzahlen – Euro und Cent			
Erweitern	15 : 0,2 = 150 : 2	*Erweitert man Dividend und Divisor mit der gleichen Zahl, ändert sich das Ergebnis nicht.*	↺ I7

J Rechteck und Quadrat – Umfang und Flächeninhalt			
Rechteck	a = 6 cm, b = 2 cm	*Viereck mit vier rechten Winkeln*	↺ J1
Quadrat	a = 6 cm	*Viereck mit vier rechten Winkeln und vier gleich langen Seiten*	↺ J1
Diagonale	d = 7 cm	*Diagonalen verbinden die gegenüberliegenden Eckpunkte in einem Viereck.*	↺ J1
Umfang	u = 16 cm	*Länge der Linien, die eine Figur begrenzen*	↺ J2
Flächeninhalt	A = 9 cm²	*Fläche, die von den Linien einer Figur begrenzt wird*	↺ J2

K Gleichungen und Proportionalität – Variablen, Verhältnisse, Massenmaße			
Variable	x = 4	*Die Variable x hat den Wert 4.*	↺ K1
Gleichung	2 + x = 6	*Bei Gleichungen haben die linke und die rechte Seite den gleichen Wert.*	↺ K2
Ungleichung	2 + x < 10	*Bei Ungleichungen haben die linke und die rechte Seite nicht den gleichen Wert.*	↺ K4
direktes Verhältnis direkt proportional	je mehr, desto mehr je weniger, desto weniger	*Der Wert eines Goldstückes steht in direktem Verhältnis zu seinem Gewicht.*	↺ K5
Formel	u = 4 · a	*Berechnungsvorschrift*	↺ K9

L Quader und Würfel – Oberfläche und Volumen			
Quader	a = 3 cm, b = 4 cm, c = 2 cm	*Ein Ziegel hat die Form eines Quaders.*	↺ L1
Würfel	a = 3 cm	*Quader mit gleich langen Seiten*	↺ L1
Grundfläche	G = a · b	*Die Grundfläche des Quaders berührt den Boden.*	↺ L1
Deckfläche	D = G	*Die Deck- und die Grundfläche eines Quaders sind gleich groß.*	↺ L1
Schrägriss	Verzerrungswinkel, Verkürzung	*Beim Schrägriss erscheinen manche Seiten verkürzt.*	↺ L2
Würfelnetz	Oberfläche O	*Das Würfelnetz hilft, sich die Oberfläche eines Würfels vorzustellen.*	↺ L3
Quadernetz	Oberfläche O	*Aus einem Quadernetz kann man einen Quader basteln.*	↺ L4
Rauminhalt Volumen	V = 5 m³	*Das Volumen des Würfels beträgt fünf Kubikmeter.*	↺ L5

M Diagramme und Mittelwert – Arbeiten mit Daten			
Daten	Auto: |||| Bus: ||	*Daten werden oft mit Hilfe einer Strichliste gesammelt.*	↺ M1
Mittelwert Minimum Maximum	Z = {2, 4, 6, 8} → Mittelwert = 5 → Minimum = 2 → Maximum = 8	*Mittelwert … Summe der Werte : Anzahl der Werte* *Minimum … kleinster Wert der Menge* *Maximum … größter Wert der Menge*	↺ M2 ↺ M3
Diagrammtypen	Säulendiagramm Kreisdiagramm Liniendiagramm	*verschiedene Möglichkeiten, um Daten darzustellen* *Die Entwicklung der Einwohnerzahlen ist in einem Säulendiagramm dargestellt.*	↺ M4 ↺ M5
Kalorien	kcal	*Nährwert von Lebensmitteln*	↺ M6

N Rechnen mit der Zeit – Zeitmaße, Zeitpunkt und Zeitdauer			
Schaltjahr	29. Februar	*Alle vier Jahre ist ein Schaltjahr.*	↺ N1
Zeitpunkt	15:45 Uhr	*Wie spät ist es? Nenne den Zeitpunkt.*	↺ N4
Zeitdauer	2 Stunden	*Wie lange dauert es? Nenne die Zeitdauer.*	↺ N4

Stichwortverzeichnis
Erarbeitungsteil

A
Addition
- Kopfrechnen   9, 60
- schriftlich   10, 32, 60
- Überschlag   33, 107
- Taschenrechner   41, 114
- Dezimalzahlen   107

arithmetisches Mittel   162
Assoziativgesetz   63
Astronomie   43, 172

B
Balkenmodell   81, 88, 137
Berufe
- Zweiradtechniker/in   118
- Bodenleger/in   131
- Facharbeiter/in Landwirtschaft   128
- Köchin/Koch   143
- Werkzeugmechaniker/in   145

Brüche/Bruchzahlen
- addieren   85, 92
- Arten   82
- darstellen   80, 81, 84, 92
- dividieren   87
- multiplizieren   86
- ordnen   83
- subtrahieren   85, 92
- umwandeln   82, 96

D
dekadische Einheiten   19, 20
Dezimalzahlen
- addieren   107
- Begriffe   93
- darstellen   94, 95
- dividieren   111, 112, 113
- multiplizieren   109, 110
- Sprech- und Schreibweise   93
- runden   100
- subtrahieren   108
- überschlagen   100
- umwandeln   96
- vergleichen   98

Diagonale   123
Diagramm
- Achsen   164
- Hilfslinien   164
- Säulen   163, 164
- Kreis   165
- Linien   165

Differenz   9
direktes Verhältnis   140, 141
Distributivgesetz   64
Dividend   14
Division
- einstellig   14, 32
- erweitern   113
- Kopfrechnen   60
- Kurzform   14
- Langform   14
- mehrstellig   40, 60
- Taschenrechner   41, 114
- Überschlag   36, 112
- Dezimalzahlen   111, 112, 113

Divisor   14
Durchmesser   71

E
Einservorteil   39
Element von   25, 47
Euro und Cent   117

F
Faktor   12
Fermi, Enrico   42
Flächenmaße   127, 128
Formel   144

G
gemischte Zahl   82
Geodreieck   51, 52, 54
Gerade   47
- parallele   51
- normale   51

Gleichungen   136, 137
Grad (Winkelmaß)   53, 54, 55
griechische Buchstaben   53

H
Herausheben   64

I
Index   129

K
Kalorien/Joule   167
Klammerregel   62, 116
Komma   93, 110, 113, 114
Kommaregel   109, 110
Kommutativgesetz   59, 63

konzentrisch   73
Kreis
- Begriffe   71
- konstruieren   72
- Lagebeziehungen zur Gerade   74
- Mittelpunkt   71
- zeichnen   71

Kreisdiagramm   165
Kreisring   73
Kreissegment   75
Kreissektor   76

L
Längenmaße   46, 49, 70, 101
Linien   46, 47, 51, 70
Liniendiagramm   165
Lösungsmenge   138

M
Mason, John   139
Massenmaße   142, 143
Maßstab
- Begriff   49, 50
- Umrechnung   49, 50, 131

Maximum   163
Mengen   25
Minimum   163
Minuend   9
Mittelwert   162
Multiplikation
- einstellig   12, 32
- Kopfrechnen   60
- mehrstellig   39, 60
- Überschlag   35
- Taschenrechner   41, 114
- Dezimalzahlen   109, 110

N
Nachfolger   24
Natürliche Zahlen
- darstellen   18
- runden und ordnen   18, 24, 92

normal   51
Normalabstand   52

P
parallel   46, 51
Passante   74
Platzhalter   135

PLUS! Mathematik für die Sekundarstufe – Band 1   Erarbeitungsteil   183

Primzahl 26
Probe 36
Produkt 12
Punkt 47, 48

Q
Quader
- Eigenschaften 149
- Netze 152
- Oberfläche 152
- Schrägriss 150
- Volumen 154

Quadrat
- Eigenschaften 123
- Flächeninhalt 125
- zeichnen 123
- Umfang 125

Quotient 14

R
Radius 71
Raummaße 153
Rechteck
- Eigenschaften 123
- Flächeninhalt 124
- zeichnen 123
- Umfang 124

Römische Zahlzeichen 21
Rundungsfehler 24

S
Säulendiagramm 164
Schaltjahr 171
Schätzwert 37
Scheitel 54
Schenkel 54
Schnittpunkt 47
Schranke
- obere 37
- untere 37

Schrägriss 150
Sechseck 75
Sekante 74
Spiegelachse 46
Spiegelbild 52
Spiele
- Zahlen würfeln 19
- Bubble-Shooter 55
- Stoppuhr 102

Stellenwertschreibweise
- bei natürlichen
  Zahlen 18, 19, 92
- bei Dezimalzahlen 93, 97

Stellenwerttafel 20, 97
Strahl 47
Strecke 47, 48

Streckenlänge 48
Streckenzug 48
Strichabstand 23
Strichliste 160, 161
Subtraktion
- Kopfrechnen 9, 60
- schriftlich 11, 32, 60
- Überschlag 34
- Taschenrechner 41, 114
- Dezimalzahlen 108

Subtrahend 9
Summand 9
Summe 9
Symmetrie 46, 52

T
Tangente 74
Taschenrechner 41, 66
Technik-Labor
- GeoGebra 56, 130
- myTurtle 56, 77
- Tabellenkalkulation 139
- Zahlenstrahl 27, 84, 102

Teiler 26
Teilermenge 26
Textaufgaben
- erfinden 67
- lösen 15

U
Umkehroperation 38
Umkreis 123
Unbekannte 135
Ungleichungen 138
unlösbare Aufgabe 15, 118

V
Variable 135
Verbindungsgesetz 63
Vertauschungsgesetz 59, 63
Verteilungsgesetz 64
Vielfaches 26
Vielfachenmenge 26
Volumen 154
Vorgänger 24
Vorrangregeln 61, 62, 116

W
Winkel
- abmessen 54, 70
- Arten 53
- zeichnen 54, 70

Winkelsumme 54
Würfel
- Eigenschaften 149
- Netze 151

- Oberfläche 151
- Schrägriss 150
- Volumen 154

X
x, Herkunft 137

Z
Zahl 19, 98
Zahlenbereich 29
Zahlenmengen 25
Zahlenschritt 23
Zahlenstrahl
- ablesen 22, 92
- zeichnen 23

Zeitdauer 170, 175
Zeitmaße 171, 173, 174
Zeitpunkt 170, 175
Zentriwinkel 76
Ziffer 19, 98
Zifferndarstellung 19, 20
Zirkel 72
zusammengesetzte
- Flächen 129
- Körper 156